CLAUS VALENTIN

FASZINIERENDE UNTERWASSERWELT DES MITTELMEERES

Einblicke in die Meeresbiologie küstennaher Lebensräume

PACINI EDITORE
PISA E ROMA

VERLAG PAUL PAREY
HAMBURG UND BERLIN

Anschrift des Verfassers:

Dr. Claus Valentin
Abt.: Ökologie und Systematik
Zoologisches Institut
Christian-Albrechts-Universität
Olshausenstr. 40-60
D-2300 Kiel 1

Zeichnungen: Rosella Faleni (R.F., Pisa)
              Hartmut Sönnichsen (Sö, Kiel)

Das Werk ist urheberrechtlich geschützt. Die dadurch begründeten Rechte, insbesondere die der Übersetzung, des Nachdrucks, des Vortrages, der Entnahme von Abbildungen, der Funksendung, der Mikroverfilmung oder der Vervielfältigung auf anderen Wegen und der Speicherung in Datenverarbeitungsanlagen, bleiben, auch bei nur auszugsweiser Verwertung, vorbehalten. Eine Vervielfältigung dieses Werkes oder von Teilen dieses Werkes ist auch im Einzelfall nur in den Grenzen der gesetzlichen Bestimmungen des Urheberrechtsgesetzes der Bundesrepublik Deutschland vom 9. September 1965 in der Fassung vom 24. Juni 1985 zulässig. Sie ist grundsätzlich vergütungspflichtig. Zuwiderhandlungen unterliegen den Strafbestimmungen des Urheberrechtsgesetzes.

© 1986: Pacini Editore s.r.l.
Via A. Gherardesca, 1 - 56014 Ospedaletto - Pisa

Vertrieb in der Bundesrepublik Deutschland, Österreich und Schweiz:
Verlagsbuchhandlung Paul Parey
Spitalerstr. 12, D-2000 Hamburg 1
Lindenstr. 44-47, D-2000 Berlin 61

Gesamtherstellung: Pacini Editore s.r.l.

Printed in Italy

ISBN 88-7781-000-9 (Pacini)
ISBN 3-490-12018-3 (Paul Parey)

*Meinem Freund
Pucci Ringoli gewidmet
(gestorben als Korallentaucher
am 10.7.1983)*

INHALTSVERZEICHNIS

Eine fremde Welt	11
Hinweise zu diesem Buch	15
Die Seegraswiese	25
Der Sandgrund	31
Der Weichboden	61
Der Hartboden	79
Entlang einer Steilwand in die Tiefe	103
Fotografieren unter Wasser	141
Welche Kamera können wir verwenden?	141
Welches Bildformat ist zu empfehlen?	142
Welche Objektive sind zu empfehlen?	143
Die Farbfotografie	144
Fotografieren mit Kunstlicht	145
Welches Filmmaterial ist empfehlenswert?	147
Tabellen für den praktischen Gebrauch	149
Gliederung des Tierreichs	151
Zoologisches Lexikon	155
Tiergruppenverzeichnis zum Zoologischen Lexikon	195
Wissenschaftliche Artnamen	196
Deutsche Artnamen	198

«Durch eine Welle ließ ich mich hineinschieben
und befand mich nun mit einem Mal in einer Unterweltszene,
wie sie sich die lebhafteste Phantasie nicht prächtiger
und schauerlicher zugleich vorstellen kann...»

(Ernst Haeckel, Briefe über einen amphibischen
Besuch der «Blauen Grotte» auf Capri 1859)

Eine fremde Welt

Alljährlich strömen Tausende von Urlaubern auf die Inseln und an die Küsten des Mittelmeeres, um fernab von städtischer Hektik Entspannung und Erholung am und auf dem Meer zu suchen. Sicherlich lassen sie oft gedankenversunken ihren Blick über die Weite des Wassers schweifen, und manch einer wird sich fragen: Wie mag es aussehen in einem Lebensraum, der der älteste auf unserer Erde ist, in dem es bereits vor 3 Milliarden Jahren Leben gab und den einige Tiere vor mehr als 400 Millionen Jahren verließen, um das Festland zu erobern?

Das Meer ist nicht nur der älteste und größte zusammenhängende Lebensraum auf unserer Erde, sondern auch der unbekannteste. Noch zu Beginn des letzten Jahrhunderts vertrat der englische Naturforscher Edward Forbes (1815-1854) nach ausgedehnten Bodentieruntersuchungen im östlichen Mittelmeer die Ansicht, daß unterhalb 600 m Wassertiefe kein tierisches Leben mehr existiert! Obwohl wir heute wissen, daß das Meer bis in die größten bekannten Tiefen von ca. 11000 m eine reiche Tierbesiedlung aufweist, sind wir jedoch noch weit davon entfernt, alle marinen Lebewesen zu kennen, eine Tatsache, die letztendlich in der schwierigen Zugänglichkeit dieses Lebensraumes begründet ist.

Unsere Kenntnisse über die Tier- und Pflanzenwelt in Küstennähe wuchsen beträchtlich durch die Nutzung der Tauchtechnik als meeresbiologische Arbeitsmethode, wobei zu erwähnen ist, daß der Beginn einer meeresbiologischen Tauchforschung keineswegs mit bekannten Namen wie Hass oder Cousteau verbunden ist. Vielmehr sind erste Anfänge und Erfolge einer wissenschaftlichen Taucherei in Europa um Sizilien und im Golf von Neapel zu suchen, wo bekannte Zoologen wie Freminet bereits um 1775, Cavolini um 1785, Drieberg um 1810, Paulin um 1840 und andere im letzten Jahrhundert mit schlauchversorgten Berufstauchgeräten wissenschaftliche Tauchgänge durchführten. Aber erst der große Forscher Henri Milne-Edwards verhalf der Tauchforschung um 1850 durch umfangreiche Untersuchungs- und Sammeltätigkeit zum Durchbruch, und mit der Gründung der Zoologischen Station von Neapel durch den deutschen Biologen Anton Dohrn (1872) entwickelten sich sein Institut und der Golf von Neapel zum Zentrum der europäischen meeresbiologischen Tauchforschung.

Mit dem Namen Cousteau ist allerdings ein entscheidender Schritt in Bezug auf die tauchtechnische Entwicklung verbunden. Gemeinsam mit seinem Freund, dem Ingenieur Gagnan, war er es, der in den vierziger Jahren unseres Jahrhunderts die «Aqualunge» entwickelte, einen von einer oberflächlichen Luftversorgung unanhängigen Tauchapparat.

Dieses vergleichsweise einfach zu handhabende Gerät ließ das Tauchen zum Massensport werden, und vielerorts tauchende Meeresbiologen erweiterten unsere Kenntnis von Fauna und Flora durch Neufunde explosionsartig. Als der österreichische Meeresbiologe Rupert Riedl zu Beginn der 50iger Jahre gemeinsam mit Kollegen tauchend einige oberflächennahe Höhlen im Thyrrhenischen Meer erforschte, kannte man z.B. 58 Schwammarten aus diesem Gebiet, während am Ende der Untersuchungen allein an seinem begrenzten Untersuchungsort 111 neue Schwammspecies gefunden worden waren. Dies sei ein Hinweis darauf, daß selbst in Küstennähe bei sorgfältigem Schauen auch heute noch der Wissenschaft unbekannte Tiere und Pflanzen entdeckt werden können.

Foto 1: Erhöhte Einträge der Pflanzennährstoffe Phosphat und Nitrat können vermehrtes, unerwünschtes Algenwachstum auslösen und dadurch zum Tode empfindlicher Tierarten führen. Im klaren Wasser des Mittelmeeres sind derartige Beobachtungen in den letzten Jahren sogar in größeren Tiefen zu machen. Das Foto zeigt einen Ausschnitt aus einer Steilwand in 50 m Wassertiefe, wo eine Massenentwicklung watteartiger fädiger Algen die violette Gorgonie *Paramuricea clavata* größtenteils zum Absterben bringen wird (Insel Giglio, Sept. 1985).

Die rasche Entwicklung der Unterwasserfotografie und des Unterwasserfilmens ist wesentliche Voraussetzung dafür, heute auch Nichttauchern Einblicke in den geheimnisvollen Lebensraum Meer zu gestatten und ihm faszinierende Naturerlebnisse nahe zu bringen. Auf diesem Wege Kenntnisse über einen schwer zugänglichen Lebensraum zu vermitteln und so Interesse zu wecken, vielleicht sogar Begeisterung auszulösen, ist eine Aufgabe, der sich jeder Unterwasserfotograf und — filmer verpflichtet fühlen muß! Wie sonst könnten wir Zustimmung oder gar finanzielle Opfer im Zusammenhang mit Schutzmaßnahmen gefährdeter Meeresgebiete durch die Bevölkerung erwarten!

Das Mittelmeer z.B. ist gefährdet! Durch die Meerenge von Gibraltar fast gänzlich vom Wasserzufluß durch den Atlantik abgeschnitten (der Austausch des gesamten Mittelmeerwassers dauert ca. 100 Jahre!) sorgen ungehemmte Einleitungen kaum noch überschaubarer Mengen von Industrieabfällen und Abwässern aus großen und kleinen Kommunen für eine Anreicherung von Schmutz — und Giftstoffen im Meerwasser, im Meeresboden und in den Meeresorganismen, denn immer noch gelangen über 90% der Abwässer völlig ungeklärt ins Meer. Wichtig ist zu wissen, daß «Umweltschmutz» keineswegs immer Wassertrübung bedeuten muß! Die gefährlichen Umweltgifte Quecksilber, Cadmium oder Blei z.B. sind zwar im Wasser nicht sichtbar, aber dennoch im meist klaren Wasser des Mittelmeeres vermehrt nachweisbar. Sogar in den Eiern von Seevögeln auf den küstenfern gelegenen Inseln hat man erhöhte Konzentrationen dieser schweren Giftstoffe gefunden!

Auch die ins Meer geleiteten meist ungiftigen, jedoch nährstoffreichen Abwässer der Städte wirken sich zunehmend negativ aus. Der durch sie bedingte übermäßige Eintrag der Pflanzennährstoffe Phosphat und Nitrat regt sowohl die mikroskopisch kleinen Planktonalgen ([1]) als auch die untermeerische Küstenvegetation zu schnellem Wachstum und starker Vermehrung an: Klares

---

([1]) **Plankton** ist die Sammelbezeichnung für alle im Wasser schwebenden Organismen, die keine größere Eigenbewegung ausführen und daher passiv durch Wasserbewegungen verdriftet werden. Dies unterscheidet das Plankton vom **Nekton**, das sich aktiv über große Strecken bewegt (z.B. Fische, Kopffüßer).

Das pflanzliche Plankton heißt **Phytoplankton**, das tierische **Zooplankton**, die einzelnen Planktonorganismen werden als **Plankter** bezeichnet. Die Lebensgemeinschaft des Planktons umfaßt so unterschiedlich große Organismen wie wenige tausendstel Millimeter große Einzeller und andererseits Quallen von über 1 m Durchmesser.

Man teilt das Plankton ein in **Nanoplankton** (kleiner als 0.02 mm), das auch durch die Maschen feinster Planktonnetze schlüpft und daher durch Zentrifugieren gewonnen wird (Zentrifugenplankton). **Mikroplankton** (0.02-0.2 mm), **Mesoplankton** (0.2-20 mm) und **Makroplankton** (größer als 20 mm) kann jedoch in entsprechend feinmaschigen Planktonnetzen gefangen werden (Netzplankton).

Holoplankter verbringen ihren ganzen Lebenszyklus im freien Wasser, wohingegen **Meroplankter** meist nur ihre Jugendphase freischwimmend durchlaufen (z.B. die Larven von Bodentieren oder Fischlarven).

Wasser verfärbt sich milchig trüb und im lichtdurchfluteten Flachwasser überwuchern vielfach schnell wachsende, schleimige, fädige Algen die Felsen mit ihrem Bewuchs und führen so zum Absterben empfindlicher Tiere und Pflanzen (Foto 1). Auch diese beiden Beobachtungen als deutliche Hinweise auf eine gestörte Meeresumwelt können selbst an küstenfern gelegenen Inseln heute gemacht werden!

Während Überdüngungsphänomene wahrscheinlich «nur» regional ernste Probleme bereiten und das Mittelmeer als Ganzes aufgrund seiner allgemeinen Nährstoffarmut diesbezüglich sicherlich weniger gefährdet ist als z.B. Nord- und Ostsee, scheinen die überall im Mittelmeerwasser nachweisbaren Tenside (waschaktive Substanzen in unseren Waschmitteln) eine Umweltkatastrophe größten Ausmaßes einzuleiten. Experimente belegen zweifelsfrei, daß diese Tenside mitverantwortlich sind für den vielerorts beängstigend schnell zu beobachtenden Niedergang der küstennahen Seegraswiesen. Da diese neben ihrer Funktion als Küstenschutz auch als wesentlicher Energielieferant von organischer Materie von entscheidender Bedeutung sind, scheint hier erstmalig in der Weltgeschichte der Zusammenbruch eines gesamten Ökosystems vorprogrammiert zu sein!

Hinweise zu diesem Buch

Das Meer ist für viele Menschen fremd und anziehend zugleich! Daher soll das vorliegende Buch besonders seinen Besuchern erste Informationen geben über einen für sie unbekannten, jedoch in Küstennähe bereits mit Tauchmaske und Schnorchel erreichbaren Lebensraum. Er soll erfahren, daß es auch unter Wasser abgrenzbare Lebensbereiche wie Seegraswiesen, Sandflächen, Schlickareale und Felsböden gibt und daß sich diese durch spezielle, den dort vorherrschenden Lebensbedingungen besonders gut angepaßte Lebensgemeinschaften unterscheiden. Es ist daher im vorliegenden Buch von einer systematischen, d.h. nach dem Stammbaum der Tiere geordneten Darstellung der einzelnen Tiergruppen abgesehen und eine ökologische Betrachtungsweise in den Vordergrund gestellt worden. Die auf die Lebensräume bezogenen Texteinführungen sollen somit generelle Charakteristika beschreiben sowie anhand von Beispielen aus der Tierwelt die für diesen Bereich typischen Lebensformen aufzeigen. Die dazugehörigen Bildfolgen mögen dann einen visuellen Eindruck von der dort herrschenden Lebens — und Formenvielfalt vermitteln. In einem lexikonähnlichen Anhang kann der Interessierte u.a. weitere Informationen über einzelne Tiergruppen erhalten: ein Pfeil (→) im Text verweist auf das entsprechende Stichwort in diesem letzten Teil des Buches!

Es sollen sich aber auch all jene angesprochen fühlen, die jedes Jahr als Sporttaucher und Kenner des Milieus an die Küsten des Mittelmeeres kommen, sich für einige Zeit unter Wasser begeben und stets Neues zu entdecken hoffen. Die Motive für ein Tauchabenteuer sind vielfältig, aber alle werden sich immer wieder einmal fragen: «Was ist denn das?», wobei der Zeigefinger auf ein unbekanntes Etwas weist und wobei auch der Tauchpartner vielfach nur mit den Schultern zuckt.

Angesichts der vielen tausend Tierarten, die im Mittelmeer leben, sind daher nur diejenigen Formen im Bild festgehalten, denen der Taucher während seines Unterwasserstreifzuges auch häufig begegnet. Nach dem Tauchen kann er sich dann durch einfaches Nachschlagen über die Tiergruppe und deren Lebensweise und Vorkommen informieren und sich so den Namen der Art einprägen.

Vielleicht aber wird durch dieses Buch in dem einen oder anderen auch der Wunsch geweckt, Beobachtetes einmal selbst im Bild festzuhalten. Die Unterwasserfotografie ist keine Hexerei, und bei Beachtung einiger grundsätzlicher Regeln wird man bald auch andere an seinen Unterwasserausflügen teilhaben lassen können. Das Kapitel «Fotografieren unter Wasser» mag den Einstieg in ein neues Hobby erleichtern!

Leider kommt es in der Wissenschaft immer wieder zu Umbenennungen der wissenschaftlichen Namen von Fauna und Flora, was dazu führt, daß ein und derselbe Organismus in der Literatur unterschiedlich bezeichnet wird. Die in diesem Buch aufgeführten wissenschaftlichen Tier — und Pflanzennamen sind dem neuesten Mittelmeerbestimmungsbuch von Prof. R. Riedl entnommen, das als «Fauna und Flora des Mittelmeeres» 1983 deutschsprachig im Verlag Paul Parey (Hamburg und Berlin) erschienen ist. Es ist das artenmäßig umfangreichste zusammengefaßte Bestimmungswerk für das Mittelmeer. Dieses Buch diente auch als Vorlage für die in den Graphiken dargestellten Tierarten. Es sei daher all jenen empfohlen, die sich vertieft mit den marinen Mittelmeertieren und — pflanzen zu beschäftigen gedenken. Allein das Verzeichnis weiterführender Literatur zu den einzelnen Organismengruppen macht dieses Buch auch für den Fachmann unentbehrlich.

Sicherlich sind mir in der vorliegenden Darstellung Fehlbestimmungen von Tier- und Pflanzenarten sowie wissenschaftliche Unkorrektheiten unterlaufen. Ich ermuntere daher alle Leser, mich auf Fehler aufmerksam zu machen, mir Verbesserungsvorschläge zu unterbreiten, Artbestimmungen zu ergänzen, überhaupt mit konstruktiver Kritik für eine Verbesserung dieses Buches in der Zukunft zu sorgen. All Ihren diesbezüglichen Bemühungen gilt daher im voraus mein aufrichtiger Dank!

Abb. 1: Seegräser sind keine Algen, sondern vertreten mit nur vier Arten die Gruppe der Blütenpflanzen im Mittelmeer (Laichkrautgewächse, Potamogetonaceae). Während drei schmalblättrige Seegräser ausschließlich das Flachwasser besiedeln, bildet das nur im Mittelmeer beheimatete Neptungras *Posidonia oceanica* ausgedehnte Wiesen, die bei klarem Wasser bis in ca. 40 m Tiefe gedeihen. Die Blätter können über einen Meter lang werden und sind vielfach von festsitzenden Organismen wie Kalkrotalgen, Hydrozoen, Moostierchen u.a. überwachsen. Die Vermehrung erfolgt meist auf ungeschlechtlichem Wege durch Sprossung. Blühende Seegräser sind seltene Ereignisse, die in unregelmäßigen Abständen von Jahren beobachtet werden können und wahrscheinlich hohe Wassertemperaturen über einen längeren Zeitraum erfordern.

Abb. 2: Für ein optimales Gedeihen benötigt *Posidonia oceanica* klares Wasser und lockeren, nicht mit Schlick vermengten Sand. Allzu starke Wasserbewegung (hier kenntlich an Bodenrippeln auf der Grobsandfläche) bildet eine natürliche Ausbreitungsgrenze der Posidoniawiesen.

Abb. 3: Kommt es zwischen oder auf Geröllblöcken zu lockeren Sandablagerungen, so finden wir diese «Inseln» ebenfalls vielfach von Posidoniabeständen besetzt. Im Vordergrund ist der Fels von der Braunalge *Cystoseira* bewachsen. Im Hintergrund erkennt man für Seegraswiesen typische Fische: Eine junge Streifenbrasse (*Canthurus canthurus*), mehrere Meerjunker (*Coris julis*), einen Schriftbarsch (*Serranellus scriba*) und zwei Mönchsfische (*Chromis chromis*, das Bild rechts und links begrenzend).

Abb. 4: Ausschnitt aus dem oberen Bereich einer Posidoniamatte, die durch horizontales und vertikales Sprossen der Blätter aus den Wurzeln entsteht und eine Höhe von mehreren Metern erreichen kann. Der Zuwachs bei ungestörtem Wachstum beträgt etwa 1 m in 100 Jahren.

Abb. 5: In dem mit Nährstoffen angereicherten, labyrinthartigen Wurzelfilz findet sich eine reiche Kleinfauna, die mit bloßem Auge kaum erkennbar ist. Den wenig wasserbewegten, geschützten Wurzelbereich nutzen z.T. Tiere, die wir sonst nur aus Stillwasserbereichen größerer Tiefe kennen, wie etwa die leicht zerbrechlichen Kolonien des Neptunschleiers *Sertella beaniana* (→ Bryozoa). Das mit Grünalgen bewachsene Zentrum der Kolonie ist abgestorben.

Abb. 6: Wie auf Abb. 5 handelt es sich auch bei den interessanten röhren- bzw. kelchförmigen Bildungen an der Basis der abgebildeten Posidonien um zarte, fragile Moostierchenkolonien aus Kalk (→ Bryozoa, *Calpensia nobilis*), die auf dem weniger bewegten «Fußabschnitt» der Pflanzen prächtig gedeihen. Wesentlich hierfür ist auch das üppige Nahrungsangebot in Form von kleinsten organischen Partikeln, die in der als Filter wirkenden Seegraswiese festgehalten werden und die strudelnde Ernährungsweise dieser Tiergruppe.

Abb. 7: Der durch faserige Blattreste gekennzeichnete, langlebige Wurzelbereich ist auch für Schwämme (→ Porifera) ein geeigneter Siedlungsort, da sie vielfach ähnliche Ansprüche an die Umgebung stellen wie die Moostierchen (siehe auch Abb. 120 + 122). Auf der Abbildung sehen wir den für Hartbodenlebensgemeinschaften typischen Schwamm *Spirastrella cunctatrix* (Abb. 67). (Auch die rote Seescheide *Halocynthia papillosa* [z.B. Abb. 14 + 84] ist in der Posidoniawiese ein regelmäßiger und auffälliger Bewohner des Wurzelbereiches.) Generell läßt sich sagen, daß wir auf den Posidoniawurzeln bevorzugt mehrjährige Tiere antreffen. Die Blätter hingegen zeigen kurzlebigeren tierischen und pfanzlichen Aufwuchs.

Abb. 8 + 9: Die für die Felsküsten typischen, auffällig gefärbten Seesterne (→ Asteroidea) sind vereinzelt auch in der Seegraswiese anzutreffen. Der Purpustern *Echinaster sepositus* (Abb. 9) ist einheitlich ziegel — bis orangerot gefärbt, während *Ophidiaster ophidianus* (Abb. 8) in verschiedenen Farbvarianten auftritt: Man findet ziegel —, orange —, purpurrote oder violette Individuen, sowie ziegel — oder orangerote Tiere mit tiefroten oder violetten Flecken (Abb. 77). Seesterne sind auch in ihrem Inneren fünfstrahlig organisiert. Da es bei ihnen weder ein Vorne noch Hinten gibt, können sie mit jedem Arm voraus kriechen. Stößt er dabei auf ein Hindernis, dreht der Seestern nicht um, sondern kriecht — einen anderen Arm vorausstreckend — davon. Bemerkenswert ist die hohe Regenerationsfähigkeit dieser Tiere: Bei vielen Arten können einzelne Arme wieder zu einem ganzen fünfarmigen Seestern heranwachsen! Seesterne sind im allgemeinen gefräßige Räuber. *Echinaster* und *Ophidiaster* bilden hierbei eine Ausnahme und haben sich auf das Fressen der feinen organischen Beläge und Sinkstoffe spezialisiert.
Neugierig wagt sich der Schriftbarsch *Serranellus scriba* (Abb. 9) aus dem Seegrasdickicht. Rechts von der Bildmitte sieht man ein kleines Exemplar der Kalkrotalge *Pseudolithophyllum expansum*, die man normalerweise bevorzugt auf Hartböden bis in große Tiefen antrifft.

Abb. 10: Neben dem Steinseeigel *Paracentrotus lividus* (Abb. 64) ist der violette Seeigel *Sphaerechinus granularis* ein regelmäßiger Bewohner der Seegraswiesen (→ Echinoidea). Er frißt hier an den Wurzeln von *Posidonia* bzw. raspelt den mikroskopisch kleinen pflanzlichen Belag mit seinem kräftigen Zahnapparat (= Laterne des Aristoteles) ab. Sein Vorkommen ist nicht auf die Seegraswiese beschränkt, sondern wir finden ihn — mit Ausnahme von Sand- und Weichböden — überall bis in Tiefen von über 100 Metern (Abb. 42+97).

Abb. 11: Die Trompetenschnecke oder das Tritonshorn *Charonia lampas* ist eine mittlerweile recht selten gewordene, etwa 30 cm lange Raubschnecke, die ganze Muscheln, Seewalzen und Seesterne verschlingt (→ Gastropoda). Neben ihrer Größe ist sie an ihrer Fleischfarbe sowie an zwei schwarzen Binden auf den Fühlern leicht zu erkennen. Wegen ihrer Seltenheit sollte auf ein Sammeln durch Taucher verzichtet werden!

Abb. 12 + 13: Neben dem Tritonshorn (Abb. 11) ist die Steckmuschel *Pinna nobilis* ein seit jeher begehrtes Sammelobjekt der Taucher. Während es früher große Ansammlungen dieser größten europäischen Muschel gab («Steckmuschelfelder»), ist sie daher heute ein eher seltener Bewohner der Seegraswiesen geworden (→ Bivalvia). *Pinna* steckt mit der Spitze senkrecht im Untergrund, zusätzlich von langen kräftigen Byssusfäden gehalten. Die Schalen können über 80 cm lang werden und stellen einen kleinen «Hartboden» in der Posidoniawiese dar. Entsprechend finden wir einige typische Hartbodenbesiedler als Aufwuchs, die wir sonst nur von der Felsküste her kennen. Während *Pinna* auf Abb. 12 nur geringen Aufwuchs zeigt (neben den weißen Röhren von festsitzenden Borstenwürmern sehen wir nur eine schwarze Moostierchenkolonie), ist die Muschelschale auf Abb. 13 fast vollständig von Schwämmen bewachsen.

Abb. 14 + 15: Mit zunehmender Tiefe verringert sich das für das pflanzliche Wachstum notwendige Lichtangebot. Auch die Meeresströmungen sind weniger stark, sodaß feinere Teilchen absinken und sich auch auf den Seegrasblättern ablagern. Beides beeinträchtigt die Lebensbedingungen von *Posidonia* — es sind also natürliche Ausbreitungsgrenzen in der Tiefe gegeben. Abb. 14 zeigt deutlich den feinen Belag auf der rauhen Schalenoberfläche von *Pinna nobilis* sowie auf den z.T. bereits abgestorbenen Blättern von *Posidonia*. Auf der Muschelschale sehen wir zwei Seescheidenarten als Sekundärbesiedler: Die rote *Halocynthia papillosa* und die michig-weiße *Phallusia mammilata* (→ Tunicata). Während wir *Halocynthia papillosa* auch auf Seegraswurzeln, häufiger aber im Felslitoral finden, ist das Auftreten der *Phallusia mammilata* jedoch ein deutlicher Hinweis auf den Übergang zum Weichboden, den sie — auf Steinen und Schalentrümmern sitzend — als Lebensraum bevorzugt (siehe auch Abb. 47). Die Röhrenholothurie *Holothuria tubulosa* (Abb. 15, → Holothuroidea) profitiert von dem erhöhten Angebot an organischer Substanz im Meeresboden am Rand der Seegraswiese. Sie schaufelt mit Hilfe ihrer schildförmigen Mundtentakeln das Bodenmaterial in sich hinein und hinterläßt charakteristische Kotwürste (siehe Pfeil auf Abb. 15 + 32).

Die Seegraswiese (Abb. 1 bis 15)

Gewöhnlich fällt der Meeresboden mit zunehmender Entfernung von der Küste langsam ab. Ist er von einem lockeren Untergrund (Sand, Schlick und alle denkbaren Übergangsformen zwischen beiden Extremen) geprägt, so können wir fast sicher sein, daß wir bereits in wenigen Metern Wassertiefe auf eine ganz charakteristische und gegen die Umgebung deutlich abgrenzbare Lebensgemeinschaft stoßen: die untermeerischen **Seegraswiesen**. Ihre Grenzen in Richtung Küste werden durch die Wasserbewegung, insbesondere durch die zerstörende Kraft sich brechender Wellen bestimmt: An offenen, den Wellenbewegungen stark ausgesetzten Küsten wird die Flachwassergrenze der Seegraswiesen daher deutlich tiefer liegen als in geschützten Buchten, wo wir es mit ruhigeren Wasserverhältnissen zu tun haben. Die Tiefenausdehnung der Seegrasbestände wird bestimmt durch das Lichtangebot: Trübes, mit Schwebstoffen angereichertes Wasser verhindert eine große Eindringtiefe des für das Pflanzenwachstum notwendigen Sonnenlichtes. Klares Wasser hingegen läßt Seegraswiesen bis in eine Tiefe von 30-40 m gedeihen.

Während das küstennahe Flachwasser im allgemeinen durch intensives Wachstum von Grün-, Braun- und Rotalgen geprägt wird (wir kennen ca. 130 Grünalgenarten, 130 Braunalgen- und 350 Rotalgenarten im Mittelmeer), werden die Seegrasbestände allein von höheren Pflanzen, nämlich von einkeimblättrigen **Blütenpflanzen** gebildet. Vier Arten sind es, die im Mittelmeer vorkommen und Seegraswiesen bilden können, vier Arten, die sich allerdings in Bezug auf ihre Ansprüche an den Untergrund deutlich unterscheiden:

1) *Zostera marina*, das **gemeine Seegras**, bevorzugt sandig-schlammige Böden des Flachwassers und gedeiht nicht tiefer als maximal 10 m.

2) *Zostera noltii*, das **Zwergseegras**, von kleinerer Wuchsform und mit schmaleren Blättern, ist auf schlammig-sandigem Untergrund anzutreffen und wächst ebenfalls nicht unterhalb 10 m Wassertiefe.

3) *Cymodocea nodosa*, das **Tanggras**, ist größer als die beiden vorhergenannten Arten (bis 30 cm lang). Es bevorzugt ebenfalls das Flachwasser an geschützten, schlammig-sandigen Standorten und bildet dort vielfach gemeinsam mit *Zostera* weite Wiesen.

4) *Posidonia oceanica*, das **Neptungras**, ist das größte und auf das Mittelmeer beschränkte Seegras (bis 1 m lang). Es ist die einzige Seegrasart, die saubere Sandböden für ihr üppiges Gedeihen benötigt und die sich bei klarem Wasser bis in 40 m Tiefe ausbreitet. Die großen, dicht bestandenen Seegraswiesen jenseits 10 m Wassertiefe sind daher ausschließlich Posidoniawiesen.

Posidoniawiesen (Abb. 1-3), und nur von ihnen wollen wir fortan sprechen, verlangen also klares Wasser und lockeren, nährstoffreichen Sandgrund, den sie durch ihre kriechenden Wurzelausläufer verfestigen. In Blockgründen

(Felsgeröll) geht *Posidonia* gelegentlich auch auf die Oberfläche der Felsen hinauf, wenn es dort zu Sandablagerungen gekommen ist. Auch an die Temperaturverhältnisse werden klare Anforderungen gestellt: Die winterlichen Werte sollen längerfristig 10° C nicht unterschreiten, im Sommer dürfen 28° C nicht für lange Perioden überschritten werden. Die Salzgehaltsansprüche sind sehr eng gefaßt und betragen 37-38°/oo. Aussüßungen in Küstennähe, etwa durch Süßwassereintrag von Flüssen, werden von *Posidonia* gemieden.

Damit sich unter den geforderten hydrographischen Bedingungen eine Posidoniawiese bilden kann, bedarf es einer Reihe von vorangegangenen Prozessen: Ausgangsort sind in der Regel Dellen oder seichte Mulden auf dem Sandgrund, in denen sich feines organisches Material ansammelt, das — in ständiger bakterieller Zersetzung befindlich — Pflanzennährstoffe freisetzt. Diesen Nährboden besiedeln die kleineren Seegrasarten wie *Zostera* und/oder *Cymodocea*, die mit ihren Wurzelausläufern den Untergrund auflockern, gleichzeitig aber allein durch ihre Existenz weiteres organisches Material wie ein Filter festhalten.

So verfangen sich auch Samen von *Posidonia*. Diese keimen aus und verdrängen durch schnelleres Wachstum und die sich bald einstellenden schlechteren Lichtverhältnisse zunehmend die Erstbesiedler.

Ist genügend Platz vorhanden, zeigt sich ein horizontales Wachstum der Posidoniawurzeln, aus denen in ziemlich regelmäßigen Abständen Blätter aus dem Meeresboden in die Höhe wachsen. Wird das Blattwerk zu dicht (unter günstigen Bedingungen können bis zu 7000 Blätter pro m^2 stehen), werden die Blätter wegen Lichtmangels z.T. abgeworfen, und aus dem Zentrum der übriggebliebenen Reste der Blattansätze treibt eine neue Blattgeneration dem Licht entgegen. Unregelmäßige Wechsel zwischen horizontalem und vertikalem vegetativen Wachstum führen — unter Auffüllung der durch Wurzeln und Sproß gebildeten Hohlräume mit organischen Materialien — letztendlich zur Bildung von ständig wachsenden **Posidoniamatten**.

Die Ausdehnung dieser Matten geht sehr langsam vor sich: Schätzungen sprechen von 1 m Höhenzuwachs pro Jahrhundert (Graph. 1 + Abb. 4).

Die geschlechtliche Fortpflanzung, also Blühen, Befruchtung und Samenbildung, spielt in den Gewässern des westlichen Mittelmeeres eine untergeordnete Rolle und erfolgt selten und in ganz unregelmäßigen Abständen von vielen Jahren. Es scheint, daß die sommerlichen Wassertemperaturen des nordwestlichen Mediterrans im Vergleich mit dem südlichen und östlichen Mittelmeer zu niedrig sind, um ein regelmäßiges Blühen zu gewährleisten. Führen extrem hohe sommerliche Wassertemperaturen zu dem seltenen Blühereignis, erfolgt es im Herbst (August bis November) des betreffenden Jahres.

Für den Taucher ist die Seegraswiese ein Lebensraum, der erst auf den zweiten Blick gewinnt. Eine Vielzahl von Tieren auf und zwischen den See-

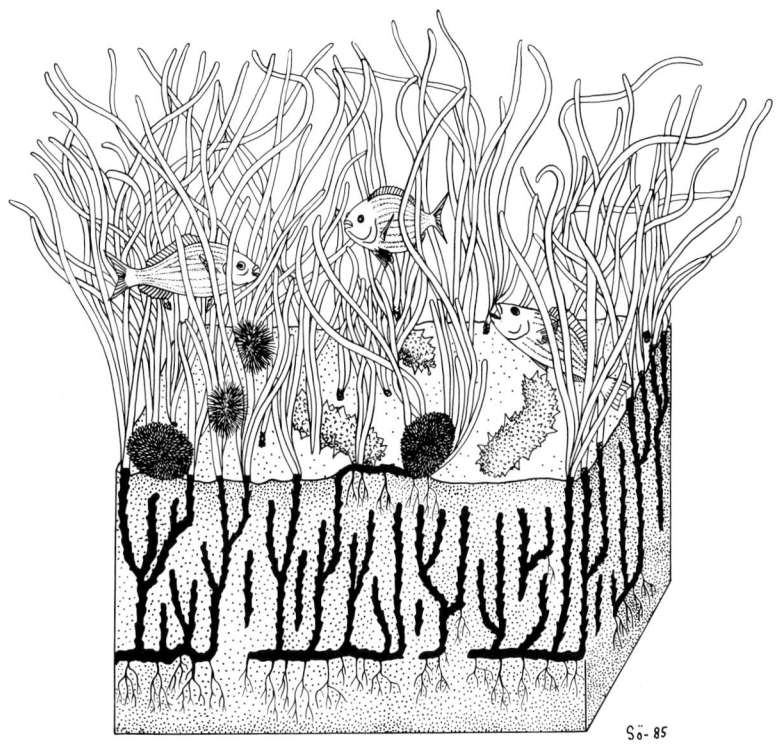

Graph. 1: Blockdiagrammatischer Aufbau einer Posidoniamatte.

grasblättern sowie auf den Wurzeln und in dem durch sie gebildeten Labyrinth verdienen jedoch unsere Aufmerksamkeit (Abb. 5-7). Abgesehen von großen und mittlerweile seltenen Formen wie der **Steckmuschel** *Pinna nobilis* (Abb. 12-14) oder der Raubschnecke *Charonia lampas* (**Tritonshorn,** Abb. 11) müssen wir schon genau hinsehen, denn bei den meisten Arten handelt es sich um vergleichsweise kleine Tiere, die sich gerade diesem Lebensraum bestens in Form und Farbe angepaßt haben. Jeder Taucher sollte daher einmal ein feinmaschiges Netz oder einen Kescher durch das Seegras ziehen: Erst jetzt erhalten wir einen Eindruck von der Lebensvielfalt!

Interessanterweise werden im Meer die großen Pflanzenansammlungen im flachen Küstenwasser direkt kaum als Nahrungsgrundlage genutzt, und so sind es auch in der Seegraswiese lediglich 4 Tierarten, von denen man weiß, daß sie das Seegras fressen. Allein schon wegen seiner Häufigkeit kann der schwarzgrüne, bräunliche oder rötliche **Steinseeigel** *Paracentrotus lividus* (Abb. 64) nicht übersehen werden. Zum Teil kommen bis zu 40 Individuen pro m^2 vor! Tagsüber sitzt der Seeigel, mit Muschelschalen oder Pflanzenstückchen getarnt, unbeweglich zwischen den Wurzeln. Nachts aber wird er

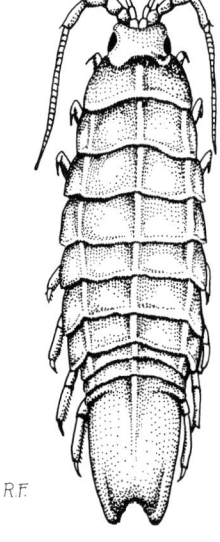

Graph. 2: *Idotea hectica* ist eine etwa 3 cm lange Assel, die häufig in Seegraswiesen auzutreffen ist. Sie läuft auf den Blättern, denen sie sich in Form und Farbe bestens angepaßt hat und die gleichzeitig ihrer Ernährung dienen.

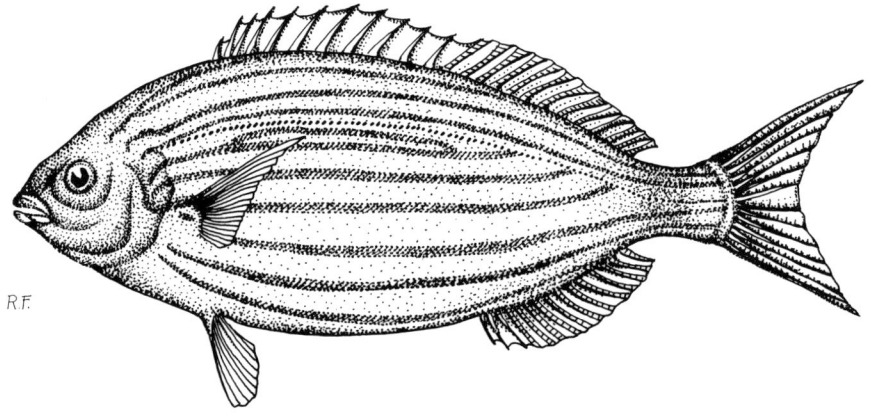

Graph. 3: *Boops salpa* (Länge bis 40 cm) gehört zur Familie der Meerbrassen (Sparidae) und durchstreift als Schwarmfisch die Seegraswiesen und das algenbestandene Felslitoral. Als einer der wenigen Fische frißt er u.a. auch die Seegrasblätter von *Posidonia*.

mobil, klettert vielfach an den Seegrasblättern umher und frißt von ihnen. Abgebrochene Blattreste werden ebenfalls gerne von ihm aufgenommen. Auch den **violetten Seeigel** *Sphaerechinus granularis* (Abb. 10) treffen wir regelmäßig zwischen den Seegräsern. Beide Seeigel sind aber keine Nahrungskonkurrenten, denn *Sphaerechinus* bevorzugt die Wurzeln mit ihren Wurzelhaaren, z.T. auch ihren pflanzlichen Aufwuchs. Die frischen Blätter frißt er nicht an. Dies wird neben *Paracentrotus* bevorzugt von der 2 bis 3 cm kleinen Assel *Idotea hectica* (Graph. 2) getan, die fast ausschließlich auf den Seegrasblättern umherläuft und neben dem Seegrasblatt selbst auch den mikroskopisch feinen Algenbelag abweidet. Dieser Algenfilm ist auch bevorzugte Nahrungsgrundlage von vielen kleinen Schnecken (→ Gastropoda, Abb. 74), die wir zu bestimmten Jahreszeiten massenhaft in der Seegraswiese antreffen. Als vierte Art ist es die **Goldstrieme** *Boops salpa*, eine Brasse (Graph. 3), die in kleineren Schulen durch die Algen — und Seegrasgärten streift und ebenfalls gerne Stückchen aus den Seegrasblättern herausbeißt. *Paracentrotus, Idothea* und *Boops* hinterlassen artcharakteristische Fraßspuren auf den Blättern (Graph. 4).

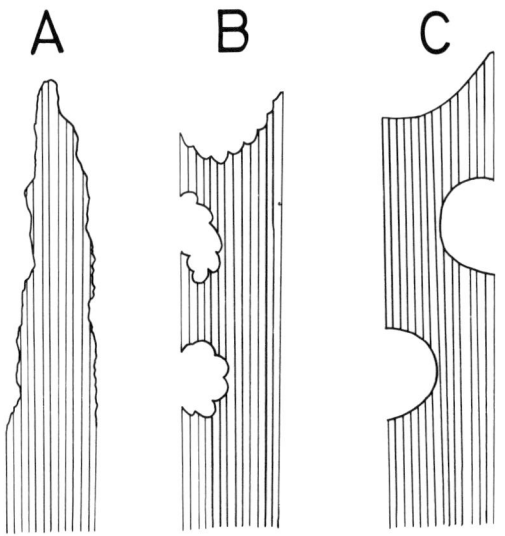

Graph. 4: Charakteristische Fraßspuren am Seegras *Posidonia oceanica* (A: Steinseeigel *Paracentrotus lividus*; B: Assel *Idotea hectica*; C: Brasse *Boops salpa*).

Selbst der ständig von den Pflanzenfressern anfallende Kot, der sich zwischen dem Wurzelwerk neben anderen organischen Zersetzungsprodukten ansammelt, wird gefressen: Die **Röhrenholothurie** *Holothuria tubulosa* ist es, die derartige Nahrung mit ihren kurzen schildförmigen Mundtentakeln aufnimmt und ihrerseits ganz charakteristische Kotwürste hinterläßt (→ Holothuroidea, Abb. 15 + 32).

Nicht zuletzt ist es das meist klare und tiefblaue Wasser des Mittelmeeres, von dem so viele Urlauber und Wassersportbegeisterte schwärmen. Azurblau ist aber die Wüstenfarbe des Meeres, was bedeutet, daß ein derartiges Gewässer äußerst nährstoff- und daher planktonarm ist. Wenn es im Mittelmeer trotz des offenkundigen Nährstoffmangels dennoch zu einer üppigen Lebensentfaltung und zu nennenswerten Fischbeständen gekommen ist, so deshalb, weil die Funktion des pflanzlichen Planktons als Umwandler der Sonnenenergie in organische Verbindungen in erheblichem Ausmaß von anderen (festsitzenden) Wasserpflanzen übernommen wird. Hier muß in erster Linie die

Posidoniawiese genannt werden, deren wichtigste Rolle neben dem Küstenschutz in der Primärproduktion organischer Substanz zu sehen ist. So gelangen u.a. ca. 30% der Posidonien später in Form von abgefallenen Blättern in die offene See, wodurch letztendlich die Nährstoffversorgung von Meeresteilen gesichert wird, die sonst wegen ihrer geringen Planktondichte nur wenig Leben aufweisen würden. Ein Posidoniarasen von der Fläche eines Quadratmeters kann zudem am Tag bis zu 14 Liter Sauerstoff freisetzen, ein Wert, der von keiner anderen Pflanzengesellschaft des Mittelmeeres erreicht wird. Er stellt somit die «Lunge» des Ökosystems Mittelmeer dar, von dessen Produktion direkt oder indirekt eine Vielzahl von Organismen abhängt. Nun wird verständlich, warum der einleitend erwähnte Rückgang der Posidoniawiesen bei weiterem Fortschreiten eine ökologische Katastrophe größten Ausmaßes bedeutet!

Öffnen sich schützende Buchten zur offenen See, ohne daß der Meeresboden abfällt, findet der Seegrasbestand meist ein abruptes Ende, und von Rippeln geprägte Grobsandflächen schließen sich an. Hier sorgt die nun stärkere Wasserbewegung für eine natürliche Grenze. Fällt der Meeresgrund jedoch kontinuierlich ab, dann dünnt die Seegraswiese deutlich aus: Das Lichtangebot wird geringer, und ein zunehmend dicker Belag herabgerieselten Materials auf den Blättern behindert zudem die photosynthetische Aktivität der Pflanzen (Abb. 14 + 15). Schwimmen wir weiter, befinden wir uns zunächst auf **Sandgrund**, einem Lebensraum, der auf den ersten Blick wenig Interessantes entdecken läßt.

Der Sandgrund (Abb. 16 bis 46)

Der Sandgrund ist charakteristisch für Buchten und Flachlandküsten. Generell finden wir ihn dort, wo Strömung und Brandung so stark sind, daß sie die feinen tonigen und organischen Schlickteilchen auswaschen und wegführen, die Ablagerung körnigen Materials jedoch gestatten. Fällt die Küste bzw. der Meeresboden zum offenen Meer hin langsam ab, verringert sich mit zunehmender Tiefe im allgemeinen auch die Wasserbewegung. Das hat eine kontinuierliche Veränderung des Sandbodens zur Folge: im flachen Wasser finden wir relativ grobe Sande, und mit zunehmender Tiefe wird das Sediment feiner und der Anteil an abgelagerten organischen Beimengungen steigt. Dementsprechend können in den Sanden mehr oder weniger große Lückensysteme vorhanden sein, die eine relativ leichte Verschiebbarkeit und Umlagerung der Sandkörnchen ermöglichen, oder die Sande sind so fest gepackt, daß die Ventilation des Bodens und das Eindringen von Organismen beträchtlich erschwert ist. **Korngröße** und Gehalt an **organischer Substanz** sind daher für den Meeresbiologen zwei wichtige Faktoren zur Charakterisierung des Sandgrundes, insbesondere auch deshalb, weil beide entscheidenden Einfluß auf die Zusammensetzung und Verteilung der Tierwelt nehmen.

Sandböden sind keineswegs nur vor Flachlandküsten anzutreffen. Auch mehr oder weniger tief abfallende Steilküsten grenzen meist zunächst an Sandgrund, und auch in mäßig abfallenden Geröllgründen können wir regelmäßig isoliert liegenden Sandflächen in Form von Inseln begegnen, bis dann auch der Geröllgrund in unterschiedlicher Entfernung von der Küste meist in einen Sandhang übergeht. Das trifft auch für die Seegraswiesen zu, die ja überhaupt nur auf Sandgrund gedeihen können, diesem aber wegen des verringerten Lichtangebotes nicht bis in tiefere Regionen folgen können.

Für die Meeresbodenfauna gilt generell, daß manche Arten sich bevorzugt an der Oberfläche des von ihnen bewohnten Untergrundes aufhalten: Sie werden als **Epifauna** zusammengefaßt. Andere Arten wühlen im Schlamm oder Sand oder bohren in Hartböden: Sie gelten als die **Endofauna** des betreffenden Lebensraumes. Auch eine **Mesofauna** existiert. Darunter versteht man eine charakteristische Tierwelt, die überwiegend tief in Lücken, Spalten und Löchern lebt. Hierzu zählen die Höhlen — und Spaltenbewohner der Felsküste, aber darüber hinaus auch eine mikroskopisch kleine Lebewelt, die für das Lückensystem des Sandes kennzeichnend ist und als biologisches Kriterium dieses Lebensraumes gilt. Fehlt ein solches Lückensystem und damit der Lebensraum für eine Meso- oder **Interstitialfauna**, sprechen die Meeresbiologen nicht mehr von einem Sandgrund, sondern von einem **Weichboden**.

Obwohl der Sandgrund gerade durch den Besitz einer äußerst spezifischen und sehr artenreichen **Sandlückenfauna** charakterisiert wird, ist dies für einen Taucher ein Hinweis von untergeordneter Bedeutung. Für ihn bleibt dieser Lebensraum meist unentdeckt, es sei denn, ein Mikroskop ist zur Hand. Dennoch sei gesagt, daß fast alle Gruppen der marinen wirbellosen Tiere im Lückensystem zwischen den Sandkörnern vertreten sind. Für das Leben dort ist vor allem die Korngröße des Sandes wichtig. Sie hat wesentlichen Einfluß auf den Wasserdurchsatz und auf die Körpergröße der Arten. Außerdem wird dieser Lebensraum durch die Wasserbewegung ständig verändert, was zahlreiche Anpassungen in Bezug auf Körpergestalt, Fortbewegung und Vermehrung notwendig macht. So finden wir fast ausschließlich langgestreckte, schlanke Formen, die vielfach Haftorgane besitzen oder sich mit verlängerten Extremitäten oder Borsten an den Sandkörnern festhalten. Weit über 90% dieser Lückenbewohner besitzen kein planktonisches Larvenstadium und stellen damit sicher, daß der Nachwuchs sofort den geeigneten Lebensraum vorfindet.

Kann diese **Mesofauna** wegen ihrer winzigen Bewohner keine ernsthafte Attraktion für den Taucher sein, so zeigt die **Epifauna** doch einige interessante Tiere, die man nur auf dem Sandgrund antrifft und die man daher kennenlernen sollte. Generell muß aber eingestanden werden, daß die Epifauna im Vergleich zum Weichboden oder gar zum Hartboden deutlich artenärmer ist und der Taucher trotz wachsamen Auges längere Zeit kaum etwas zu sehen bekommen kann. Genauer hinschauen muß er allerdings, denn die meisten Tiere sind bestens getarnt, haben sich der Umgebung farblich angepaßt oder verstecken sich im Sand (z.B. Abb. 37).

Fische (→ Osteichthyes) wie **Butte**, **Schollen** und **Seezungen** sind in der Lage, Farbe und Struktur des Meeresbodens auf ihrer Körperoberfläche nachzuahmen (Graph. 5 + 6) und die giftigen **Petermännchen** (*Trachinus* spec., Abb. 23) oder der mit einem zungenförmigen Fortsatz der Unterkieferschleimhaut nach Kleinfischen angelnde **Himmelsgucker** (*Uranoscopus scaber*, Abb. 21 + 22) liegen fast völlig von Sand bedeckt auf der Lauer nach Beute. Auch Knorpelfische (→ Chondrichthyes) wie die **Rochen** (Abb. 19 + 20) und der **Engelhai** *Squatina squatina* (Abb. 17 + 18) leben tagsüber vielfach halb eingegraben regungslos im Sand.

Anders verhalten sich die **Meerbarben** (Familie Mullidae, Abb. 24), die durch zwei starke Barteln am Kinn kenntlich sind. In kleinen Trupps durchwühlen sie mit diesen Kinnanhängen den Sandboden nach Freßbarem, wobei die Barteln als Grabwerkzeuge und Geschmacksorgane gleichermaßen dienen. Durch das Aufwühlen des Meeresbodens werden z.T. auch andere Fische, etwa **Brassen** (Familie Sparidae, Abb. 29 + 30) angelockt, die so eine unentgeltliche Mahlzeit finden.

Auch die vereinzelt anzutreffenden, vielfach bunt gefärbten **Knurrhähne** (Familie Triglidae, Graph. 7) besitzen zur Nahrungssuche auf dem Sandgrund Hilfseinrichtungen. Ihre Brustflossen zeigen in der Regel drei isoliert stehende Flossenstrahlen, die Geschmacksknospen tragen. Die Fische laufen auf diesen fingerförmigen, bodenwärts gerichteten Strahlen wie auf Spinnenbeinen

Abb. 16: Blick auf einen Sandgrund, über dem ein Jungfischschwarm von Streifenbrassen *Cantharus cantharus* zieht.

Die zu den Meerbrassen (Familie Sparidae) zählenden Streifenbrassen treten meist in kleineren Trupps, nicht in wohlgeordneten Schwärmen auf. Man sieht sie oft über Sandgrund und Seegraswiesen, meist unterhalb 15 m Wassertiefe. Sie gehören zu den wenigen Meeresbrassenarten, die ihre Eier im Frühsommer am Boden ablegen (Bodenbrüter). Das Männchen folgt dem Weibchen auf der Laichplatzsuche und gräbt dort mit seiner Schwanzflosse eine ovale Grube in den Sand, in die das Weibchen dann seine leicht klebrigen Eier in einer einzigen Schicht ablegt. Die Jungen bleiben in der Nähe des Nestes bis sie etwa 7-8 cm lang sind und ziehen dann fort. Der Sandgrund auf Abb. 16 ist relativ grob und zeigt eine starke Rippelbildung, deutlicher Hinweis auf Strömung und/oder Wellenbewegung.

Abb. 17 + 18: Innerhalb der großen Gruppe der Haie steht die Familie der Engelhaie (Squatinidae) an letzter Stelle. Sie erinnert schon an die nachfolgende Ordnung der Rochen (→Chondrichthyes), da der Vorderkörper stark rochenähnlich abgeplattet ist und die Brustflossen flügelartig verbreitert sind. Sie unterscheiden sich aber von den Rochen u.a. durch die Lage der Kiemenspalten, die bei den Engelhaien auf den Kopfseiten und nicht auf der Körperunterseite liegen. Die Familie umfaßt 12 Arten. Der Gemeine Meerengel *Squatina squatina* (Abb. 18) bewohnt neben dem Mittelmeer den nordöstlichen Atlantik bis zu den Kanarischen Inseln. Er wird bis 2.5 m lang. *Squatina* ist ein bodenständiges Tier und liegt — meist mit Sand bedeckt — auf dem Meeresgrund. So lauert er auf Fische und Krebse, frißt aber auch verschiedenste Weichtiere. Nur die Augen und die großen halbmondförmigen Spritzlöcher schauen dann aus dem Sandgrund (Abb. 17, Pfeile!). Im Winter halten sich die Meerengel in tieferem Wasser auf; im Sommer dringen sie bis in die Küstengewässer vor. Dort sind sie sogar im Flachwasser anzutreffen, wo sie sich auch paaren. Die Jungen werden im Mittelmeer im zeitigen Frühjahr geboren; ein Wurf besteht aus 7-25 etwa 20 cm langen Jungtieren.

Abb. 19 + 20: Stechrochen (→ Chondrichthyes, Familie Dasyatidae) bevorzugen ruhige Sandareale, auf denen man sie tagsüber meist halb vergraben im Untergrund antrifft. Erst bei näherem Hinsehen erkennt man die Augen und Spritzlöcher der bis zu 2.5 m langen Tiere (Abb. 20, Pfeile!). Ihre Nahrung bilden Krebse, Weichtiere und Kleinfische. Der Stachel dieser Rochen dient ausschließlich als Abwehrwaffe. Er dringt in den Körper des Gegners ein, reißt eine stark blutende Fleischwunde, bricht darin ab und bleibt stecken. Beim Menschen ruft eine Verletzung durch Stachelrochen sehr starke Schmerzen, z.T. Vergiftungserscheinungen und monatelange Erkrankung hervor. Da der Schwanzstachel beim gewöhnlichen Stechrochen *Trygon pastinaca* (Abb. 19) nach einer bestimmten Zeit durch einen neuen ersetzt wird, trifft man gelegentlich Exemplare mit 2 dicht hintereinanderstehenden Stacheln an. Die Jungen von *Trygon* (6-9 Tiere je Wurf) werden im Sommer geboren.

Abb. 21 + 22: Der Himmelsgucker *Uranoscopus scaber* ist in der Regel ein wenig auffallender Fisch des Sandgrundes, da er tagsüber meist eingegraben lebt, wobei nur die weite, senkrecht gestellte Mundöffnung (Abb. 22) und die Augen hervorragen. Mit Hilfe eines kleinen Hautlappens der Unterkieferschleimhaut, der schlängelnd aus dem Maul gestreckt wird, lockt er — derart getarnt — Beute in die Reichweite seines großen Maules. Bei Nichtgebrauch wird die «Angel» einfach eingezogen. Hinter den Augen befinden sich in kleinen ovalen Taschen elektrische Organe, mit denen die Himmelsgucker außerhalb des Wassers kräftige Schläge austeilen können, die unter Wasser für den Menschen aber kaum spürbar sind. Sie werden zum Orten von Beutetieren sowie zum Schutz vor Raubfischen benutzt. Ebenfalls zur Verteidigung dienen ein kräftiger, nach hinten gerichteter Stachel oberhalb der Brustflosse sowie mehrere Kiemendeckelstacheln. Der Himmelsgucker ist hinter dem Auge von einer parasitischen Fischassel befallen, welche die Fische meist nachts aufsucht und sich dann mit spitzen Klammerbeinen in die Haut des Fisches gräbt. Die Asseln besitzen stechende Mundwerkzeuge und sind Blutsauger.

Abb. 23: Das Petermännchen *Trachinus draco* ist eine der vier im Mittelmeer auf Sandgrund anzutreffenden Petermännchen-Arten (Familie Trachinidae). Es sind langgestreckte, seitlich abgeflachte Bodenfische mit hoch liegenden Augen und schräg nach oben gerichteter Mundspalte. Die ersten Stachelstrahlen der Rückenflosse und ein Kiemendeckelstachel besitzen an der Basis Giftdrüsen. Die Stacheln können schmerzhafte Stichverletzungen verursachen, die heftige Entzündungen und starke Schwellungen am Körper des Menschen hervorrufen. Das Gift zerstört die roten Blutkörperchen und lähmt die Nerven, sodaß unter Umständen sogar lebensgefährliche Herzmuskelerkrankungen die Folge sein können. Die Petermännchen ernähren sich von Garnelen und Kleinfischen aller Art, denen sie — im Sand vergraben — auflauern.

Abb. 24: *Mullus surmuletus*, zu unterscheiden von der nah verwandten Art *M. barbatus* durch ein dunkles Querband auf der ersten Rückenflosse, gehört zur Familie der Meerbarben (Mullidae), die durch zwei lange, gabelförmige, vorstreckbare Bartfäden gekennzeichnet ist. Diese Barteln sind mit Geschmacks — und Tastorganen versehen, mit denen die Tiere einzeln oder in kleinen Gruppen den Sandgrund nach Freßbarem durchwühlen. Die blau gefärbten Jungfische leben im freien Wasser und gehen erst bei einer Körperlänge von ca. 5 cm zum Bodenleben über.

Abb. 25 + 26: Der Lippfisch (Familie Labridae) *Crenilabrus quinquemaculatus* ist ein Bewohner der Felsküste, wo er — durch das Algendickicht schlüpfend — kaum auffällt. Auch in der Seegraswiese ist er regelmäßig anzutreffen. Im Frühjahr jedoch verläßt das Männchen die Vegetationszone, um auf dem nahe gelegenen Sandgrund ein Nest zu bauen, wobei es kein Weibchen in seiner Nähe duldet. Das Nest besteht aus einem halbkugeligen Hügel aus Pflanzenmaterial mit einer Höhle darin. Ist das Nest fertig, schwimmt das Weibchen in die Höhle, legt seine Eier ab und das Männchen besamt diese. Dann jagd es das Weibchen fort, bedeckt das Nest äußerlich mit weiterem Pflanzenmaterial und kleinen Steinchen und bewacht alles sorgfältig (Abb. 26).

Abb. 27 + 28: Der zu den Lippfischen (Familie Labridae) zählende Schermesserfisch *Xyrichthys novacula* ist ein hochrückiger, seitlich abgeflachter Fisch mit einer steilen Kopfpartie, die kennzeichnend ist. Während die Weibchen überwiegend rot, die Männchen graugrün gefärbt sind, zeigen beide Geschlechter über sehr hellem Sandgrund eine äußerst blasse Farbe. Interessant ist das Verhalten der Tiere bei Gefahr: Sie schwimmen nicht davon, sondern stellen sich fast senkrecht auf (Abb. 28), um bei weiter Bedrohung blitzschnell im Sand zu verschwinden. Die Flucht wird waagerecht unter der Sandoberfläche fortgesetzt. Während der Wintermonate wandern die Tiere in tiefere Wasserschichten ab.
Bei den abgebildeten Seegräsern handelt es sich um die Flachwasserart *Zostera marina*.

Abb. 29 + 30: Meerbrassen (Familie Sparidae) bewohnen das Küstengebiet tropischer und gemäßigter Meere und durchstreifen in Schwärmen Geröllfelder, Seegraswiesen und den küstennahen Sandgrund. Häufig trifft man die Ringelbrasse *Diplodus annularis* (Abb. 29) und die Zweibindenbrasse *Diplodus vulgaris* (Abb. 30). Beide Arten ernähren sich vorwiegend von Würmern und Kleinkrebsen. Die Vermehrung erfolgt über planktonische, d.h. im freien Wasser schwebende Eier. Die Jungen leben bis zu einer Länge von etwa 2 cm im offenen Meer und schwimmen dann in Küstennähe. Brassen sind begehrte Speisefische. Auf Abb. 30 sehen wir neben *Diplodus vulgaris* die 30 cm lange Königsholothurie *Stichopus regalis*.

40

Abb. 31 + 32: Während einige → Holothuroidea oder Seegurken im Meeresboden leben, gehören die Vertreter der Gattungen *Holothuria* und *Stichopus* zur Epifauna, halten sich also auf dem Meeresboden auf. Es sind äußerst langsame Tiere, die sich in der Regel mit drei bauchseitigen Reihen von Saugfüßchen über den Untergrund bewegen. Sowohl *Stichopus regalis* (Abb. 31) als auch *Holothuria tubulosa* (Abb. 32) ernähren sich von Bodenmaterial, das sie mit Hilfe schildförmiger Tentakeln in den bodenwärts gerichteten Mund schaufeln. Die Tiere füllen ihren Darm innerhalb von 24 Stunden 2 bis 3 mal vollständig. Da ihnen die organischen Beimengungen des Untergrundes als Nahrung dienen, treten sie auf sauberen, gut beströmten Sandflächen seltener auf. Werden Seegurken ergriffen oder gereizt, so stoßen sie ihren gesamten Darmkanal samt Wasserlungen, z.T. auch die Geschlechtsorgane durch den After aus. *Stichopus* kann seine verlorenen Eingeweide binnen 2 bis 3 Wochen regenerieren, ein Vorgang, der temperaturabhängig ist und bei niedrigen Werten entsprechend langsamer verläuft. Die bei vielen Arten anzutreffenden klebrigen Verteidigungsschläuche (Cuviersche Schläuche) fehlen den beiden abgebildeten Arten. Der kleine Pfeil auf Abb. 32 zeigt die typischen Kotwürste der Gattung *Holothuria*.

Abb. 33: Während die Seegurken auf Abb. 31 und 32 mit organischen Partikeln angereichertes Bodenmaterial fressen, fangen die sich strudelnd ernährenden Pfauenfederwürmer *Sabella pavonina* (→ Polychaeta) diese Teilchen bereits vor dem Absinken aus dem vorbeiziehenden Wasser (siehe auch Abb. 88 + 103). Es sind 10-25 cm lange, festsitzende Borstenwürmer, die in langen, selbstgefertigten und mit Schlickpartikeln inkrustierten Röhren leben. Diese stecken tief senkrecht im Sand, ragen aber immer ein Stück über den Meeresboden hinaus.

Abb. 34 + 35: Zwei verschieden gefärbte Zylinderrosen *Cerianthus membranaceus fusca* des Sandgrundes (→ Ceriantharia; siehe auch Abb. 46).

Abb. 36: Die Goldrose *Condylactis aurantiaca* (→ Actiniaria) ist eine räuberisch lebende Seerose, die vorwiegend auf Sandgrund lebt. Ihr Mauerblatt ist meist vollständig eingegraben, sodaß der regungslose und unauffällige Tentakelkranz auf dem Meeresboden liegt. Gelangen Krebse und kleinere Bodenfische an die kräftigen, mit Nesselkapseln versehenen Tentakeln, werden die Beutetiere gelähmt, ergriffen und dem im Zentrum liegenden Mund zugeführt. Vereinzelt findet man ein Zusammenleben mit einer kleinen, fast durchsichtigen Partnergarnele (*Periclimenes*), die sich zwischen oder in unmittelbarer Nähe der Fangarme aufhält und nicht genesselt wird.
Die Goldrose kommt ausschließlich im Mittelmeer vor.

Abb. 37: Charakteristische Kotkringel sind eindeutige Hinweise auf den Sandwurm *Arenicola marina*, ein in einem L-förmigen Gangsystem lebender Borstenwurm (→ Polychaeta). Er frißt den mit organischen Partikeln angereicherten Sand in sich hinein, verdaut die organischen Bestandteile und legt die unverdaulichen Reste in Form von Kotwürsten auf dem Meeresboden ab (Graph. 12). Butte, Seezungen und die Scholle *Pleuronectes flesus* (Pfeil auf Abb. 37) sind ebenfalls charakteristische Sandbodenbewohner, die sich gern mit oberflächlichem Bodenmaterial bedecken.

Abb. 38 + 39: Der Kammstern *Astropecten aurantiacus* ist mit einer Spannweite von ca. 30 cm der größte von vier Kammsternarten im Mittelmeer (→ Asteroidea). Namensgebend sind die spitzen weißen Stacheln an den Armrändern (Abb. 39). Kammsterne sind die einzigen Seesterne des Sandgrundes, die sich zudem meist im Sandboden aufhalten und im Gegensatz zu Abb. 38 normalerweise überhaupt nicht zu sehen sind. Das Eingraben erfolgt mit Hilfe der Füßchen auf den Armunterseiten, die den Sand nach rechts und links beiseite schieben und so eine Grube schaffen, in die der Stern versinkt. *Astropecten* ernährt sich hauptsächlich von Schnecken und Muscheln, wobei er in der Lage ist, vergrabene Beute im Boden zu orten und sich bis zu ihr durchzugraben. Die Ambulacralfüßchen der Kammsterne besitzen keine Saugnäpfe und sind darum nicht fähig, die Beute festzuhalten oder weiterzugeben. Sie wird daher als Ganzes verschlungen und im Magen verdaut. Durch Aufwärtsbiegen seiner Arme kann der Seestern sehr schnell wieder aus dem Untergrund auftauchen.

44

Abb. 40: Das Zusammenleben von zwei Tieren zum gegenseitigen Vorteil bezeichnet man als Symbiose. Hier sehen wir den Einsiedlerkrebs *Pagurus prideauxi* (→ Crustacea) vergesellschaftet mit zwei Individuen der Seerose *Adamsia palliata* (→ Actiniaria). Beide sind recht regelmäßig auf leicht schlammigen, mit Schalenbruchstücken verfestigten Sandgründen, sog. **Schillböden,** anzutreffen. Die stark nesselnde Seerose schützt den Einsiedlerkrebs vor Feinden (Kraken, bodenlebende Fische); sie ihrerseits findet durch das rege Umherwandern des Krebses ständig neue Nahrung und profitiert sicherlich auch ab und zu von seinen Nahrungsresten.

Abb. 41: Die tieferen, mit organischen Sinkstoffen besonders gut angereicherten Sand-, Schill- und Corallinenböden (Abb. 42 + 43) sind vielfach die Nahrungsgrundlage des unterhalb 30 m Tiefe ziemlich regelmäßig auftretenden Igelwurmes *Bonellia viridis* (→ Echiurida). Voraussetzung dafür ist allerdings das Vorhandensein von größeren, mit Spalten und Höhlungen versehenen Felsbrocken, die Versteckmöglichkeiten für den ca. 10 cm langen, gurkenförmigen Wurmkörper bieten. Wir sehen nämlich stets nur den bis zu 1.5 m langen Rüssel des Weibchens, mit dem sich das Tier ernährt! Berührt man den Rüssel, wird er schnell auf wenige cm Länge kontrahiert. (Siehe auch Graph. 21!)

Abb. 42 + 43: Ein besonderer Typ des Meeresgrundes ist der **Corallinengrund**. Es sind grobe, steinige Untergründe, die z.T. von Kalkrotalgen verfestigt sind und wegen dieser Festigkeit vereinzelt auch Hartbodenbewohnern Lebensraum bieten. Die flächig wachsenden Kalkrotalgen sind daher wie auf den Felsen auch auf dem Corallinengrund ideale Nahrungsvoraussetzungen für den violetten Seeigel *Sphaerechinus granularis*, der auf diesen Gründen z.T. sehr häufig auftritt. Hier bedecken sich mehrere Seeigel mit der Grünalge *Ulva lactuca* (Abb. 42). Ist genügend Licht vorhanden, so können neben den Kalkrotalgen auch andere Algengruppen gedeihen, da ihnen der grobe Untergrund Möglichkeiten zum Festheften bietet. Auf Abb. 43 sehen wir im Hintergrund wieder mehrere *Sphaerechinus granularis*, im Zentrum die schöne Rotalge *Acrosymphyton purpuriferum*, die Grünalge *Ulva lactuca* sowie die Braunalge *Dictyota dichotoma*. Links unterhalb der Braunalge sitzt der seltene Zehnfußkrebs *Lissa chiragra* (→ Crustacea), ein typischer Bewohner der Corallinenböden. Wie man sieht, ist er dem Untergrund farblich und strukturell bestens angepaßt!

46

Abb. 44 + 45: Lederkorallen (→ Alcyonaria) sind eine vorwiegend in tropischen Meeren beheimatete, festsitzende Nesseltiergruppe, die gedrungene, fleischige Kolonien bildet. Im Mittelmeer kennt man drei Arten. Abb. 44 + 45 zeigen *Alcyonium palmatum*, die mit ca. 30 cm Höhe größte Mittelmeerart. Lederkorallen besitzen Fußscheiben, mit denen sie sich ähnlich wie viele Seerosen auf festem Untergrund verankern. Neben Felsen bietet daher der feste, gut beströmte Corallinengrund mit Steinen und Schalentrümmern Siedlungsmöglichkeiten für *Alcyonium*, wobei sie ihre Kolonie vielfach quer zur Hauptströmungsrichtung orientiert, ähnlich wie es von Gorgonien bekannt ist (Abb. 44 rechts, *Eunicella singularis*). Mit Hilfe von Ventilationspolypen können Lederkorallen aktiv Wasser aufnehmen, so ihre Kolonie stark aufblähen und die Freßpolypen weit expandieren (Abb. 45). Diese fangen aus dem vorbeiziehenden Wasser vornehmlich größere Zooplanktonorganismen. Bei ungünstigen Strömungsverhältnissen schrumpft die Kolonie durch Wasserabgabe zu einem unscheinbaren Häuflein zusammen.

Abb. 46: Zylinderrosen (→ Ceriantharia) unterscheiden sich von den Seerosen (→ Actiniaria) u.a. durch das Fehlen einer Fußscheibe, durch den Besitz von selbstgefertigten, im Boden verankerten Wohnröhren sowie durch Kränze von verschieden langen und oft verschieden gefärbten Tentakeln: Wir erkennen innere kurze Labialtentakeln und das Mundfeld äußerlich begrenzende lange Marginaltentakeln. Mit den Marginaltentakeln werden größere tierische Planktonorganismen aus dem Wasser gefangen. Abb. 35 läßt erkennen, daß Teilchen auch vom Boden aufgenommen und dann den Labialtentakeln übergeben werden.

Die häufigste Art im Mittelmeer ist *Cerianthus membranaceus*, die mit zwei Varietäten vertreten ist. Wie wir sahen (Abb. 34 + 35) ist die Unterart *fusca* typisch für reine Sande, besitzt deutlich farbige Ringel auf den Tentakeln und ihr Tentakelkranz liegt — im Gegensatz zu Abb. 34 + 35 — dem Sandgrund meist direkt auf. Die derbe, vielfach mit Kalkbruchstücken inkrustierte Wohnröhre der Unterart *C.m. violacea* (Abb. 46) hingegen ragt fast immer deutlich über den Meeresboden hinaus und hebt so die große Zahl von Fangtentakeln weit ins freie Wasser. Auch ist die Unterart *violacea* weniger anspruchsvoll, was den Lebensraum anbelangt: Wir finden sie daher häufiger als *fusca* und zwar auf Weichböden (Abb. 59), auf schlickvermengten Sandböden, auf Corallinengrund (Abb. 46), in der Seegraswiese und vereinzelt sogar in mit Sand- und Schlickpartikeln angefüllten Felsspalten (Abb. 82).

Bothus maximus (Länge bis 80 cm)

Solea solea (Länge bis 40 cm)

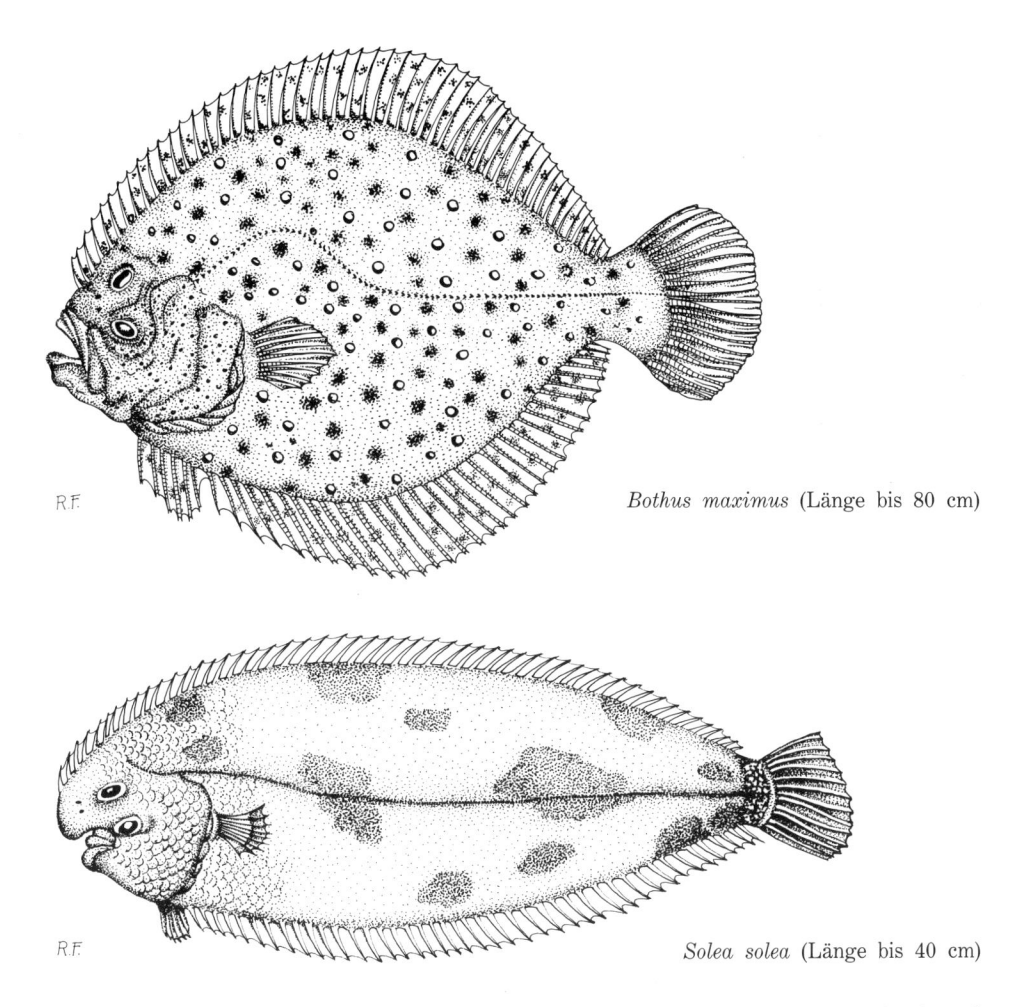

Graph. 5+6: Steinbutt (*Bothus maximus*) und Seezunge (*Solea solea*) sind zwei für Sandgrund und Schlammböden charakteristische Grundfische, die sich farblich dem Untergrund anpassen können, sich z.T. aber auch mit Bodenmaterial bedecken. Beide ernähren sich von im Meeresboden lebenden Muscheln und Würmern, der Steinbutt aber hauptsächlich von jungen Bodenfischen.

und spüren dabei mit ihnen nach Beute. Sie können übrigens mit Hilfe ihrer Schwimmblase und eines besonderen Muskels Knurrlaute erzeugen. Welche Bedeutung diese Lauterzeugung hat, wissen wir nicht.

Erwähnen wollen wir noch den im nordwestlichen Mediterran vergleichsweise seltenen **Schermesserfisch** *Xyrichthys novacula* (Abb. 27 + 28), den zu beobachten es sich lohnt: Anfänglich beäugt der Schermesserfisch den Taucher neugierig aus gesicherter Entfernung. Schwimmt dieser auf ihn zu, stellt sich der Fisch fast senkrecht auf, den Kopf zum Sandboden gerichtet. Bei weiterer Annäherung flüchtet er nicht etwa aufgeschreckt davon, sondern gräbt sich blitzschnell mit dem Kopf voran tief in den Sand. Dabei wirkt sich sein

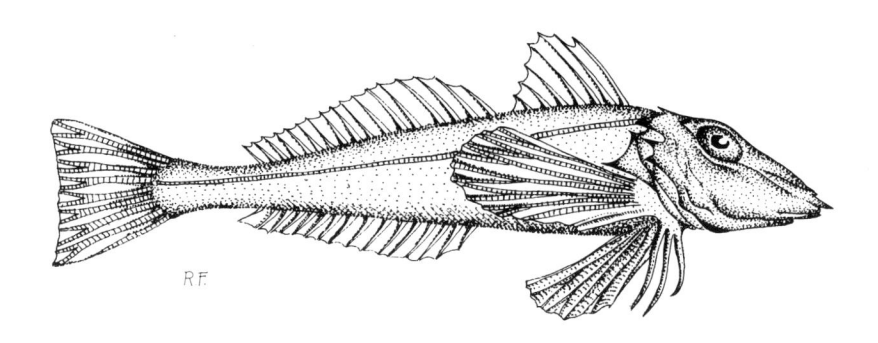

Graph. 7: Knurrhähne (Familie Triglidae) besitzen große Brustflossen, von denen meist drei Flossenstrahlen fingerförmig gestaltet sind und Geschmacksknospen tragen. Die Tiere laufen auf den bodenwärts gerichteten Strahlen und spüren mit ihnen nach Beute. *Trigla hirundo* (Länge bis 70 cm) bevorzugt Sandböden, ist aber auch auf Geröllgrund anzutreffen. Die Familie umfaßt etwa 10 Arten.

steiles Kopfprofil vorteilhaft aus. Obwohl man genau gesehen hat, wo der Schermesserfisch gerade verschwand, ist ein Aufscheuchen durch Nachgraben mit den Händen zwecklos. Offensichtlich kann er sich auch im Meeresboden ein ganzes Stück vorwärtsarbeiten!

Neben diesen nur auf Sandgrund anzutreffenden Fischen begegnen wir bei unserem Tauchgang über den Sandboden aber auch einigen diesen Lebensraum kennzeichnenden Niederen Tieren. Vergleichsweise selten treffen wir die nur im Mittelmeer beheimatete **Goldrose** *Condylactis aurantiaca* (Abb. 36). Ihre Fußscheibe und das Mauerblatt (→ Actiniaria) sind im Sandgrund verborgen. Man sieht daher nur die Mundscheibe mit den dicken entfalteten Tentakeln. Mundsaum und Tentakelspitzen sind violett gesäumt, ansonsten hebt sich die hell gefärbte Seerose kaum vom Untergrund ab. Auf Beute in Form von Krebsen und kleineren Fischen lauernd, ist es auch besser, nicht schon von weit her auffällig erkannt zu werden.

Auch die **Zylinderrose** *Cerianthus membranaceus* (Abb. 34 + 35) ist auf bzw. im Sandboden anzutreffen. Während die Zylinderrose im Normalfall die für sie typische, selbstgefertigte Wohnröhre (→ Ceriantharia) ca. 10 cm über den Meeresboden erhebt und sich dann daraus entfaltet, liegt die Tentakelkrone der Unterart «*fusca*» — ebenso wie die der **Goldrose** — meist dem Meeresboden fast auf. Nahrungskonkurrenten sind die beiden Blumentiere (→ Cnidaria, → Anthozoa) aber nicht. Die Zylinderrose nutzt vielmehr ihre vielen dünnen, nesselkapselbewehrten Tentakeln zum Fang von größeren Planktonorganismen und nimmt z.T. auch Nahrungspartikel vom Boden auf. Bei Berührung zieht sich die Zylinderrose ruckartig in ihre Wohnröhre zurück. Ein Ausgraben der Tiere ist meist zwecklos: die Röhren können bis 1 m lang sein und tief in den Sandgrund reichen.

Auffallen werden dem Taucher sicherlich auch die zarten, ca. 10 cm im Durchmesser betragenden Tentakelkronen des röhrenbewohnenden **Pfauenfe-**

derwurmes *Sabella pavonina* (Abb. 33), der z.T. auch in kleinen Gruppen von 10-20 Individuen zusammensteht. Die Röhre der Tiere kann zwar bis zu 25 cm lang werden, jedoch steckt der weitaus größte Teil von ihr im Sandboden. Die Röhre ist elastisch und besteht aus einem pergamentartigen Material, das außen mit feinen Schlickpartikeln besetzt ist. Der in verschiedenen Farbvarianten auftretende, dunkelgebänderte Tentakelapparat setzt sich aus zwei gleichen Hälften von gefiederten Einzelstrahlen zusammen, die neben der Atmung in erster Linie der Ernährung dienen. Nahrungspartikel, die mit der Wasserströmung an den Siebapparat gelangen, werden mit Schleim gebunden und durch den Schlag mikroskopisch kleiner Geißeln zum Mund ins Zentrum des Tentakeltrichters geführt. Ein Sortiermechanismus unterscheidet hier zwischen Nahrung und Material zum Röhrenbau. Allzu grobe Partikel werden nach außen befördert. Viele festsitzende Borstenwürmer (→ Polychaeta) nutzen auf diese oder ähnliche Weise das freie Wasser als Nahrungsreservoir. Bewegen wir uns bei der Beobachtung zu ungestüm, oder will gar ein Fisch an der Tentakelkrone knabbern, ziehen sich diese festsitzenden Würmer flink weit in ihre Röhre in den Sandboden zurück und sind nunmehr sicher geschützt vor Feinden.

Während unseres Tauchganges über dem Sandboden werden wir sicherlich einige Male erschreckt zusammenfahren, denn unmittelbar vor uns floh plötzlich irgendetwas. Schauen wir in die Runde, entdecken wir oft in respektvoller Entfernung einen **Tintenfisch** der Gattung *Sepia* (Abb. 91) wenige Zentimeter über dem Grund schwebend, durch ein ständig wechselndes Farbenspiel auf der Körperoberfläche nun deutlich erkennbar. Wir haben das Tier gestört, das tagsüber meist oberflächlich im Sand eingegraben liegt oder sich mit Hilfe seiner Farbzellen der Umgebung vollständig angepaßt hat. Nähern sich allerdings Schwimmkrabben, Schwimmgarnelen oder kleinere Fische dem unsichtbar lauernden Tintenfisch, dann steigt die Sepia leicht und gewandt aus dem Sand und verfolgt mit rückwärts gestelltem Trichter und undulierendem Flossensaum die Beute. Dabei streckt sie ihre kurzen Arme, die von einem lebhaften Farbenspiel überlaufen werden, zur Beute hin und schleudert blitzschnell die beiden längeren blassen und unscheinbaren Fangarme dem Opfer entgegen. Die Beute wird angesaugt, zwischen die acht kürzeren Arme gezogen und durch einen Giftbiß getötet (→ Cephalopoda).

Immer wieder begegnen wir bei unserm Tauchgang über den Sandgrund den verschiedenartigsten Muschelschalen (Foto 2), und vereinzelt finden wir die ovalen, schneeweißen Kalkgehäuse der Irregulären Seeigel (→ Echinoidea), deren Oberseiten mit einem blumenartigen Muster verziert sind (Graph. 8). Aber stets liegen nur die leeren Schalen vor uns, nie sehen wir ein lebendes Tier! Nun, beide Tiergruppen gehören zur eingangs erwähnten **Endofauna**, also zu jenen Tieren, die ein Leben im Verborgenen führen und sich nur im Meeresboden aufhalten. Auch eine große Anzahl der freilebenden Borstenwürmer (→ Polychaeta) lebt im Sandboden und ist im Normalfall nie auf der Meeresbodenoberfläche anzutreffen.

Foto 2: Drei der häufigsten Muschelschalenfunde auf dem Sandgrund:
a: *Venus verrucosa* (Familie Veneridae, Venusmuscheln, Länge bis 4 cm)
b: *Callista chione* (Familie Veneridae, Venusmuscheln, Länge bis 6 cm)
c: *Donax variegatus* (Familie Donacidae, Dreiecksmuscheln, Länge bis 3 cm)

In Anpassung an dieses unterirdische Leben besitzen **Muscheln** z.B. zwei lange, z.T. miteinander verwachsene Körperanhänge — schnorchelartige Verbindungen zwischen der Muschel im Meeresboden und dem freien Wasser —, sog. Siphone. Durch Wimpernschlag auf der Kiemenoberfläche strudeln die Muscheln frisches Wasser durch den Einstromsipho in sich hinein, wodurch

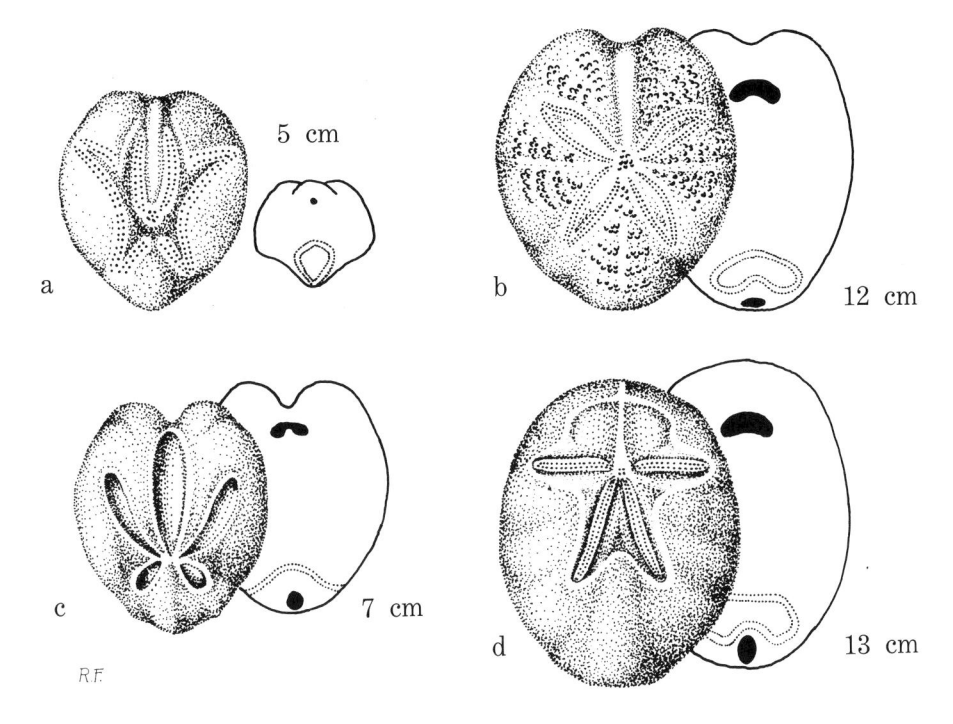

Graph. 8: Die häufigsten Irregulären Seeigel und ihre bevorzugten Lebensräume: *Echinocardium cordatum* (a, Sandgrund); *Spatangus purpureus* (b, schlickiger Sand); *Schizaster canaliferus* (c, sandiger Schlick); *Brissus unicolor* (d, Sand und schlickiger Sand, z.T. in Seegraswiesen).

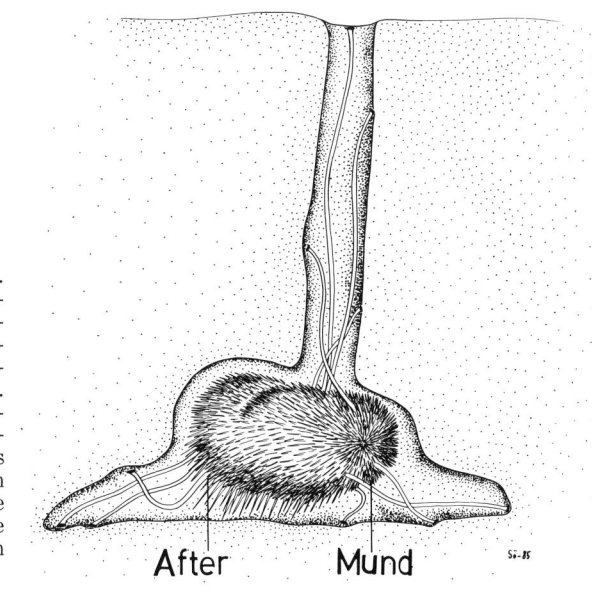

Graph. 9: Irreguläre Seeigel (z.B. der Sandboden bevorzugende *Echinocardium cordatum*) leben im Meeresboden, halten aber durch selbsterrichtete schornsteinähnliche Röhren Verbindung zum freien Wasser. Spezialisierte «Kittfüßchen» verkleben den Sand durch einen schnellhärtenden Schleim, wodurch das Einstürzen verhindert wird. Durch diesen Kanal treiben abgeplattete Stacheln auf der Körperoberseite der Tiere einen Atemwasserstrom in die Wohnhöhle.

Sauerstoff und Nahrungspartikel gleichermaßen aufgenommen werden (Graph. 10). Andere Muscheln besitzen lange, weit dehnbare Einstromschnorchel, mit

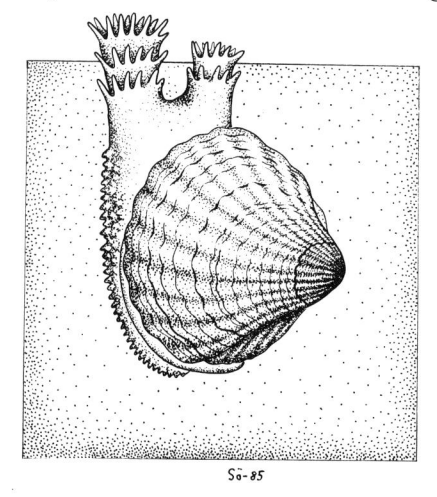

Graph. 10: Die eßbare Herzmuschel *Cerastoderma edule* (Länge bis 4 cm) besitzt nur kurze Siphone und lebt entsprechend unmittelbar unter der Sandoberfläche. Sie ernährt sich als Strudler, filtriert also das eingestrudelte Atemwasser nach Freßbarem ab.

denen sie sogar gezielt Nahrungsbrocken von der Sedimentoberfläche absaugen können (Graph. 11). Diese Schnorchel werden gerne von Bodenfischen abgefressen, und sie sind daher sehr regenerationsfähig. Das verbrauchte Wasser und die Stoffwechselschlacken gelangen durch den Ausstromsipho zurück ins freie Wasser (→ Bivalvia).

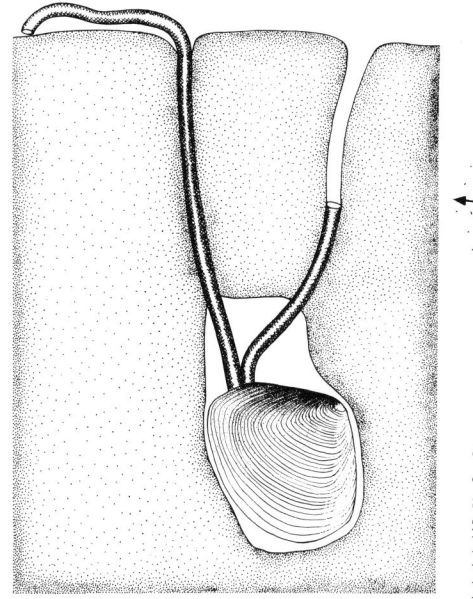

Graph. 11: Die Pfeffermuscheln (Familie Semelidae, z.B. *Scrobicularia plana*, Länge bis 4 cm) sind u.a. durch lange, getrennte Siphone gekennzeichnet und können daher tief im Meeresboden leben. Der Einstromsipho ist sehr dehnbar. Er wird darum auch zum gezielten Absaugen von Nahrungsteilchen vom Meeresboden benutzt.

Borstenwürmer, Irreguläre Seeigel sowie andere Bodenwohner besitzen in der Regel keine Verbindungselemente in Form von Körperanhängen, sondern bauen vielfach mehr oder weniger vergängliche Gang — und Röhrensysteme, die sie auf unterschiedlichste Art und Weise ventilieren. Oftmals haben diese Labyrinthe nur wenige Millimeter Durchmesser, und die Ein-oder Ausgänge an der Sandoberfläche sind vom Taucher kaum erkennbar (Graph. 9). Andererseits gibt es aber auch eindeutige Lebensspuren von Sandbewohnern auf dem Meeresboden, so z.B. die charakteristischen Kotringelhaufen des **Sandpier** — oder **Köderwurmes** *Arenicola marina* (Graph. 12, Abb. 37), die das

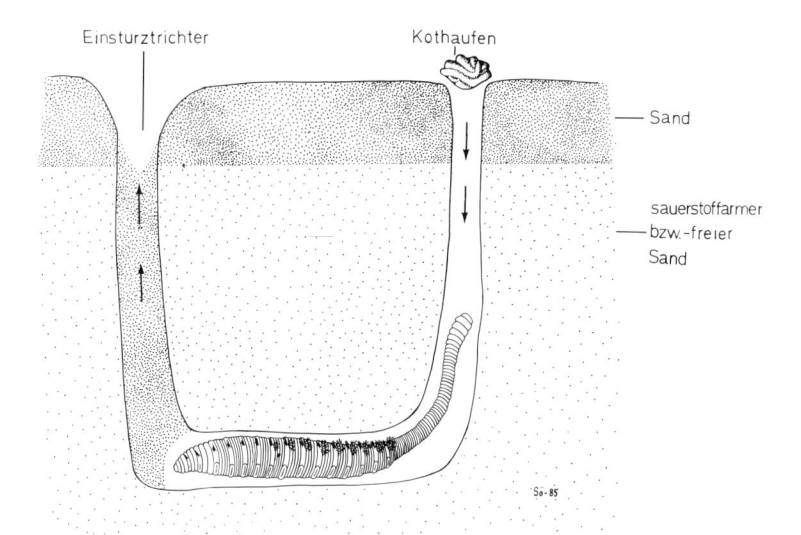

Graph. 12: *Arenicola marina* (Länge bis 15 cm) lebt in einer mit Schleim austapezierten Wohnröhre im Sandgrund. Ein durch rhythmische Kontraktionen des Wurmes erzeugter Wasserstrom tritt am Hinterende des Wurmes in die Röhre ein. Der vor dem Kopf liegende Sand wirkt als Filter und reichert den organischen Inhalt des Sandes durch im Wasserstrom befindliche Nahrungsteilchen an (→ = Atemwasserstrom).

Ende eines L-förmigen Wohnganges anzeigen, in dessen waagerechtem Schenkel er mit dem Vorderkörper liegt. Der Wurm frißt den Sand vor seinem Kopfende, sodaß dort ein Hohlraum entsteht, in den der Sand von oben nachrutscht. Dadurch kann ein vom Taucher erkennbarer Einsturztrichter entstehen. Rhythmische Kontraktionen des Wurmkörpes sorgen für einen Frischwasserstrom im Wohngang, der gleichzeitig auch Nahrungspartikel mit sich führt. Diese reichern sich im Sandbereich vor dem Kopf des Wurmes an und stehen somit als Nahrung zur Verfügung.

Obwohl das Leben im Meeresboden größtmöglichen Schutz bietet, ist dieser nicht total. Sternförmige Abdrücke auf dem Sandgrund sind deutlicher Hinweis auf den **Kammstern** *Astrospecten* (Abb. 38 + 39), der als einer der ganz wenigen Seesterne **im** Meeresboden leben kann. Koordiniertes Arbeiten seiner auf den Armunterseiten stehenden Füßchen schiebt den Sand zur Seite und läßt ihn so in wenigen Sekunden im Boden verschwinden. Da der Kammstern dort nicht zu klettern braucht, besitzen seine Füßchen auch keine Saugscheiben, sondern enden spitz (→ Asteroidea). Er ist ein gefräßiger Räuber und ernährt sich in erster Linie von Muscheln, Irregulären Seeigeln, Würmern und Kleinkrebsen wobei selbst größere Beutetiere in den Magen gezwängt werden und sich die Oberseite des Kammsternes entsprechend ausbeult.

Die durch ihre Schalen vermeintlich gut geschützten Muscheln des Sandgrundes, die zudem stets im Verborgenen leben, müssen neben dem Kammstern sogar noch weitere Feinde fürchten. Schauen wir uns die vereinzelt herumliegenden Muschelschalen ein wenig genauer an, so erkennen wir an ihnen z.T. millimetergroße, kreisrunde Löcher. Sie sind sichtbare Beweise des räuberischen Treibens von **Nabelschnecken** (Familie Naticidae, Graph. 13) Diese Raubschnecken bohren mit ihren Raspelzungen (→ Gastropoda) in stundenlanger Arbeit ein Loch durch die harten Schalen, stülpen dann ihren Rüssel durch das Bohrloch und schaben den Weichkörper heraus. Oft fesseln sie ihre Opfer mit Schleimfäden, bevor sie ans Werk gehen.

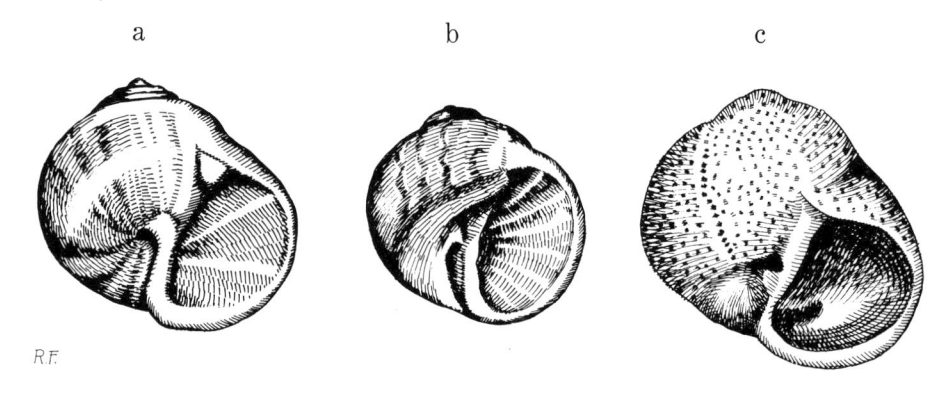

a b c

Graph. 13: Die Nabelschnecken (Familie Naticidae, Länge 1.5 bis 4.5 cm) gehören zu den Raubschnecken des Meeres. Sie besitzen einen sehr großen, durch Wasseraufnahme schwellbaren Fuß, mit dem sie sich auf der Suche nach Nahrung in Sand- und Weichböden eingraben. Bevorzugt werden Muscheln und Schnecken angefallen, deren Gehäuse sie mit Hilfe ihrer Raspelzunge anbohren, wobei kreisrunde, konisch zulaufende Löcher entstehen.
Während *Lunatia guillemini* (a) und *Lunatia poliana* (b) auf allen Sand- und Weichböden vorkommen, findet man *Naticarius stercusmuscarum* (c) bevorzugt auf tieferen Schlickböden.

Auch die **Tonnenschnecken** (Familie Cassididae, Cymatiidae, Tonnidae; Foto 3-5) haben es neben Stachelhäutern (→ Echinodermata) und beschalten Schnecken (→ Gastropoda) auf die Muscheln abgesehen. Durch ein in den Speicheldrüsen erzeugtes Gift lähmen sie ihre Beute und lösen dann die Kalkgehäuse durch Säureeinwirkung auf. Tonnenschnecken sind so gefräßig, daß sie selbst vor stacheligen Seeigeln nicht zurückschrecken: Ihre dicke Sohlenhaut und reichlich abgesonderter Schleim schützen den kräftigen Fuß vor Verletzungen!

Foto 3: Raubschnecke *Semicassis undulata* (Familie Cassididae, Helmschnecken, Länge bis 8 cm).

Foto 4: Raubschnecke *Tonna galea* (Familie Tonnidae, Tonnenschnecken, Länge bis 25 cm).

Foto 5: Raubschnecke *Cymatium corrugatum* (Familie Cymatiidae, Tritonshörner, Länge bis 10 cm).

Foto 6: Die bis zu 12 cm breite Schamkrabbe *Calappa granulata* (→ Crustacea) ist ein vergleichsweise seltener Vertreter des Sandgrundes, insbesondere auch deshalb, als er tagsüber fast immer verborgen im Untergrund sitzt. Dabei hält die Krabbe ihre großen, abgeflachten Scheren dergestalt vor den Körpervorderrand, als ob sie aus Scham ihr Gesicht hinter den Händen verbirgt.
In Wahrheit schafft die Schamkrabbe sich so einen sandfreien, wassergefüllten Raum vor dem Mundbereich, Voraussetzung für das ungehinderte Fließen des Atemwasserstromes. Auch zum Eingraben wird das große Scherenpaar genutzt, indem es sich gegen den vor dem Körper liegenden Sand stemmt, und das Tier so gleichzeitig schräg rückwärts in den Untergrund geschoben wird.

Die erwähnten Raubschneckenfamilien leben auf Sand- und Weichböden, wühlen sich aber auf der Suche nach Beute meist langsam durch die oberflächennahen Bodenschichten. Sie sind daher vielfach schwierig zu entdecken!

Wollen wir die Lebewelt im Sandgrund näher kennenlernen, gar die seltene **Schamkrabbe** *Calappa granulata* (Foto 6) aufspüren, empfiehlt es sich, einmal ein grobmaschiges Sieb, etwa ein Nudelsieb, mit auf den Tauchgang zu nehmen und größere Mengen Sand durchzuwaschen: Dies wird Sie endgültig umstimmen und nach einem derartigen Erlebnis werden Sie sicherlich begeisterter von dem «langweiligen Sandboden» sprechen!

Der Weichboden (Abb. 47 bis 59)

Mit zunehmender Entfernung von der Küste und bei weiter abfallendem Meeresgrund verringern sich im allgemeinen auch die bodennahen Meeresströmungen, und die Wellenbewegung schlägt nicht mehr bis auf den Meeresboden durch. Dieses beruhigte Umfeld gestattet ein Absinken feiner Bodenbestandteile in Form von Feinsandpartikeln, Ton — und Schlickteilchen, sowie von Flocken organischen Materials (sog. **Detritus**). Eine Rippelbildung ist nicht mehr anzutreffen, und wenn wir beim Schwimmen einmal hinter uns schauen, zeugt eine gewaltige «Staubwolke» von dem feineren Untergrund. Der Übergang vom **Sand** — zum **Weichboden** erfolgt also nicht abrupt, sondern kontinuierlich und meist über große Strecken, es sei denn, der Meeresboden fällt relativ steil ab, wie wir es oft an Inselküsten beobachten können. Als Grenze zwischen beiden Meeresböden nimmt man am besten diejenige Zone, in der die Mesofauna wegen des sich verkleinernden Lückensystems keine Lebensbedingungen mehr findet. Auf einem Weichboden sind also nur zwei Bereiche bewohnbar: Die Oberfläche (für die Epifauna) und das Innere des Untergrundes (für die Endofauna).

Während Vorhandensein oder Fehlen der Mesofauna ein biologisches Unterscheidungsmerkmal zwischen beiden Bodentypen ist, wird von geologischer Seite der Korngröße und dem prozentualen Anteil des Schlickes mehr Bedeutung zugemessen. Geologen sprechen u.a. von Grobsand, Mittelsand, Feinsand, schlickigem Feinsand, sandigem Schlick und Schlick, wobei die letzten drei Sedimenttypen in ihrer Gesamtheit «Weichböden» darstellen. Auch die Meeresbiologen können sich einer derartigen Einteilung anschließen, denn die Fauna reagiert in ihrer artlichen Zusammensetzung und in Bezug auf ihre Lebensformen recht eindeutig auf sich verändernde Feinpartikelanteile. Wegen der sich auf Weichböden ablagernden organischen Materialien ist das Nahrungsangebot dort im allgemeinen recht groß, was eine hohe tierische Besiedlungsdichte zur Folge hat.

Für den Taucher sind die Weichböden insofern den Sandflächen recht ähnlich, als die Oberflächen beider Meeresböden im Gegensatz zum Hartboden vergleichsweise arm besiedelt, die wenigen Arten jedoch typisch für den Lebensraum sind. Für den Weichboden sind in diesem Zusammenhang die **Seefedern** oder → Pennatularia zu nennen, Nesseltiere (→ Cnidaria), die in unseren Gewässern ausschließlich weichen Untergrund bevorzugen (Abb. 48 + 49). In Anpassung an diesen Lebensraum sind sie durch einen polypenfreien, schwellbaren Fußabschnitt gekennzeichnet, mit dem die Tiere eingepfählt im Untergrund verankert leben. Dieser untere Körperabschnitt verleiht ihnen eine gewisse Beweglichkeit, so daß sie zumindest ihre der Ernährung dienenden Polypen nach der Strömung ausrichten können (Foto 7). Ein zentraler Skelettstab stützt die aufrechte Wuchsform. Die z.T. tiefrot gefärbte Seefeder *Pen-*

natula phosphorea (Abb. 48) besitzt sogar Leuchtvermögen, von dem wir uns während eines Nachttauchganges überzeugen können. Wir kennen die Bedeutung dieses Phänomens nicht. Da die Tiere jedoch nur bei Berührung leuchten, mag Schreckwirkung auf Feinde eine mögliche Erklärung sein.

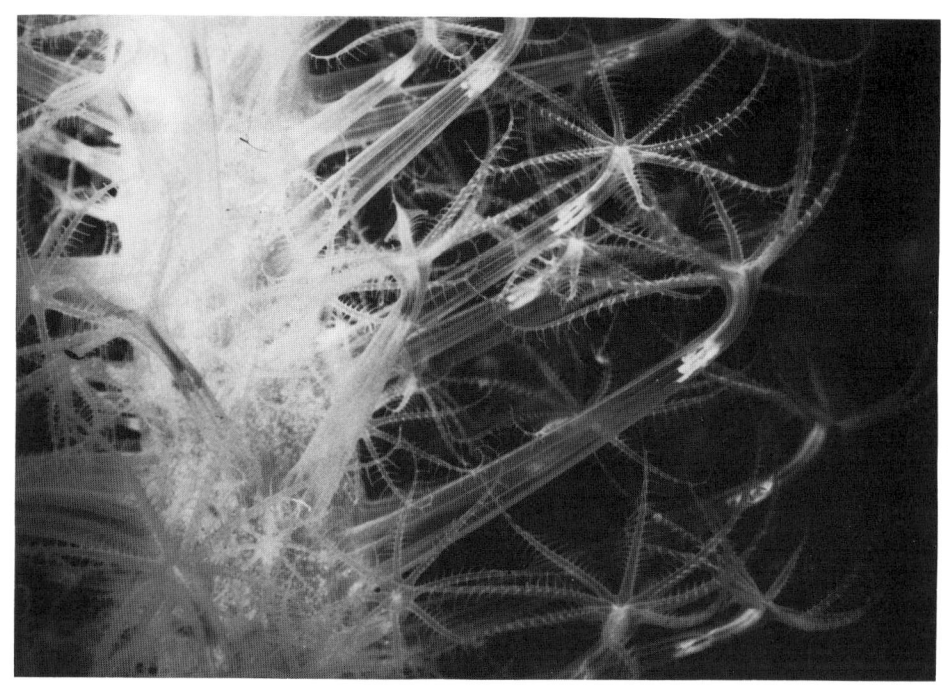

Foto 7: Neben *Pennatula phosphorea* (Abb. 48) und *Virgularia mirabilis* (Abb. 49) ist die bis zu 35 cm lange, weiß oder orange gefärbte *Veretillum cynomorium* eine stellenweise sehr häufige Seefeder der schlickigen Weichböden. Als einzige Seefeder besitzt sie kein zentrales Achsenskelett, und die Kolonie ist nicht zweiseitig symmetrisch organisiert. Vielmehr umstehen die vielen zarten Fangpolypen ziemlich regellos den unverzweigten, an Lederkorallen (→ Alcyonaria) erinnernden, fleischigen Körperstamm. Seefedern stehen in der Gruppe der → Anthozoa Octocorallia: Deutlich erkennt man die diese Tiere kennzeichnenden acht gefiederten Fangarme am Beispiel von *Veretillum*.

Die uns schon vom Sandgrund her bekannte **Zylinderrose** (→ Ceriantharia) *Cerianthus membranaceus* (Abb. 59) treffen wir vereinzelt auch auf dem Weichboden. Vielfach erkennen wir sie schon von weitem, denn die über einhundert weißen oder gelben Fangtentakeln heben sich deutlich von der Umgebung ab, zumal sich ausgewachsene Tiere durchaus 20-30 cm über den Meeresboden erheben. Deutlich erkennen wir die derbe, runzelige, mit Schlick und Kalkbruchstücken inkrustierte Wohnröhre (Abb. 46), die Schutz bietet und die für diese Blumentiergruppe (→ Anthozoa) charakteristisch ist. Wir kennen aber auch weniger intensiv gefärbte tabakfarbene oder schwarzviolette Exemplare. Zylinderrosen können sehr alt werden. In einem Aquarium lebten Tiere über 50 Jahre lang!

Um den ständigen Regen der feinen organischen Partikel direkt als Nahrung nutzen zu können, haben viele festsitzende, röhrenbauende **Borstenwürmer** (→ Polychaeta) komplizierte Fangapparate in Trichterform als Kopfanhänge ausgebildet. Nur 1-2 cm Durchmesser beträgt die violette Tentakelkrone der **Schlicksabelle** *Myxicola infundibulum* (Abb. 58), die stellenweise häufig in Gruppen zusammensteht und deren Tentakelapparat dem Meeresboden fast aufliegt. So versteht sie den Nahrungsregen optimal zu nutzen.

Eine vom Taucher nicht zu übersehende und ebenfalls für die Weichböden charakteristische Tiergruppe sind die **Schlangensterne** oder → Ophiuroidea, von denen wir mehrere Arten antreffen können und die sehr unterschiedliche ernährungsbiologische Eigenarten aufweisen. Die Schlangensterne der Gattung *Ophiura* (Abb. 50) kriechen überall ruckartig auf der Sedimentoberfläche umher. Sie sind durch die Form ihrer bis zu 3 cm Durchmesser großen Zentralscheibe und durch ihre langen dünnen Arme dem Leben auf dem Schlick gut angepaßt. Ihre Füßchen besitzen keine Saugscheiben. Die Arme sind sehr beweglich und wirken so zusammen, daß der Körper vorwärtsgeschnellt wird. Die Mundseite ist stets dem Boden zugewandt, und so ernähren sie sich vorwiegend von dem feinen herabgerieselten organischen Belag. Die große *Ophiura texturata* (Abb. 51) kann sogar kleine Muscheln überwältigen und als Ganzes in den Magen aufnehmen.

Auch der **Zerbrechliche Schlangenstern** *Ophiothrix* (Graph. 14) nutzt die aus der Wassersäule herabsinkenden organischen Partikel. Er fängt sie geschickt ab, indem er seine bestachelten Arme aufrecht ins freie Wasser hält und es so nach Nahrungspartikeln abfiltert. Seine Füßchen reichen sie dann Brocken für Brocken die Arme entlang bis in den Mund. Dieser Schlangenstern kann stellenweise sogar massenhaft vorkommen und bildet dann einen lebenden, eng miteinander verfilzten Teppich auf dem Schlick. Im gemeinsamen Verband werden so Nahrungsteilchen noch besser aus dem vorbeiziehenden Wasser gefiltert!

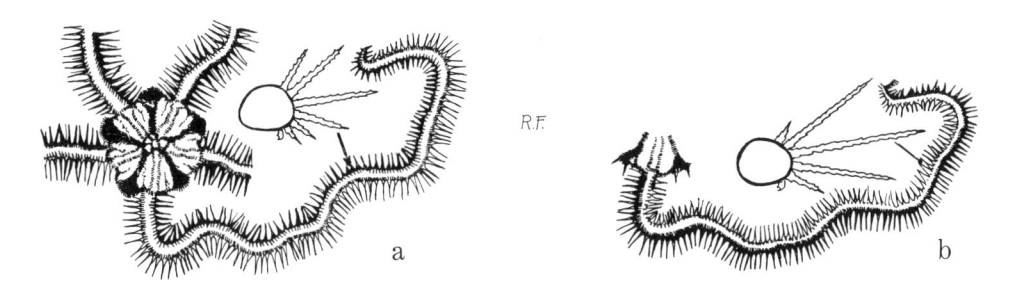

Graph. 14: Schlangensterne der Gattung *Ophiothrix* sind stachlige und leicht zerbrechliche Schlangensterne, die zwischen Algenbeständen, zwischen Seegraswurzeln, auf Schwämmen, Gorgonien und Bryozoenkolonien regelmäßig anzutreffen sind. Auch auf Weichböden können wir sie finden, wobei sie vielfach großflächige, teppichartige Ansammlungen bilden. Die zur Nahrungsaufnahme in das freie Wasser gestreckten Arme bilden so ein ideales Filter für feine organische Nahrungsteilchen (a: O. *fragilis*; b: O. *quinquemaculata*; Körperscheibendurchmesser ca. 1.5 cm).

Während *Ophiura* und *Ophiothrix* der Epifauna angehören, lebt eine dritte für Weichböden typische Schlangensterngattung (*Amphiura*, Graph. 15) im Meeresboden. Das allerdings nicht vollständig, denn die Armspitzen der rötlichen bis braunen Tiere ragen ca. 1 cm über die Schlickoberfläche hinaus und können bei genauem Hinsehen deutlich erkannt werden. Hat man sie erst einmal gesehen, bekommt man schnell eine Vorstellung von der immensen Besiedlungsdichte dieser Tiere. Beim Eingraben von *Amphiura* ist ein der Körperform entsprechendes Gangsystem entstanden, dessen Wände mit Schleim verfestigt sind. Nur die Armspitzen tasten die Bodenoberfläche nach Nahrung ab oder richten sich auf und fangen im Wasser treibende Partikel ab. Die

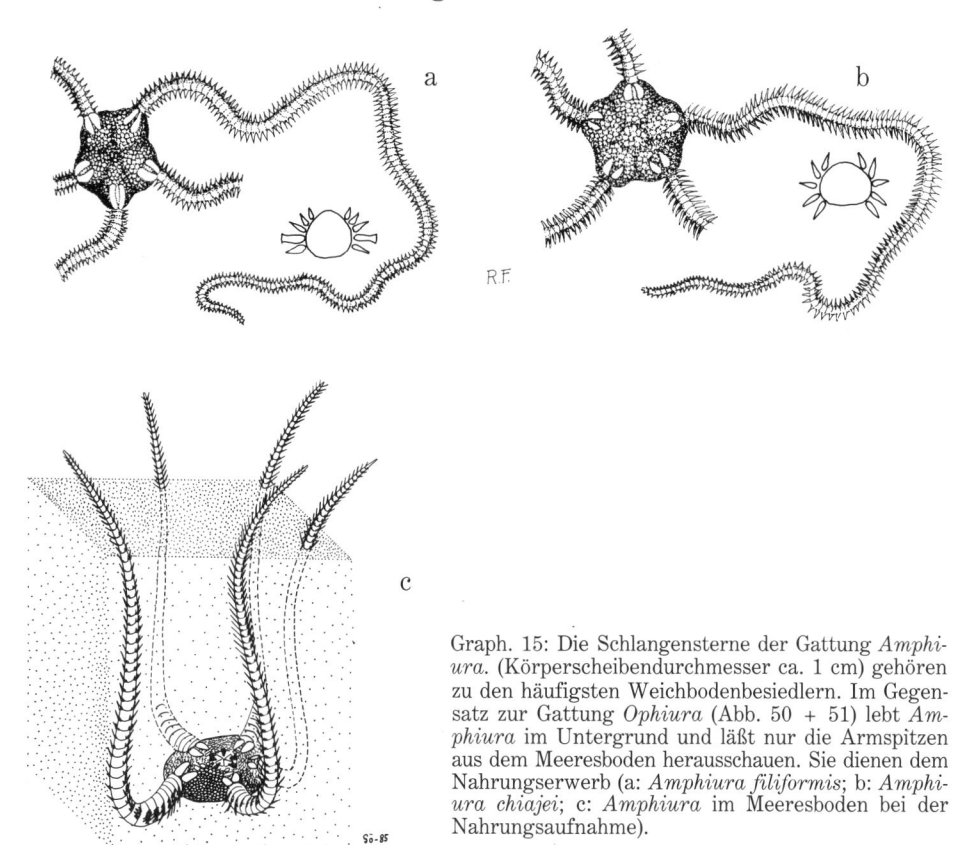

Graph. 15: Die Schlangensterne der Gattung *Amphiura*. (Körperscheibendurchmesser ca. 1 cm) gehören zu den häufigsten Weichbodenbesiedlern. Im Gegensatz zur Gattung *Ophiura* (Abb. 50 + 51) lebt *Amphiura* im Untergrund und läßt nur die Armspitzen aus dem Meeresboden herausschauen. Sie dienen dem Nahrungserwerb (a: *Amphiura filiformis*; b: *Amphiura chiajei*; c: *Amphiura* im Meeresboden bei der Nahrungsaufnahme).

Nahrungsteilchen werden durch Schleim festgehalten und mit diesem durch die Füßchen und durch von Wimpern angetriebene Transportbänder auf der Armunterseite zum Mund befördert. Selten findet man unbeschädigte Exemplare, denn die Armspitzen werden gerne von Fischen abgebissen. Sie wachsen aber sehr schnell wieder nach. Eine derartige Lebensweise bezeichnet man als **Schlammlieger**.

Abb. 47: Seescheiden (→ Ascidiacea) sind in erster Linie Hartbodenbewohner und treten auf Weichböden nur in geringer Artenzahl in Erscheinung. Die milchig-weiße *Phallusia mammilata* ist eine dieser wenigen Arten, die regelmäßig Weichböden bewohnt, wenn Steine und grössere Schalentrümmer vorhanden sind und ihr so Festsetzungsmöglichkeiten geboten werden (siehe auch Abb. 14). Die in das freie Wasser hineinragende Seescheide bietet einen strömungsgünstigen Halt für den sich filtrierend ernährenden Haarstern *Antedon mediterranea* (→ Crinoidea).

Abb. 48 + 49: Weichböden kennzeichnende Meerestiere sind die Seefedern oder → Pennatularia. Es handelt sich um Nesseltiere (→ Cnidaria), die mit einem polypenfreien Fußteil im weichen Untergrund eingepfählt aufrecht stehen und deren Kolonie meist durch einen zentralen Skelettstab gestützt wird. Mit Hilfe von spezialisierten Polypen (Ventilationspolypen) können die Tiere ihren Quellungszustand kontrollieren und die Freßpolypen bei günstigen Strömungsbedingungen weit expandieren. Durch den ebenfalls schwellbaren Fußabschnitt erlangt die gesamte Kolonie eine geringe Eigenbeweglichkeit, die sie zumindest in die Lage versetzt, die meist in einer Ebene angeordneten Polypen senkrecht zur Hauptströmungsrichtung zu stellen. Dabei zeigen die Fangpolypen leewärts und profitieren so von der dortigen Turbulenz! Abb. 48 zeigt die fleischige, lachsfarbige *Pennatula phosphorea*, die bei Berührung leuchtet. Auf Abb. 49 sieht man zwei Exemplare von *Virgularia mirabilis*, an denen man gut den zentralen Skelettstab erkennen kann. Bei den Schlangensternen auf beiden Abbildungen handelt es sich um *Ophiura texturata*.

66

Abb. 50 + 51: Im Gegensatz zu den Seesternen (→ Asteroidea) besitzen die Schlangensterne (→ Ophiuroidea) lange dünne und sehr bewegliche Arme, die sich deutlich von einer zentralen Körperscheibe absetzen. Die Gattung *Ophiura* ist ein typischer Bewohner des Weichbodens, auf dessen Oberfläche sie oft dichte Bestände bildet (Abb. 50). *Ophiura* ernährt sich von dem herabgerieselten, abgestorbenen organischen Bodenbelag, den sie mit den Armunterseiten einschleimt und dann mit Hilfe ihrer Füßchen mundwärts transportiert. Mit einem Körperscheibendurchmesser von ca. 3 cm ist die abgebildete *Ophiura texturata* die größte Art dieser Gattung, die sich zudem räuberisch ernähren kann, wie Muschelfunde in ihrem Magen beweisen. Auf Abb. 51 sehen wir oberhalb von *Ophiura* zwei verschieden alte Schalen der Vorderkiemenschnecke (→ Gastropoda) *Aporrhais pespelicani* (Pelikanfuß), ein Tier, das sich lebend im Weichboden aufhält und nur durch schornsteinartige Atemgänge eine Verbindung zum freien Wasser besitzt (Graph. 19).

Abb. 52 + 53: Der Kaiserhummer *Nephrops norvegicus* ist mit einer Körperlänge von ca. 15 cm der einzige große Langschwanzkrebs (→ Crustacea) der tieferen Weichböden. Dort lebt er tagsüber in flach u-förmig verlaufenden Röhren, aus denen nur die langen 2. Antennen herausschauen. (Auf Abb. 52 sind Ein — und Ausgang der Wohnröhre durch Pfeile gekennzeichnet!) Auf dem Meeresboden umherwandernd können wir ihn nur bei einem Nachttauchgang beobachten, denn dann verläßt *Nephrops* seine Behausung, um auf der Meeresbodenoberfläche nach Nahrung zu suchen. Bevorzugt frißt er Aas, bei dessen Auffindung ihm bodenwärts gerichtete, mit Geschmackssinneszellen versehene Kieferfüße behilflich sind (Abb. 53). Entsprechend besitzen die großen, abgespreizt getragenen Scheren keine allzugroße Kraft und können — im Gegensatz zum Hummer (Abb. 135) — dem Taucher nicht gefährlich werden. Charakteristisch für alle Langschwanzkrebse (Hummer, Langusten, Bärenkrebse) ist der kräftige Schwanzfächer, der als Fluchtreaktion blitzschnell unter den Körper geschlagen wird und den Krebsen so eine schnelle rückwärts gerichtete Flucht ermöglicht (Abb. 52).

Abb. 54: Maulwurfkrebse (→ Crustacea) sind Angehörige der Endofauna von Weichböden, führen also ein Leben im Verborgenen und sind daher von Tauchern kaum zu beobachten. Sie legen dauerhafte, mit Verbindungsschächten zur Meeresbodenoberfläche versehene Gangsysteme an, in denen sich die Tiere normalerweise immer aufhalten. Die stark behaarten Hinterleibsbeine werden ständig hin- und herbewegt, wodurch die Frischwasserzufuhr in die Wohnröhre gewährleistet ist und das ganze System ventiliert wird. Durch haarnadelförmiges Krümmen ist zumindest die abgebildete *Upogebia pusilla* in der Lage, die Laufrichtung im Gang zu wechseln. In den Gängen jagd sie mit ihren kräftigen Scheren nach Würmern und Muscheln, kann aber auch Detritus fressen.

Abb. 55: Muscheln (→ Bivalvia) leben meist im Meeresboden und halten über sog. Siphone Verbindung zum freien Wasser (Graph. 10 + 11). Tote Schalen finden sich jedoch recht regelmäßig auch auf dem Boden, wie etwa die von *Acanthocardia echinata*, einer typischen Muschel des Weichbodens. Die lebende *Acanthocardia* hingegen hält sich unmittelbar unterhalb der Meeresbodenoberfläche auf. Weiter erkennt man die ebenfalls diesen Lebensraum kennzeichnende Vorderkiemenschnecke (→ Gastropoda) *Turritella communis*, die sich durch den oberflächennahen Schlick wühlt. Beide Tiere ernähren sich als Strudler, eine zumindest für Schnecken untypische Art des Nahrungserwerbs!

Abb. 56: Der Seeteufel *Lophius piscatorius* ist wegen seines ungewöhnlichen Äußeren sicherlich einer der faszinierendsten Meeresfische. Er ist ein bodenständiger Fisch und lebt bis in über 500 m Tiefe auf oder halbvergraben in Weichböden, kann vereinzelt aber auch im flacheren Wasser zwischen Algen und auf Sandgrund zwischen Felsbrocken vorkommen. In Anpassung an das Bodenleben ist der Körper im vorderen Bereich stark abgeplattet, im Schwanzabschnitt jedoch seitlich zusammengedrückt. Am Kopf finden wir eine sehr weite, halbkreisförmige Mundöffnung und einen stark hervorragenden Unterkiefer. Dieser und der Oberkiefer sind mit unterschiedlich großen, spitzen, nach hinten gebogenen Zähnen versehen, deutlicher Hinweis auf eine räuberische Ernährungsweise. Dazu kann die schuppenlose bräunliche Haut dem jeweiligen Untergrund farblich fantastisch angepaßt werden. Unterstützt durch die körperumrißauflösende Wirkung vieler Hautfransen am gesamten Körperrand, liegt der Seeteufel so perfekt getarnt lauernd auf Beute.

Abb. 57: Schwimmen Bodenfische unachtsam in unmittelbarer Nähe an dem großen Maul vorbei, werden sie durch sein ruckartiges Öffnen einfach hineingesogen. Die spitzen, nach hinten gerichteten Zähne verhindern jegliches Entkommen. Halten sich Beutefische jedoch in einiger Entfernung des gut getarnten *Lophius piscatorius* auf, so werden sie durch ruckartige oder zitternde Bewegung einer «Angel» angelockt. Bei der «Angel» handelt es sich um den umgewandelten ersten Stachelstrahl der Rückenflosse, an dessen Ende sich als «Köder» ein häutiges Läppchen befindet. Besteht kein Interesse, Beute zu machen, wird die «Angel» einfach nach hinten geklappt. Deutlich sieht man, daß auch die weiteren Strahlen der Rückenflosse einzeln stehen und ebenfalls mit tarnenden Hautfransen versehen sind.

Abb. 58: Von den röhrenbewohnenden Borstenwürmern (→ Polychaeta) des Weichbodens wird dem Taucher am ehesten die Schlicksabelle *Myxicola infundibulum* auffallen, da sie meist in kleinen Gruppen zusammensteht. Vereinzelt findet man sie aber auch auf Sand — und Corallinengrund, in Seegrasbeständen, seltener in mit Schlick — und Sandpartikeln angefüllten Felsspalten. *Myxicola* wird bis in Wassertiefen von 500 m gefunden. Der weit entfaltete Tentakelkranz liegt dem Meeresboden oft flach auf. Er dient neben der Atmung ihrer Ernährung, indem feine organische Teilchen aus dem Wasser herbeigestrudelt werden.

Abb. 59: Die Zylinderrose *Cerianthus membranaceus* forma *violacea* ist ein regelmäßiger Weichbodenbewohner. Siehe auch Abb. 46!

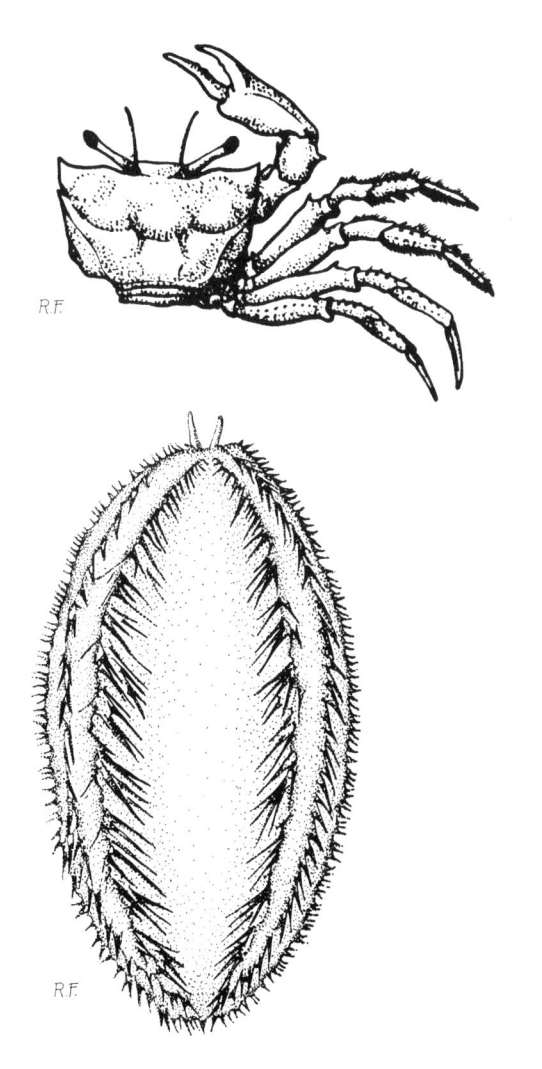

Graph. 16: Der kleine Krebs *Goneplax rhomboides* (Carapaxbreite ca. 2 cm) ist ein stellenweise sehr häufiger Bewohner der tieferen Weichbodenregionen. Die rechteckige Form des Rückenpanzers (= Carapax) sowie die langen Augenstiele sind unverwechselbare Kennzeichen dieser behende umherlaufenden Krabbe. Davon kann man sich allerdings nur nachts überzeugen, denn tagsüber lebt *Goneplax* in einem selbstgegrabenen Gangsystem im Untergrund.

Graph. 17: *Aphrodita aculeata* (Länge bis 15 cm) ist ein für Weichböden typischer Borstenwurm, der sich — auf Jagd nach kleinen Krebsen und Weichtieren — kopfabwärts in den Untergrund wühlt. Die filzartige Beborstung ist stark mit Schlickpartikeln besetzt, sodaß die Tiere kaum auffallen. Säubert man den Wurm, schillern seine Borsten prächtig in allen Regenbogenfarben!

Unübersehbar sind auch die ziemlich regelmäßig verteilten und stellenweise sehr häufigen, etwa daumendicken Löcher im schlickigen Untergrund. Es sind Ein- und Ausgänge von Wohnröhren der kleinen Krabbe *Goneplax rhomboides* (→ Crustacea, Graph. 16), die tagsüber versteckt in ihren Gängen im Meeresboden lebt. Die vielen, von den Löchern ausgehenden Laufspuren auf der Schlickoberfläche zeigen aber, daß die Tiere zumindest nachts ihr Gangsystem verlassen und offensichtlich in großer Zahl auf dem Weichboden umherlaufen.

Zu den Tieren, die auf und im Meeresboden gleichermaßen anzutreffen sind, zählt die bis zu 15 cm lange, stachelige **Seemaus** *Aphrodita aculeata* (Graph. 17), die natürlich keine Maus, sondern ein freilebender Borstenwurm

(→ Polychaeta) ist. Freilebende Borstenwürmer wühlen sich meist durch den Meeresboden, denn als wandelnde «Fleischwürste» wären sie auf der Meeresbodenoberfläche sofort begehrte Beute von Fischen und größeren Krebsen. Ein derartiges Schicksal aber bleibt der Seemaus erspart, denn ein dichter spitzer Borstenbesatz gibt ihr fast totalen Schutz. Zumindest sind Freßfeinde nicht bekannt. Wir treffen sie vielfach schräg kopfabwärts eingegraben, wo sie nach kleinen wirbellosen Tieren jagt, die sie mit kräftigen zangenartigen Kiefern packt und die sie mit der verhärteten Vorderdarmwand zerquetscht.

Ähnlich wie *Aphrodita* wühlen sich auch die **Turmschnecken** der Gattung *Turritella* (Abb. 55) durch die oberflächlichen Bodenschichten. Sie schauen aber zumeist mit der Gehäuseöffnung heraus. Sie werden uns wegen ihrer Größe (sie sind ca. 5 cm lang) und wegen ihrer Häufigkeit sicher auffallen. Interessant ist die für Schnecken untypische Art, sich zu ernähren: *Turritella communis* besitzt einen Gehäuseverschlußdeckel, der allerdings kleiner als die Gehäusemündung, dafür aber am Rande mit Borsten versehen ist. Diese leicht gegen die Innenwand der Mündung gedrückten randständigen Borsten bilden ein Sieb, das den in das Gehäuse eintretenden Atemwasserstrom von gröberen Partikeln reinigt. Feinere Teilchen werden von einem Schleimnetz auf den Kiemenflächen abgefangen und mit dem Schleim zum Munde geführt. Atmung und Ernährung sind bei diesen Tieren also eng miteinander gekoppelt, eine Situation, die uns stark an die Lebensweise der nah verwandten Muscheln (→ Bivalvia) erinnert. Im Licht der Taucherlampe erkennen wir die rotviolett bis rosafarbenen, vielfach auch braun geflammten Schalen der lebendigen Schnecken; leere Schneckengehäuse bleichen schnell aus und heben sich deutlich hell vom Untergrund ab.

Zu den wenigen Muschelarten, die auf dem Meeresboden leben, zählen die **Kammuscheln** (Familie Pectinidae, → Bivalvia). Dennoch sind sie nicht leicht zu entdecken, da sie sich durch Eigenbewegung flache Mulden im Untergrund schaffen und sich zusätzlich meist mit Bodenmaterial bedecken. Attraktive Sammelobjekte sind die bis zu 13 cm großen Schalen der **Pilger —** oder **Jacobsmuschel** *Pecten jacobaeus* (Graph. 18), deren Vorkommen auf das Mittelmeer beschränkt ist. Kammuscheln besitzen zwei ungleich ausgebildete Schalenklappen sowie zwei kleine «Ohren» rechts und links des Schlosses. Mit der tiefgewölbten rechten Schale liegen sie auf dem Boden, die flache linke sitzt ihr wie ein Deckel auf. Die Mantelränder der Kammmuschel sind mit unzähligen fadenförmigen Anhängen besetzt, die als Geruchs — und Tastsinnesorgane wirken. Weiterhin befinden sich am Mantelrand zahlreiche bläuliche, runde, hochentwickelte Linsenaugen, mit denen sie nicht nur Hell und Dunkel unterscheiden, sondern auch Bewegungen wahrnehmen können. Kommt ein Feind, ein Seestern oder ein Krake, in ihr Gesichtsfeld, so suchen die Muscheln schwimmend das Weite. Durch rasches Zusammenklappen der Schalen erfolgt die Flucht nach dem Rückstoßprinzip. Als Nahrung dient eingestrudeltes bodennahes Plankton.

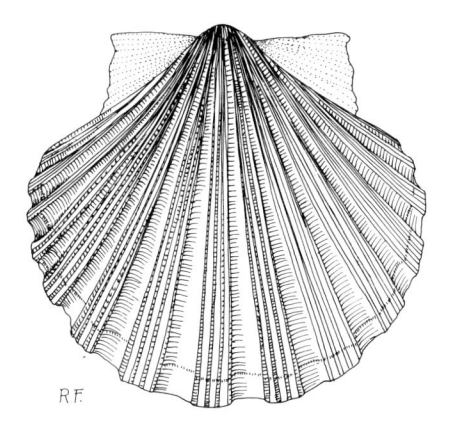

Graph. 18: Die Kammuscheln (Familie Pectinidae) gehören zu den wenigen Muschelarten, die auf der Oberfläche von Sand- und Weichböden leben, also der Epifauna zugeordnet werden müssen. Da sich die recht beweglichen Tiere jedoch vielfach mit Bodenmaterial bedecken, sind sie meist schwer zu entdecken, und der Taucher findet oft nur die leeren Schalen. An den beiden «Öhrchen» sowie an den deutlich gerippten Schalen lassen sich die Kammuscheln leicht erkennen. Nähern sich ihnen z.B. gefräßige Seesterne, können die Kammuscheln nach dem Rückstoßprinzip mehrere Meter durch das Wasser schwimmen.
Die abgebildete Jacobsmuschel *Pecten jacobaeus* (Länge bis 15 cm) ist nur im Mittelmeer anzutreffen und lebt auf allen Sand- und Weichböden, oft in der Nähe von Seegraswiesen.

Wie auf dem Sandboden, so begegnen wir insbesondere auf dem Weichboden einer Vielzahl von Schalen und Gehäusen. Dies sind deutliche Hinweise auf viele, im Verborgenen lebende Muschelarten und auf hohe Besiedlungsdichten von Irregulären Seeigeln (→ Echinoidea, Graph. 8). Wenn wir mit bloßen Händen im weichen Untergrund nach ihnen tasten, ist Vorsicht geboten: Die **stachelige Herzmuschel** *Acanthocardia echinata* besitzt harte spitze Dornen (Abb. 55) und der Stachelbesatz der Irregulären Seeigel ist zwar nicht

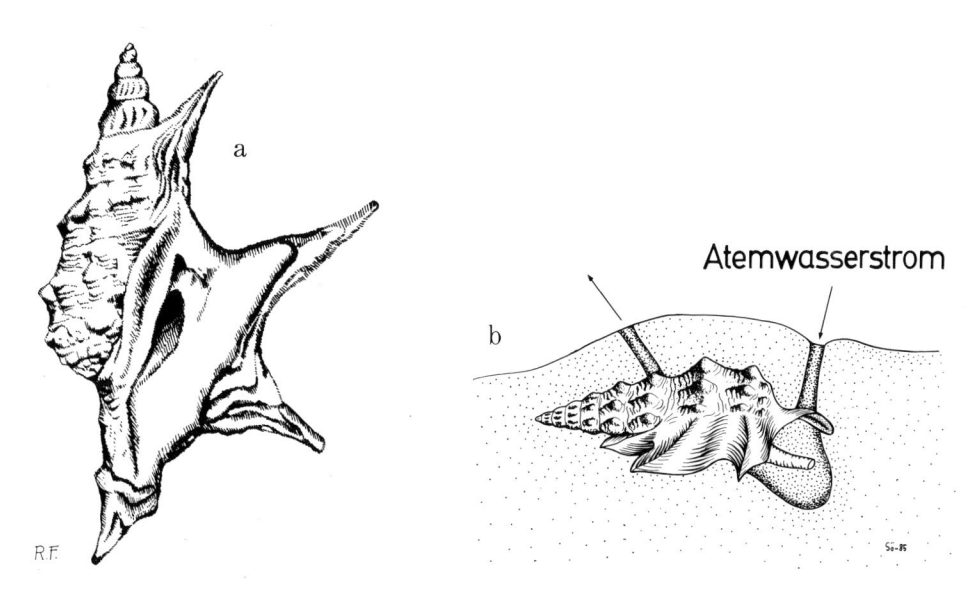

Graph. 19: Pelikanfuß *Aporrhais pes-pelicani*, Länge bis 5 cm (a: Schneckengehäuse; b: eingegraben im Schlick); Lebensweise siehe Text!

so hart wie der der Regulären auf den Felsen, aber die menschliche Haut kann dennoch leicht durchstochen werden.

Ein Tier wollen wir noch kennenlernen, dessen auffälliges Gehäuse sicherlich schon unsere Aufmerksamkeit erregt hat. Es ist der **Pelikanfuß** *Aporrhais pes-pelicani* (Graph. 19 + Abb. 51), eine Schnecke (→ Gastropoda), deren Gehäusemündung bei den erwachsenen Tieren fingerförmig ausgezogen ist und daher an eine Vogelkralle erinnert. Die leeren Schneckenschalen sind auf dem Meeresboden ziemlich regelmäßig verstreut, die lebenden Tiere aber liegen für uns nicht sichtbar etwa horizontal im Untergrund. Durch zwei Kanäle stehen sie mit dem freien Wasser in Verbindung. Der vordere Kanal wird mit dem Rüssel angelegt, der nach oben stößt und Schleim an die Wandung preßt. Dieser Gang gilt als Einatmungskanal. Ähnlich wird auch der nach hinten führende Ausatmungskanal gebaut. Die Schnecke kann auf diese Weise tagelang am selben Ort verharren. Durch Ausstülpen des Rüssels und mit Hilfe ihrer «Raspelzunge» (Radula) nimmt sie solange meist organischen Abfall auf, bis die Nahrung im Einzugsbereich des Rüssels erschöpft ist. Dann bewegt sie sich ein kleines Stück weiter und legt neue Atemkanäle an.

Zur Flucht vor Feinden (Seesterne, Raubschnecken) zeigt der Pelikanfuß eine interessante Art der Fortbewegung: Er schlägt förmlich Purzelbäume. Dabei stemmt er den vorderen Teil des Fußes auf, schiebt den hinteren Fußteil mit dem Deckel darunter und nun kippt das ganze Tier durch die Gewichtsverlagerung vornüber. Dieser Vorgang kann sich mehrere Male wiederholen. Gelingt die Flucht nicht oder versucht ein Bodenfisch den Pelikanfuß zu schnappen, ergreift er Verteidigungsmaßnahmen. Dazu bedient er sich seines Gehäuseverschlußdeckels. Dieser ist nur mit der Schmalseite am Fuß festgewachsen und der freie Rand ist messerscharf. Durch heftige Fußbewegungen kann der Pelikanfuß wie mit einem Dolch wirksame Schläge austeilen und selbst einem Menschen bei Unachtsamkeit Verletzungen zufügen.

Wenn wir uns einmal für kurze Zeit in 50, 60 m Wassertiefe auf dem Weichboden umsehen, werden wir wahrscheinlich auf zwei äußerst schmackhafte Vertreter dieses Lebensraumes treffen: In ziemlich regelmäßigen Abständen fallen uns faustgroße Löcher im Untergrund auf, denen wir uns vorsichtig nähern und aus denen vereinzelt lange, an Langusten (Abb. 134) erinnernde Fühler herausschauen. In vielleicht einem halben Meter Entfernung entdecken wir ein weiteres Loch. Beide Öffnungen sind durch einen Gang verbunden und stellen die Wohnröhre des **Kaisergranat** (auch **Kaiserhummer** genannt) *Nephrops norvegicus* dar, der einzige große Langschwanzkrebs (→ Crustacea) der Weichbodenregion (Abb. 52 + 53). Er sieht aus wie ein kleiner Hummer (Abb. 135), wird jedoch in der Regel nicht länger als 15 cm, und sein auffälliges Scherenpaar ist deutlich schlanker als das des Hummers. Führen wir in das eine Ende seiner Höhle vorsichtig unser Tauchermesser hinein, wird der Kaisergranat Stück für Stück durch die andere Öffnung herauskommen, die Scheren drohend aufgestellt. Allzu vorsichtig brauchen wir aber nicht zu sein, denn *Nephrops* mangelt es an großer Scherenkraft. Diese benötigt er auch nicht, denn er ernährt sich in erster Linie von Aas, manchmal auch von kleineren Würmern und Krebschen, Nahrung, die er bei nächtlichen Wanderungen auf dem Meeresboden sucht. Sein kräftiges Muskelfleisch im Schwanzabschnitt gilt als große Delikatesse und steht dem des Hummers geschmacklich nicht nach.

Die zweite lukullische Attraktion ist der **Seeteufel** *Lophius piscatorius* (Abb. 56 + 57), ein bis zu 1,50 m langer und 50 cm breiter, abgeplatteter behäbiger Bodenfisch, der normalerweise kaum schwimmt, einmal im Jahr jedoch ausgedehnte Laichwanderungen in tieferes Wasser unternimmt. Auffällig sind sein äußerst breites Maul und eine Vielzahl häßlicher Hautlappen und — fransen am Unterkiefer und an der Kopfaußenseite. Der Seeteufel liegt halb eingegraben im schlammigen Untergrund und fällt wegen seiner schmutzig graubraunen Tarnfärbung und der körperumrißauflösenden Wirkung der vielen Hautfransen kaum auf. Nähert sich ein kleiner Beutefisch, so richten sich die isoliert stehenden ersten Rückenflossenstrahlen auf. Der erste dieser Strahlen ist der längste, und wir erkennen an seinem Ende eine kleine Hautfahne, die der Seeteufel nun zitternd hin und her bewegt und so den Fisch anlockt. Dann schnappt das Riesenmaul blitzartig zu, und die zahlreichen, nach hinten gebogenen Zähne verhindern jedes Entkommen. Wegen dieses raffinierten Verhaltens wird der Seeteufel auch «**Angler**» genannt. Ähnliches Beutefangverhalten lernten wir schon vom **Himmelsgucker** *Uranoscopus* (Abb. 21 + 22) auf dem Sandgrund kennen. Während der Himmelsgucker seine «Angel» bei Nichtgebrauch im eigenen Maul verschwinden läßt, klappt der Seeteufel sein Fanggerät einfach nach hinten (Abb. 57), sodaß es nun unauffällig auf seinem Rücken liegt.

Der Hartboden

Im Vergleich zu den weit ausgedehnten Weichbodenarealen aber auch zu den meist küstennahen Sanden und Seegraswiesen ist der untermeerische **Hartboden** der flächenmäßig kleinste zu besiedelnde Lebensraum. Wegen seines meist klaren Wassers, z.T. steil abfallender Felswände, Unterwasserschluchten und − höhlen übt dieser Lebensraum allerdings die größte Faszination auf den Taucher aus. Schon der Schnorchler ist von den vielfach in flachen Felsbuchten anzutreffenden Geröllgründen in geringer Wassertiefe begeistert. Unter dem Schutz der meist hohl liegenden Steine sammelt sich eine Fülle von Organismen jeder Art (Foto 8), und zusammen mit auf Steinen umherkriechenden Seeigeln, Seesternen und vielen kleinen bunten Fischen erhält er in diesem Lebensraum bereits einen ersten Eindruck von der Formenfülle der Mittelmeerfauna.

Während mediterrane Felsküsten über der Hochwasserlinie in einem mehr oder weniger breitem Band eine äußerst arme, kaum sichtbare Besiedlung aufweisen (Abb. 60), zeigt der unter Wasser befindliche Teil der Felslandschaft abrupt eine üppige Lebens − und Farbenvielfalt tierischen und pflanzlichen Ursprungs.

Die Erforschung der tieferen Hartbodenlebensgemeinschaften ist methodisch äußerst schwierig, denn herkömmliche, vom Schiff aus betriebene Arbeitsgeräte wie **Dredgen** und/oder **Bodengreifer** sind zufriedenstellend nur auf weichem Untergrund einzusetzen (siehe Foto 9 + 10). Und so sind erste Anfänge einer meeresbiologischen Tauchforschung im zweiten Drittel des letzten Jahrhunderts auch im Zusammenhang zu sehen mit dem Bemühen, bessere Kenntnisse über diesen schwer zugänglichen Lebensraum zu erlangen. Die tauchtechnische Entwicklung der letzten vierzig Jahre führte zu ausgereiften und sicheren Tauchausrüstungen. Dennoch sind tauchende Meeresbiologen auch heute noch eher die Ausnahme als die Regel, was dazu führt, daß gerade die Hartbodenlebensgemeinschaften insbesondere unter modernen ökologischen Fragestellungen nur punktuell eine Bearbeitung erfahren haben, ja vielerorts überhaupt noch unerforscht sind. Selbst im vergleichsweise gut bekannten westlichen Mittelmeer ist daher die Möglichkeit keineswegs gering, noch unbekannte Tiere und Pflanzen zu entdecken!

Fragt man Laien nach dem Unterschied zwischen Pflanzen und Tieren, so hört man vielfach, Pflanzen seien festsitzende, Tiere hingegen freibewegliche Organismen. Gerade das Meer liefert eine Vielzahl von Beispielen für die Unrichtigkeit dieser Definition, und die ersten meeresbiologischen Bearbeiter der untermeerischen Hartböden stellten fest, daß die Hartbodenlebensgemeinschaften geradezu durch festsitzende Tiere und Tierkolonien charakterisiert sind!

Eine festsitzende Lebensweise erfordert ganz spezifische Anpassungen in Bezug auf Ernährung und Schutz. Derartig spezialisierte Tiere können ja

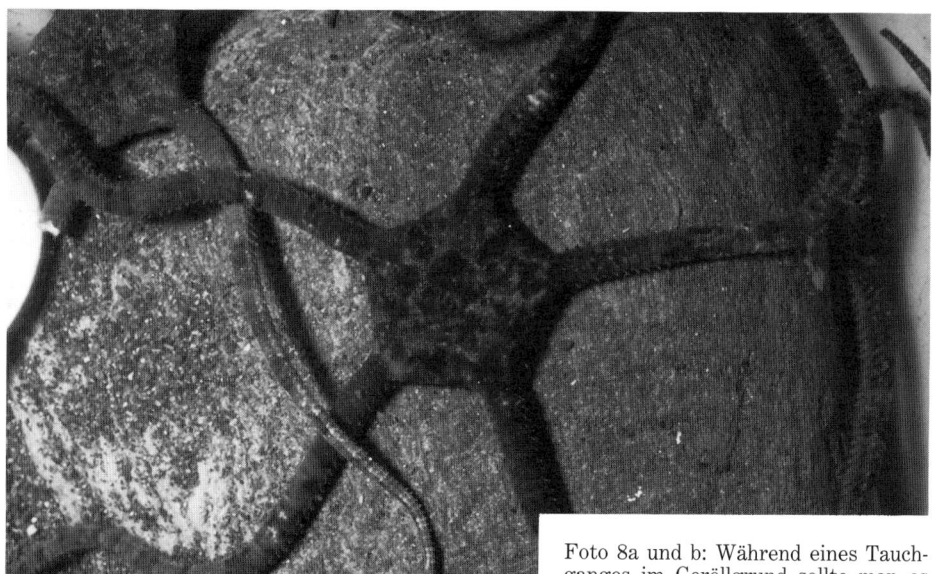

Foto 8a und b: Während eines Tauchganges im Geröllgrund sollte man es nicht versäumen, herumliegende Steinblöcke einmal umzudrehen!
Neben einer Vielzahl von Borstenwürmern (→ Polychaeta) und Krebsen (→ Crustacea) findet man sicherlich den großen Schlangenstern *Ophioderma longicauda* (a), dessen Körperscheibe einen Durchmesser von 2-3 cm erreichen kann.
Ziemlich regelmäßig begegnet man auch dem Meerohr *Haliotis lamellosa* (b), einer bis zu 6 cm langen Vorderkiemenschnecke (→ Gastropoda), die sich mit ihrem großen, muskulösen Fuß fest an die Steinunterseite gesaugt hat. Ihr Schneckengehäuse ist äußerlich farblich und strukturel der Umgebung bestens angepaßt (Foto 8b, oben). Kennzeichnend ist eine Reihe von Löchern auf der letzten Schalenwindung, durch die tasterartige Fühler ausgestreck werden können. Zudem gelangen durch sie Abfallstoffe und verbrauchtes Atemwasser des Tieres wieder nach außen. Die schöne, silbrig glänzende Innenseite der Schale ist sehr auffällig und daher ein beliebtes Sammelobjekt (Foto 8b, unten).

nicht mehr umherkriechen, um Nahrung zu suchen, und beim Auftauchen von Freßfeinden ist eine Flucht unmöglich. Viele festsitzende Tiere nutzen daher das freie Wasser mit den darin lebenden kleinen und großen, pflanzlichen und tierischen Planktonorganismen als Nahrungsquelle, Organismen, die sowohl lebend als auch tot als Nahrung verwertet werden. Hinzu kommen partikuläre

Abb. 60: An Felsküsten ist der Einfluß des Meeres z.T. noch mehrere Meter über dem Meeresspiegel erkennbar: Die Spritz — und die Gezeitenzone sind extreme Lebensräume, die aber bereits von Meerstieren und — pflanzen besiedelt sind. Das weiße Band z.B. wird von Seepocken gebildet, die als festsitzende, durch einen buckelförmigen Kalkpanzer geschützte Krebse konkurrenzlos in diesem Küstensaum leben (→ Crustacea).

Abb. 61: **Spritzzone**: Ausschnitt aus dem Seepockenband von Abb. 60 mit der Art *Chthamalus stellatus* und der kleinen Schnecke *Littorina neritoides*. Beide können wochenlanges Trockenfallen vertragen.

Abb. 62+63: **Untere Gezeitenzone**: Auch die Seerose *Actinia equina* verträgt regelmäßiges, kurzfristiges Trockenfallen, wobei sie sich stark kontrahiert und einschleimt (Abb. 62). Sie öffnet sich bevorzugt bei nächtlicher Wasserbedeckung (Abb. 63, → Actiniaria).

Abb. 64: Typischer Ausschnitt aus dem oberen **Sublitoral:** Der Pflanzenwuchs wird durch das massenhafte Auftreten des Steinseeigel *Paracentrotus lividus* begrenzt, da er jungen pflanzlichen Belag mit seinen kräftigen Kiefern abweidet (Siehe auch kleines Foto unten rechts, das ein von einem einzigen Seeigel pflanzenfrei gehaltenes Areal zeigt!). Interessant — aber nicht geklärt — ist das Maskieren mit Fremdpartikeln wie Algenstückchen, Muschelschalen, Kronkorken etc.

Abb. 65: Moostierchenkolonien (→ Bryozoa) bilden im oberen Sublitoral bevorzugt flächige Wuchsformen aus und bieten somit einer stärkeren Wasserbewegung keinen zerstörerischen Angriffspunkt. Die auf dieser und Abb. 82 sichtbaren orange gefärbten Flecke sind derartige Moostierchen und keine Schwämme! Unter Wasser zeigt sich nämlich bei genauerem Hinsehen die wabenartige Struktur der Kolonien.
Im rechten Teil des Bildes sieht man das aufgedrehte Gehäuse der festsitzenden Wurmschnecke *Vermetus triqueter*, ein weiteres Beispiel für eine strömungsgünstige Wuchsform im flachen Wasser. Sie ernährt sich mit Hilfe eines selbstgefertigten Schleimnetzes, in dem Nahrungspartikel festgehalten werden und das dann als Ganzes gefressen wird.

Abb. 66: Der Geröllgrund im lichtdurchfluteten Flachwasser ist Grundlage für eine üppige Vegetationsdecke. Wegen ihres schnelleren Wachstums sind die Algen dem konkurrierenden tierischen Bewuchs überlegen. Dieser dominiert jedoch an senkrechten Wänden, in Spalten und unter Überhängen, an Stellen also, die für Pflanzenwachstum ungünstige Lichtverhältnisse aufweisen. Wir sehen dichte Bestände der Braunalge *Cystoseira*. Die kleine Höhlung im Felsblock ist eng besetzt mit Schwämmen und inaktiven Krustenanemonen *Parazoanthus axinellae* (gelbe Flecken).

84

Abb. 67: Wie Abb. 66 zeigt auch dieser Blick in das obere Sublitoral das typische Verteilungsmuster von festsitzenden Pflanzen und Tieren. Auf der lichtzugewandten Seite befindet sich üppiges Algenwachstum, hier in erster Linie die Braunalge *Cystoseira*. An lichtabgewandten Stellen dominiert tierischer Bewuchs (Schwamm *Spirastrella cunctatrix*).

Abb. 68: Das obere Sublitoral ist von stärkerer Wasserbewegung gekennzeichnet als tiefer liegende Bereiche. Festsitzende Tiere weisen in diesem oberflächennahen Küstenabschnitt flächiges und/oder buckelförmiges Wachstum auf, um der ziehenden und drückenden Wasserbewegung möglichst geringen Widerstand entgegenzusetzen (siehe auch Abb. 65). Unter Schwämmen (→ Porifera) z.B. finden wir daher keine aufrechten Wuchsformen: Im Zentrum sieht man den braunen Feigenschwamm *Petrosia ficiformis* umgeben von dem helleren gescheckten Nierenschwamm *Chondrosia reniformis*. Die das Bild begrenzenden rotorange gefärbten Flecke zeigen kleinere Kolonien des Schwammes *Spirastrella cunctatrix*. Deutlich erkennt man die zu den Ausströmöffnungen (Oscula) führenden Gänge. Die Oscula ragen bei Schwämmen meist ein wenig ins freie Wasser, wodurch nach dem Prinzip der Wasserstrahlpumpe ein besserer Durchfluß bzw. besserer Wasseraustausch erreicht wird.

Abb. 69-72: Die im oberen Sublitoral der Felsküste stellenweise regelmäßig auftretende, etwa 7 cm lange Sternschnecke *Hypselodoris elegans* (hier eine gelbe und violette Farbvariante) gehört zu den Nacktschnecken des Meeres (→ Gastropoda), besitzt also keine Schale. Namensgebend waren die sternförmig um den After angeordneten Kiemenbüschel am Körperende. Der fehlende Schutz durch die für Schnecken sonst typischen Gehäuse wird bei diesen Nacktschnecken durch ein giftiges Hautsekret ersetzt. Im Experiment werden sie von Fischen ihres Lebensraumes zwar gepackt, aber sogleich wieder ausgespieen. Nacktschnecken sind ausgesprochene Nahrungsspezialisten, die ihre Beute mit Hilfe chemischer Sinnesorgane aufspüren. *Hypselodoris* ernährt sich fast ausschließlich von einer Schwammart (*Ircinia*).

Auf der Suche nach Nahrung durchstreift *Hypselodoris* das oberflächennahe Algendickicht (Abb. 69). Dabei stößt sie zufällig auf ein etwa 5 cm großes Jungtier von *Sepia officinalis* (→ Cephalopoda), das — perfekt farblich angepaßt — zwischen den Algen harrte und sich nun aufgeschreckt aus dem schützenden Pflanzendickicht erhebt (Abb. 70). Unbeeindruckt von der Begegnung zieht die Sternschnecke weiter. Die kleine *Sepia* legt wieder ihre Tarntracht an und verschwindet so fast vollständig in ihrer Umgebung (Abb. 71, siehe Pfeil!).

Abb. 73 + 74: Schon in ca. 10 m Wassertiefe ist das Lichtangebot bereits deutlich geringer, was sich u.a. in einer weniger dichten Vegetationsdecke auf der Oberfläche der Geröllblöcke zeigt (Abb. 73). Algenarten, die sowohl im Flachwasser als auch in diesem Tiefenbereich vorkommen können, bilden hier vielfach Kümmerformen. Die Braunalge *Padina pavonia* z.B. ist in tieferem Wasser im Wachstum gehemmt und bildet weniger dichte Bestände (Abb. 74). Im Spätsommer kommt es auf Algen vielfach zu einer starken Entwicklung millimeterlanger Vorderkiemenschnecken, die mit ihren Raspelzungen mikroskopisch kleine Algenbeläge abschaben und diese als Nahrung nutzen (Familie Rissoidae, → Gastropoda; es handelt sich um die kleinen schwarzen Punkte auf *Padina* auf Abb. 74!). Gleichzeitig wird dadurch die für die Lichtaufnahme wichtige Pflanzenoberfläche von Bewuchs frei gehalten.

Abb. 75 + 76: In Geröll — und Blockgründen finden sich immer auch Überhänge oder kleinere Höhlen. Hier verhindert das geringe Lichtangebot ein umfangreiches pflanzliches Gedeihen und tierischer Bewuchs ist vorherrschend. In erster Linie sind es viele bunte Schwammarten (→ Porifera), die für die faszinierende Farbgebung verantwortlich sind (Abb. 75). Da in derartigen Höhlen bezüglich Licht und Wasserbewegung z.T. Bedingungen herrschen, wie wir sie in größeren Tiefen antreffen, findet man in diesem Flachwasserbereich vereinzelt auch Tierarten, deren Verbreitung sonst auf tiefere Hartbodenareale beschränkt ist.

In geschützten Höhlen und Spalten findet man zudem auch zarte und zerbrechliche Formen, die außerhalb durch stärkere Wasserbewegung zerstört würden. Als Beispiel sieht man auf Abb. 76 die in Farbe und Wuchsform an Korallen erinnernde Moostierchenkolonie *Myriapora truncata* (→ Bryozoa), deren Vorkommen im oberen Sublitoral auf Klüften und Höhlungen beschränkt ist, die aber unterhalb ca. 20 m Wassertiefe regelmäßig auch auf der Oberseite von Felsen anzutreffen ist. Bei den farbigen Flecken auf der rechten Bildhälfte handelt es sich um Schwämme.

88

Abb. 77 + 78: Die Decke von Höhlen oder Überhängen zeigt meist einen lückenlosen Bewuchs festsitzender Tiere. Neben Schwämmen (→ Porifera) zählen Steinkorallen (→ Madreporaria) zu den kennzeichnenden Besiedlern dieses Lebensraumes. Auf Abb. 78 sehen wir Details: Auffällig ist die wegen ihrer intensiven Gelbfärbung unverwechselbare Steinkoralle *Leptopsammia pruvoti* (Nelkenkoralle). Die Tiere sind inaktiv und haben die Fangtentakeln in ihre Kalkskelette zurückgezogen. Bei den ungefärbten Exemplaren handelt es sich wahrscheinlich um *Caryophyllia inornata*. Das Bild wird unten rechts von dem Schwamm *Spirastrella cunctatrix* begrenzt, von dem man auch ein junges Individuum etwas oberhalb der Bildmitte sieht. Bläulich gefärbt ist der Schwamm *Anchinoe tenacior*. Unten links finden sich expandierte Polypen der Krustenanemone *Parazoanthus axinellae* (→ Zoantharia), darüber der kleine rote Tentakelkranz von *Serpula vermicularis*, einem festsitzenden, röhrenbauenden Borstenwurm (→ Polychaeta). *Parazoanthus* siedelt auf der Seescheide *Microcosmus sulcatus* (→ Ascidiacea), von der man jedoch nur eine Körperöffnung sieht. Auch oben links erkennt man ein kleines, vollständig überwachsenes Exemplar von *Microcosmus* an der Einströmöffnung (siehe auch Abb. 101 + 102).

Der violett/rot gescheckte Seestern auf Abb. 77 ist *Ophidiaster ophidianus*.

Abb. 79 + 80: Die Wachsrose *Anemonia sulcata* (→ Actiniaria) zählt zu den häufigsten Seeanemonen der Felsküste im oberen Sublitoral. Wegen ihrer Größe und der Unfähigkeit, die Tentakeln einzuziehen, ist sie ein auffälliges Tier in diesem Küstenabschnitt. Der Schutz der stark nesselnden Tentakeln wird z.T. auch von anderen Tieren genutzt: Neben der Grundel *Gobius bucchichii* sind vor allem Krebstiere (→ Crustacea) zwischen oder in der Nähe der Tentakeln anzutreffen (Seespinnen, die Partnergarnele *Periclimenes*, Schwebegarnelen *Leptomysis*). Junge Bärenkrebse (4 Exemplare *Scyllarus arctus* auf Abb. 80) sind von Wissenschaftlern im Schutz der Seeanemone bislang noch nicht beobachtet worden!

Die häufige Grünfärbung der Tentakeln hat ihre Ursache in der Existenz von einzelligen, mikroskopisch kleinen Algen im Inneren der Tiere. Durch dieses enge Zusammenleben haben beide Partner Vorteile (= Endosymbiose): Die Tiere nutzen die Assimilationsprodukte der Algen (Zucker, Stärke) und den bei der Photosynthese entstehenden Sauerstoff. Die Algen ihrerseits profitieren von dem durch die Atmung der Tiere anfallenden Kohlendioxid und nutzen ihre phosphat- und stickstoffhaltigen Stoffwechselendprodukte.

Ohne die symbiontischen Algen erscheint die Wachsrose weiß gefärbt.

Abb. 81: Wie *Anemonia sulcata* (Abb. 79) so ist auch die Siebanemone *Aiptasia mutabilis* (→ Actiniaria) ein Bewohner von Spalten und Höhlungen des oberen Sublitorals, allerdings tritt sie — im Gegensatz zu *Anemonia* — meist einzeln auf. Nähert sich ihr ein Taucher, zieht sich *Aiptasia* stets ruckartig ein Stück in ihre Behausung zurück, ohne jedoch die z.T. durchsichtigen, marmorierten Fangarme vollständig einzuziehen. Bei ungünstigen Milieubedingungen kann *Aiptasia* ihren Standort wechseln, indem sie auf der Körperseite liegend langsam mit der Fußscheibe voran spannerartig davonkriecht. Dies geschieht allein durch Muskelkontraktion des Körpers und ohne Zuhilfenahme der Fangarme, eine für Seeanemonen seltene Art der Fortbewegung. Wie *Anemonia* ist auch *Aiptasia* meist im Besitz symbiontischer Algen. Da diese viel Licht für ihr Gedeihen benötigen, wird deutlich, warum beide Anemonen bevorzugt im flachen Wasser leben.

Abb. 82: Sammelt sich auf Felsgrund genügend Sand- und Schlickmaterial in Höhlungen und Spalten, so siedelt sich die für lockere Meeresböden typische Zylinderrose *Cerianthus membranaceus* (→ Ceriantharia) vereinzelt auch dort an. Da ihr die Nahrung in Form von größeren tierischen Planktonorganismen durch die Wasserströmung herangetragen wird und sie zudem Freßbares vom Boden aufnimmt, existieren für sie auch auf dem Hartboden günstige Lebensbedingungen.

Abb. 83: Die nur im Mittelmeer beheimatete Goldrose *Condylactis aurantiaca* (→ Actiniaria) ist ein typischer Bewohner tieferer Sandböden (Abb. 36). Vereinzelt findet man sie jedoch auch in Blockgründen, wo sie die durch Geröllblöcke und Meeresboden gebildeten Spalten und Winkel bewohnt. Im kontrahierten Zustand ist sie daher kaum erkennbar. Tiere, die zwischen den Felsen leben, sind deutlich kräftiger gefärbt als ihre Artgenossen des Sandbodens.

Abb. 84: Die nur mit millimeterlangen Fangtentakeln ausgestatteten Polypen der Hornkorallen (→ Gorgonaria) sind auf den Fang von kleineren Zooplanktonorganismen spezialisiert. Die Meeresströmung muß der hier abgebildeten *Eunicella cavolinii* die Nahrung herantragen. Schwämme (→ Porifera, hier im Zentrum der orange gefärbte *Spirastrella cunctatrix*) und Ascidien (→ Ascidiacea) sind diesbezüglich unabhängiger, da sie sich als Strudler einen eigenen Wasserstrom erzeugen können.

Die rote Seescheide *Halocynthia papillosa* gehört wegen ihrer intensiven Rotfärbung zu den unübersehbaren Schönheiten der Hartbodenlebensgemeinschaften. Man trifft sie bereits im oberen Sublitoral und begegnet ihr noch an den Grenzen der von Tauchern erreichbaren Tiefen. Der rauhe samtige Mantel dieser Tiere ist stets frei von Aufwuchs, wobei ungeklärt ist, wie eine Besiedlung durch fremden Organismen verhindert wird.

Abb. 85: Im Gegensatz zum oberen Sublitoral ist das untere Sublitoral bezüglich des Umweltfaktors Wasserbewegung von eher gerichteten Verhältnissen gekennzeichnet. Sichtbar wird dies z.B. an den Hornkorallen *Eunicella singularis* (→ Gorgonaria), die das Wachstum ihrer verzweigten Kolonien an der Wasserbewegung orientieren und sich quer zur Hauptströmungsrichtung stellen. *E. singularis* tritt erst zwischen 10 und 15 m Wassertiefe auf und bevorzugt im Gegensatz zu *Eunicella cavolinii* (Abb. 84) horizontale Siedlungsflächen. Dies erklärt sich aus dem Besitz symbiontischer Algen, denn das Lichtangebot auf ebenem Untergrund ist für sie hier günstiger. Die obere Verbreitungsgrenze von *E. singularis* markiert auf Blockgründen recht gut den Übergang vom oberen zum unteren Sublitoral.

Abb. 86: Felsküste und Geröllfelder des oberen Sublitorals sind recht regelmäßig von festsitzenden, röhrenbauenden Borstenwürmern (→ Polychaeta) bewachsen. Diese verlassen ihre Röhren niemals und ernähren sich daher mit Hilfe der z.T. sehr stark gefärbten Tentakelkränze am vorderen Körperende (siehe auch Abb. 88). Die abgebildeten Tiere der Gattung *Protula* bauen im Querschnitt kreisrunde weiße Kalkröhren, die sie dem Felsgrund ihrer Länge nach aufzementieren. Nur die Mündung ragt ein Stück ins freie Wasser: in Stillwassergebieten mehr, an exponierten Standorten weniger.

Abb. 87: Die Spalten und Lücken der Hartböden werden neben mehreren Seerosenarten (Abb. 79-83) regelmäßig auch von Seegurken (→ Holothuroidea) bewohnt. Abgebildet ist die in recht verschiedenen Farbvarianten auftretende *Holothuria forskåli*. So kann sie z.B. fast einheitlich dunkelbraun gefärbt sein und ist dann leicht mit der verwandten *Holothuria tubulosa* zu verwechseln (Abb. 32). Unsanftes Berühren bringt allerdings sofort Klärung: Werden lange weiße und sehr klebrige Verteidigungsschläuche aus dem After geschleudert (= Cuviersche Schläuche), handelt es sich um *H. forskåli*! Beide Holothurien ernähren sich von dem herabgerieselten organischen Bodenbelag, der mit lappenartig verzweigten Mundtentakeln aufgenommen wird. Während *H. tubulosa* vermehrt in der Seegraswiese (Abb. 15) und auf Sandgrund (Abb. 32) vorkommt, bevorzugt *H. forskåli* die Hartbodenregion.

Abb. 88: Innerhalb der Gruppe der festsitzenden Borstenwürmer (→ Polychaeta) bauen die Vertreter der Familie Sabellidae niemals starre Kalkröhren, sondern lange, pergamentartige und damit bewegliche Gebilde, die mit Schlickpartikeln und z.T. mit Schalenbruchstücken beklebt sind. Sie können daher von der Strömung hin — und hergebogen werden und zerbrechen nicht, wie es bei einem starren Stab zu erwarten wäre.
Mit der Körpergröße der Tiere ist der der Atmung und Ernährung dienende Tentakelkranz am vorderen Körperende korreliert. Bei der Schraubensabelle *Spirographis spallanzanii* ist sogar eine Hälfte des Siebapparates spiralig aufgerollt. Die einzelnen Tentakeln sind mit einer Doppelreihe kurzer Seitenästchen (Pinnulae) versehen. Auf ihnen sitzen mikroskopisch kleine Wimpern, die Wasser in den von der Tentakelkrone gebildeten trichterförmigen Raum strudeln. Gleichzeitig sieben die Wimpern im Wasser schwebende Nahrungspartikel aus und schleudern sie auf ein in der Mitte der Pinnulae verlaufendes Wimpernband. Dieses setzt sich auf dem jeweiligen Tentakel in Form einer tiefen Wimperrinne bis zum Mund im Zentrum des Siebapparates fort.
Spirographis ist ein regelmäßiger Bewohner der Felsküste, und man findet seine Röhren meist am Untergrund befestigt. Seltener stecken sie im Meeresboden auf Sand — und Schlickgrund oder zwischen Seegras.

Abb. 89 + 90: Angehörige der Schleimfische (Familie Blenniidae) findet man vom tiefen Wasser bis in die Gezeitenzone. Die Körperoberfläche besitzt keine Schuppen, jedoch sehr viele schleimabsondernde Drüsen - daher auch der Name! Sie schwimmen mit langsamen Schlängelbewegungen des ganzen Körpers und flüchten bei Gefahr sofort in Höhlen und Spalten.

Der gestreifte Schleimfisch *Blennius gattorugine* ist mit einer Länge von ca. 20 cm der größte Schleimfisch des Mittelmeeres (Abb. 89). Er ist im gesamten von Tauchern erreichbaren Litoralbereich anzutreffen und hält sich zu Ruhepausen bevorzugt in Höhlungen und Spalten auf, aus denen dann nur der Kopf der äußerst neugierigen Tiere herausschaut (Abb. 90). Die Funktion der für viele Tiere dieser Familie typischen, bäumchenartig verzeigten Kopftentakeln ist nicht bekannt.

Als Unterschlupf nutzt *B. gattorugine* auf Abb. 90 den Nierenschwamm *Chondrosia reniformis* (→ Porifera). Links seines Kopfes sieht man eine kleine Moostierchenkolonie von *Myriapora truncata* (→ Bryozoa), rechts von ihm und oberhalb des Schwammes die expandierten Polypen der Krustenanemone *Parazoanthus axinellae* (→ Zoantharia). Rechts oben begrenzen zwei Kalkröhren des festsitzenden Borstenwurmes *Protula* das Bild (→ Polychaeta).

Foto 9: Erst seit ca. 150 Jahren ist die Dredge ein regelmäßig benutztes Arbeitsgerät zur Erforschung der marinen Bodentierwelt. Sie wird von einem Schiff auf den Meeresboden herabgelassen, eine zeitlang geschleppt und in Abhängigkeit der vorgewählten Maschenweite des eingearbeiteten Netzsackes erhält man so ein mehr oder weniger vollständiges Bild der vorhandenen Fauna .

Foto 10: Während die Dredge (Foto 9) nur einen qualitativen Eindruck vermitteln kann, ist der Einsatz von Bodengreifern dann angezeigt, wenn quantitative Daten über die Fauna gewonnen werden sollen. Auch Bodengreifer werden vom Schiff aus auf den Meeresboden herabgelassen, stechen dort jedoch eine definierte Fläche des Untergrundes aus. In der so gewonnenen Bodenprobe wird dann die Fauna bestimmt, gezählt und gewogen. Bezogen auf eine Flächeneinheit sind dann quantitative Informationen möglich. Bodengreifer sind erst zu Beginn des 20. Jahrhunderts entwickelt worden.

organische Substanzen, die vom Land stammen, z.B. Fallaub und/oder anderes pflanzliches Zerreibsel.

Zur Erlangung dieser Nahrungsteilchen werden von den festsitzenden Tieren verschiedene Fangtechniken eingesetzt: **Tentakelfänger** (Graph. 20) finden wir z.B. in der großen Gruppe der **Blumentiere** (→ Anthozoa), die ihre Fangarme einfach ins Wasser halten und deren — insbesondere an den Armen gehäuft auftretende — Nesselzellen bei Berührung durch ein Beutetier explodieren und dieses töten oder lähmen. Grob können wir von der Größe der Fangarme auf die Größe des Nahrungsspektrums schließen: So bevorzugen die millimeterlangen Freßpolypen der **Hornkorallen** (→ Gorgonaria) tierisches Plankton (Abb. 112), die vielfach in Felsspalten anzutreffenden großen **Seerosen** mit ihren fleischigen Tentakeln hingegen kleinere Fische oder Krebschen (→ Actiniaria, z.B. Abb. 83).

Der Ernährungstypus der **Filtrierer** (Graph. 20) benötigt vorbeiziehendes Wasser, um aus ihm Nahrung herauszufangen. Als Beispiel wären die **Haarsterne** zu nennen (→ Echinodermata, → Crinoidea), die sich an strömungsgünstigen Stellen postieren und ihre reich gefiederten Arme aktiv in die Hauptströmungsrichtung stellen (Abb. 117). Ihr Fangfilter ist vergleichsweise grob und auch auf das Abfangen größerer Planktonkrebschen oder Fischlarven ausgerichtet. Bleiben diese an den gespreizten Armen hängen, werden sie eingeschleimt und von einem Wimpernband mundwärts transportiert. Bei ungünstigen Strömungsverhältnissen rollen die Haarsterne ihre Fangarme ein und verkümmern bis zum nächsten Nahrungsschub zu einem unscheinbaren Häuflein. Bei Strömungsmangel ziehen sich die Haarsterne vielfach auch in Spalten zurück.

Während Tentakelfänger zum Teil, Filtrierer jedoch immer auf Wasserströmung und damit auf den Herantransport von Nahrung angewiesen sind, erlangen **Strudler** von ihr eine gewisse Unabhängigkeit (Graph. 20), indem sie sich mit Hilfe von mikroskopisch kleinen Wimpern einen eigenen Wasserstrom erzeugen und aus diesem dann feinste Partikel heraussieben. Je nachdem, ob derartige Wimpernfelder außerhalb oder im Inneren der Tiere angeordnet sind, unterscheiden wir **äußere** von **inneren Strudlern**.

Moostierchen (→ Bryozoa) z.B. sind äußere Strudler. Ihre zarten Fangarme sind dicht mit Wimpern besetzt und stehen — einen Trichter bildend — eng beieinander. So entsteht ein gerichteter Wasserstrom innerhalb des Fangtrichters, und die eingestrudelte Nahrung wird automatisch zum Mund befördert. Die Tentakelkrone der Moostierchen stellt also eine funktionelle Einheit dar, während das z.B. bei den Nesseltieren (→ Cnidaria) nicht der Fall ist. Bei ihnen «arbeitet» jeder nesselnde Fangarm für sich allein.

Als innere Strudler ernähren sich z.B. die **Schwämme** (→ Porifera), **Seescheiden** (→ Ascidiacea) und viele **Muscheln** (→ Bivalvia). Während diese Gruppen verwandtschaftlich weit auseinanderstehen, hat die gleichartige festsitzen-

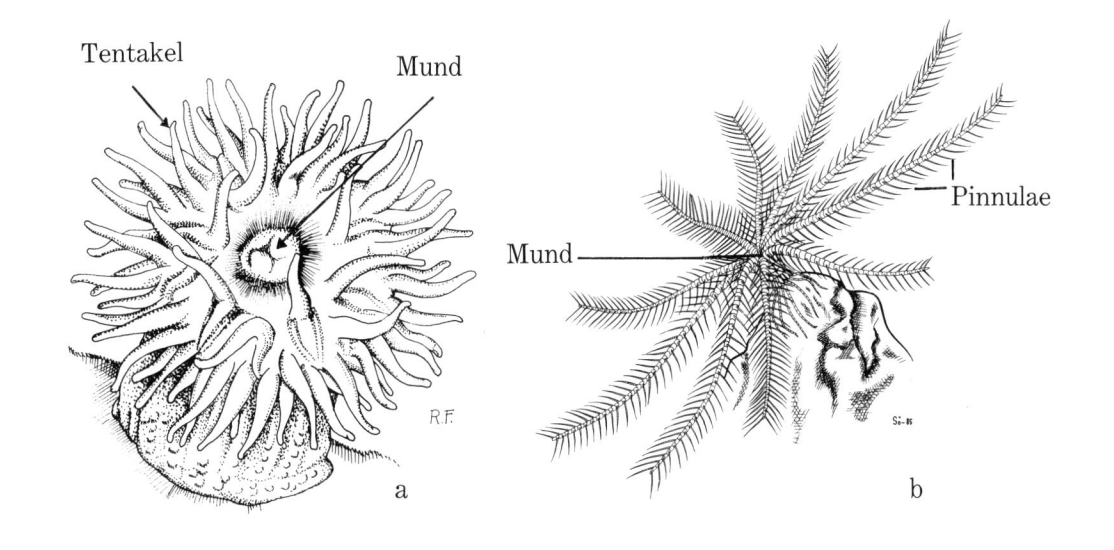

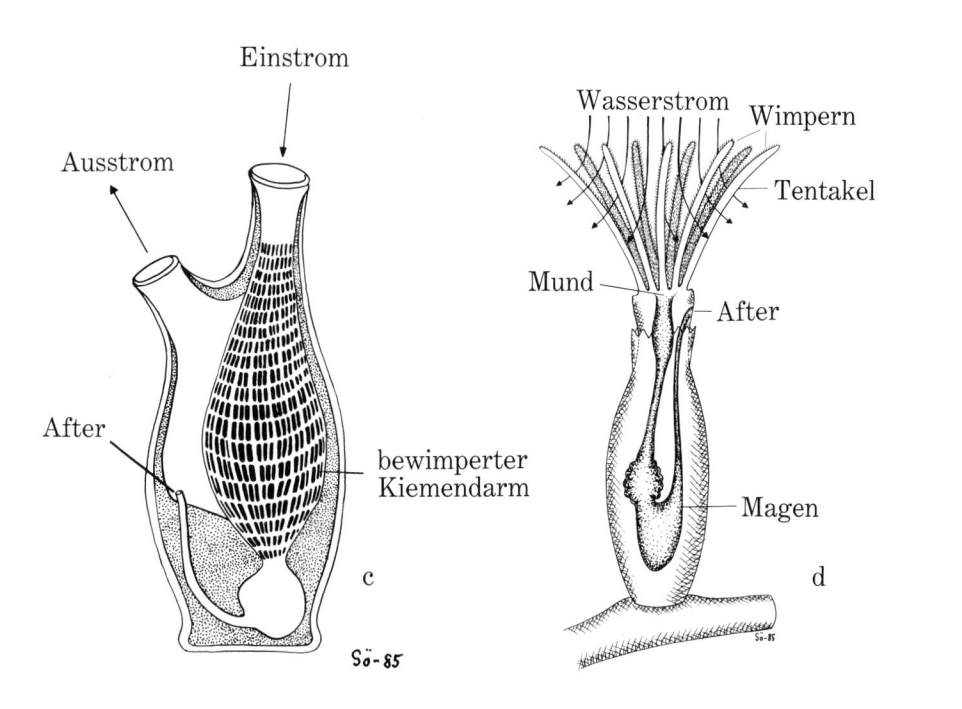

Graph. 20: Ernährungstypen festsitzender Tiere: a) Tentakelfänger (z.B. Seerose); b) Filtrierer (z.B. Haarstern); c) Innerer Strudler (z.B. Seescheide); d) äußerer Strudler (z.B. Moostierchen).

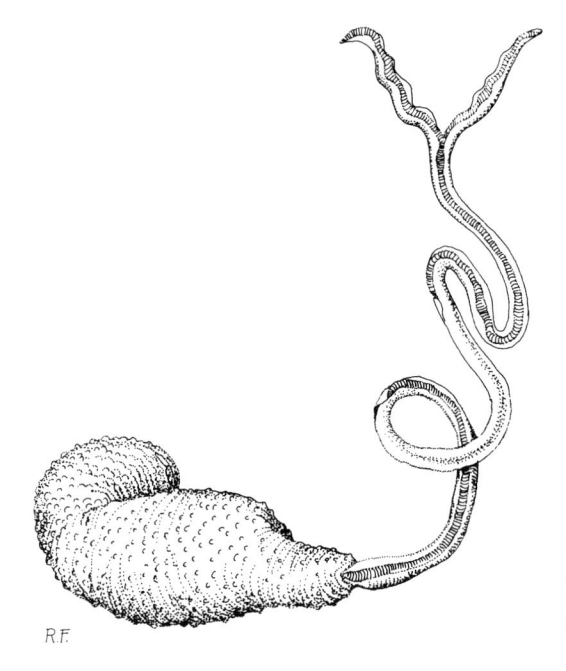

Graph. 21: Der Igelwurm *Bonellia viridis* bewohnt Höhlungen und Spalten des Felslitorals und ist unterhalb von ca. 30 m Wassertiefe ziemlich regelmäßig anzutreffen. Der ca. 10 cm lange sackförmige Körper ist tagsüber niemals zu sehen, nur der sehr dehnbare, vorn gegabelte Rüssel wird weit aus der schützenden Höhle gestreckt (Abb. 41). Mit ihm werden tote organische Partikel vom Untergrund aufgenommen, die — zu Klümpchen verschleimt — in einer Nahrungsrinne auf der Unterseite des Rüssels durch mikroskopisch kleine Wimpern zum Munde befördert werden. Die langen Rüssel gehören stets zu den weiblichen Tieren. Die Männchen sind nur millimetergroß und sitzen — indem sich sich parasitisch von den Gewebesäften des Weibchens ernähren — als sogenannte Zwergmännchen zunächst im Vorderdarm, dann in den Geschlechtsausführgängen der weiblichen Tiere.

de Lebensweise hier auch zu gleichartigen Ernährungstypen geführt. Die strudelnde Ernährungweise vieler Hartbodenbewohner ist Voraussetzung dafür, daß auch von der Strömung weniger begünstigte Bereiche wie Höhlen oder tiefere Hartbodenareale in der Regel dicht besiedelt werden können. Unter Zonierungsaspekten spricht man sogar von den tieferen **Schwamm-** und **Ascidienzonen.**

Es soll nicht unerwähnt bleiben, daß eine Vielzahl festsitzender Organismen wohl in der Lage ist, zusätzlich zu der wie auch immer gefangenen Beute, im Wasser in geringen Spuren **gelöste** organische Substanzen aufzunehmen. Das kann über die gesamte Körperoberfläche geschehen oder über besonders dünne Hautpartien erfolgen. Man weiß aber noch sehr wenig über diese Art der Ernährung!

Wie eingangs erwähnt, ist das **Schutzbedürfnis** festsitzender Organismen groß. **Schwämme** (→ Porifera) schützen sich durch spitze Kalk- oder Siliziumnadeln, die verletzen können und daher für die Masse der Freßfeinde ungenießbar sind. Vielfach mag auch ein unangenehmer Geruch abstoßend wirken. **Nesseltiere** (→ Cnidaria) nutzen ihre Nesselzellen als Fang- und Verteidigungswaffen gleichermaßen. Zudem können viele ihre Fangapparate in Röhren (→ Ceriantharia) oder in schützende Skelettstrukturen zurückziehen (→ Madreporaria, → Zoantharia, → Gorgonaria, → Alcyonaria), die in der Regel nicht gefressen werden. Der **Igelwurm** (→ Echiurida) *Bonellia* lebt ausschließlich in schützenden Spalten und Höhlen und steckt nur seinen schnell rückholbaren Fangrüssel heraus (Graph. 21 u. Abb. 41). **Festsitzende Röh-**

renwürmer (→ Polychaeta) ziehen sich bei Gefahr in derbe pergamentartige Röhren oder in harte Kalkgebilde zurück (z.B. Abb. 33 + 86), eine offensichtlich gute Schutzeinrichtung. Denn «Röhrenfresser» sind kaum bekannt, und viele dieser Röhrenbewohner können daher mehrere Jahre alt werden. Außerdem können einige von ihnen ihre Behausungen noch zusätzlich mit einem Deckel verschließen. **Moostierchen** (→ Bryozoa, z.B. Abb. 65 + 76) wohnen in wabenartigen, z.T. mit Kalk verfestigten Schutzräumen, und wir wissen nur von wenigen Nacktschnecken (→ Gastropoda) und Seeigeln (→ Echinoidea), daß diese die Gehäuse der Moostierchen mit ihren Raspelapparaten zerstören. Auch die artenreichen, festsitzenden **Seescheiden** (→ Tunicata, z.B. Abb. 84) führen ein recht sorgloses Dasein, denn der für diese Tiergruppe charakteristische Mantel, die Tunica, besteht größtenteils aus zelluloseähnlichem Material, einem Stoff, der als Nahrung im marinen Milieu kaum geschätzt wird.

Die meisten Meerestiere vermehren und verbreiten sich über ein freischwimmendes Larvenstadium. Darin machen auch die marinen Hartbodenbewohner keine Ausnahme. Doch finden wir gerade unter den festsitzenden Formen häufiger als in jedem anderern Lebensraum den Modus der vegetativen, d.h. ungeschlechtlichen Vermehrung durch Sprossung oder Teilung (→ Porifera, → Cnidaria, → Bryozoa, → Ascidiacea). Hat die geschlechtlich erzeugte Larve erst einmal einen für sie bzw. für ihre Art optimalen Siedlungsort gefunden, wächst sie heran und wird als erwachsenes Tier das günstige Terrain erst einmal auf vegetative Art besetzen und erweitern. Vermehrung durch Larven bedeutet ja in der Regel Verdriftung!

Neben der Erkenntnis, daß untermeerische Hartböden durch eine vielfältige festsitzende Fauna ausgezeichnet sind, fand man bei weiterführenden Tauchuntersuchungen im Laufe der Jahre, daß diese Tierwelt nun keineswegs zufällig und regellos auf dem festen Untergrund verteilt lebt. Vielmehr lassen sich für eine große Zahl der festgewachsenen Organismen bestimmte **Tiefenpräferenzen** erkennen, die als Anpassung an sich mit zunehmender Tiefe ändernde ökologische Faktoren zu interpretieren sind. Gegeneinander abgrenzbare Tiefenzonen können also durch dort bevorzugt auftretende Organismen beschrieben werden!

Wesentlichen Einfluß auf derartige Zonierungsphänomene nehmen die Umweltfaktoren **Licht** und **Wasserbewegung**. **Licht** ist für das pflanzliche Gedeihen unerläßlich, und da sich sowohl Lichtqualität als auch Lichtquantität mit zunehmender Tiefe verändern, ist üppiges Pflanzenwachstum auf das lichtdurchflutete Flachwasser beschränkt (Abb. 67). Da **Meeresalgen** im Gegensatz zu den bereits besprochenen **Seegräsern** keine Wurzeln besitzen und festen Untergrund für ihre wurzelähnlichen Haftorgane benötigen, existiert in diesem Flachwasserbereich ein harter Konkurrenzkampf zwischen Pflanzen und festsitzenden Tieren um die Siedlungsplätze auf den Felsen. Bereits der

Schnorchler erkennt, daß dieser von den Pflanzen gewonnen wird, denn in wenigen Metern Wassertiefe sind Geröllgründe meist von einem dichten Algenteppich belegt.

Schauen wir uns hier aber ein wenig genauer um, so erkennen wir an senkrechten, weniger lichtexponierten Stellen, in Spalten und unter Überhängen sofort die für Hartböden typische festsitzende Fauna (Abb. 66 + 67). Nur **Rotalgen** dringen tiefer hinab als es der Taucher im Normalfall vermag. Unter den Pflanzen sind nur sie in der Lage, die allein in größere Tiefen vordringenden blaugrünen Spektralfarbanteile des Lichtes für Wachstum und Vermehrung zu nutzen.

Der Umweltfaktor **Wasserbewegung** wirkt in mehrfacher Hinsicht. In Oberflächennähe sind es in erster Linie ziehende und drückende Kräfte des Wellenschlages, die nur äußerst robusten und fest verankerten Organismen ein Leben auf dem Felsen gestatten. Gleichzeitig wird hier abgerissenes Pflanzen- und Tiermaterial durch die Kraft der Wellen und den als Reibeisen dienenden Felsen zerschlagen und zerrieben und gelangt so als flockiger Detritus in die Tiefe. Mit Bakterien dicht besetzt ist er eine der wesentlichen Nahrungsgrundlagen im Meer!

Mit zunehmender Wassertiefe verringert sich die ungerichtet wirkende Kraft des Wellenschlages und wird von einer gerichteten, meist küstenparallel laufenden Wasserströmung abgelöst. Diese wirkt nun nicht nur als physikalische Kraft auf die Hartbodenbesiedler, sondern ist überwiegend als Transportmedium für die Nahrung von Bedeutung. Starke Strömung läßt nur gröbere Partikel absinken, wohingegen in gering beströmten Gebieten auch feinere Teilchen zur Sedimentation gelangen. Da sich im allgemeinen auch die küstenparallelen Strömungen zur Tiefe hin verringern, ist mit deren Abnahme auch eine Veränderung der Fauna verbunden. Während z.B. im oberen, stärker wasserbewegten Küstenbereich die gröbere Nahrungsbrocken bevorzugenden **Tentakelfänger** dominieren, finden wir in den tieferen, meist schwach beströmten Hartbodenarealen vermehrt **strudelnd** sich ernährende Tiere **(Schwammzone)**.

Die in vielerlei Hinsicht interessante Felsküste fällt nur an sehr wenigen Stellen auch unter Wasser steil bis in große Tiefen ab. Meist endet sie als solides Massiv in wenigen Metern Wassertiefe, gefolgt von mehr oder weniger ausgedehnten **Blockgründen** (Abb. 64-92). Hier finden wir vom Steinchen bis zum Geröllblock in der Größe eines Einfamilienhauses alle Übergänge. Das führt zu einer faszinierenden, reich verwinkelten Unterwasserszenerie von Spalten, Schluchten, Höhlen und Plateaus. In einem derartigen Labyrinthsystem unterliegt insbesondere der für die Verteilung der Hartbodenlebewelt verantwortliche Faktor Wasserbewegung einer ständigen, nicht mehr global erfaßbaren räumlichen und zeitlichen Veränderung, sodaß Zonen gleichartiger Lebensformtypen in diesem Lebensraum schwer aufzeigbar sind.

Entlang einer Steilwand in die Tiefe (Abb. 93-136)

Wollen wir die Hartbodenzonierung und die mit zunehmender Tiefe typischen Veränderungen ihrer Besiedler kennenlernen, müssen wir uns idealerweise eine Steilküste wählen, die wenigstens 50-60 m tief abfällt.

Die oberste Zone der Felsküste ist die sog. **Spritzzone** oder das **Supralitoral** (Abb. 60). Dieser Küstensaum wird nur bei stark bewegter See von den Brandungswellen oder ihren Spritzern erreicht und stellt in Bezug auf Temperatur- und Salzgehaltsschwankungen einen äußerst extremen Lebensraum dar. Dennoch finden wir hier eine Tierwelt, die bereits dem Meer angehört. Es sind dies solche Formen, die durch verschließbare Schalen befähigt sind, der Austrocknung zu widerstehen. So finden wir hier die kleine Schnecke *Littorina neritoides* (Abb. 61), die sich zum Schutz vor starker Sonneneinstrahlung meist zu mehreren in enge Spalten zurückzieht, sowie die vielfach breite Bänder bildende **Seepocke** *Chthamalus stellatus* (Abb. 60 + 61), die ebenfalls besonders widerstandsfähig gegen Austrocknung ist. Seepocken sind festsitzende Krebse. Außerdem ist charakteristisch für die Spritzzone eine **Assel,** *Ligia italica* (Graph. 22), ebenfalls ein Krebs, der abends und morgens,

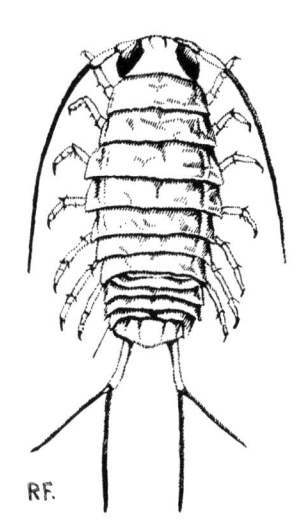

Graph. 22: Der kleine Krebs *Ligia italica* (Länge ca. 1 cm) — eine amphibische Assel — lebt außerhalb des Wassers in der Spritzwasserzone der Felsküste, wo er tagsüber meist in Felsspalten oder unter Steinen sitzt. Auf der Suche nach pflanzlicher Nahrung verlassen die Krebse am frühen Abend scharenweise ihre Unterschlüpfe. Bei Gefahr können sie blitzschnell ins Wasser fliehen.

wenn die Luft noch etwas feucht ist, scharenweise die Felsen und Hafenmauern bevölkert. Um die gleiche Zeit steigt auch die **Rennkrabbe** *Pachygrapsus marmoratus* aus dem Wasser in die Spritzzone hinauf, um dort nach Nahrung zu suchen (→ Crustacea, Graph. 23).

Die nächst tiefer gelegene Zone ist die **Gezeitenzone (Mediolitoral, Eulitoral).** Sie ist gekennzeichnet durch einen regelmäßigen, durch die Anziehungskräfte von Mond und Sonne verursachten Wechsel zwischen Trockenfal-

Graph. 23: Die Felsenkrabbe *Pachygrapsus marmoratus* (Carapaxbreite ca. 3 cm) ist ein häufiger Bewohner der Gezeitenzone der Felsküste, der zum Fressen regelmäßig auch das Wasser verläßt. Er ist ein Allesfresser, ernährt sich also von Aas, kleineren lebenden Tieren und von Algen. Feine Algenbeläge werden mit den Scherenspitzen abgeschabt und zum Mund geführt.

len und Wasserbedeckung. Die Gezeitenzone ist an den Steilküsten des Mittelmeeres nur sehr schmal, weil der Gezeitenunterschied hier meist nicht mehr als 30-60 cm beträgt.

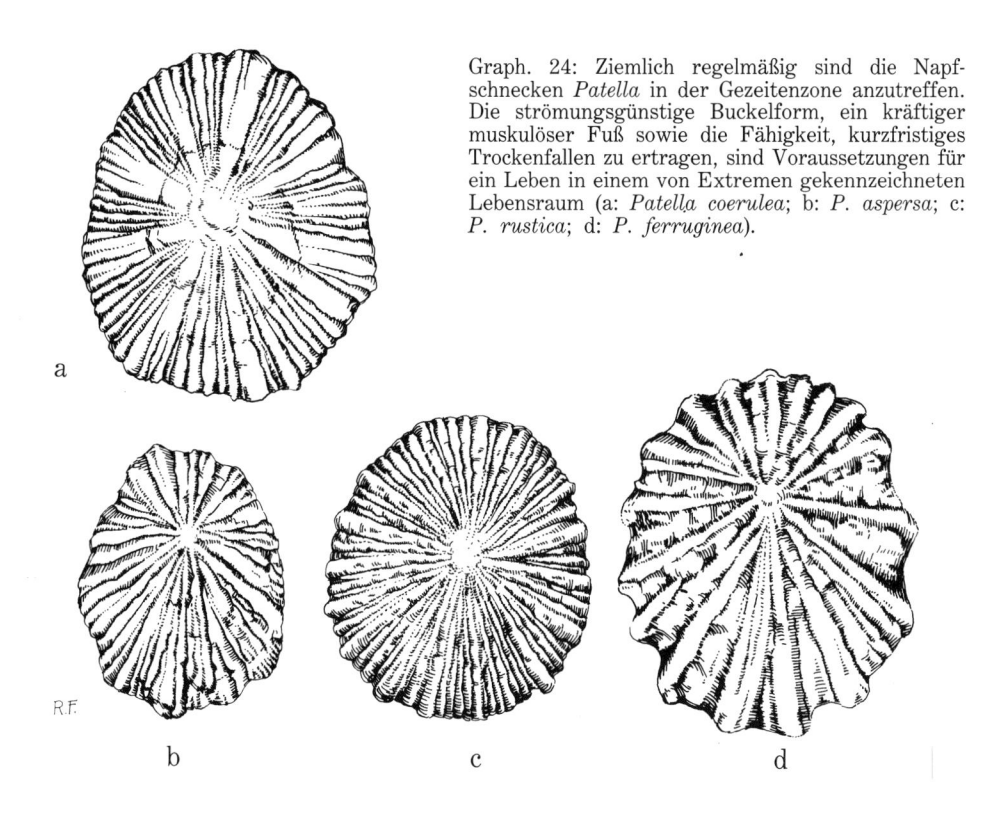

Graph. 24: Ziemlich regelmäßig sind die Napfschnecken *Patella* in der Gezeitenzone anzutreffen. Die strömungsgünstige Buckelform, ein kräftiger muskulöser Fuß sowie die Fähigkeit, kurzfristiges Trockenfallen zu ertragen, sind Voraussetzungen für ein Leben in einem von Extremen gekennzeichneten Lebensraum (a: *Patella coerulea*; b: *P. aspersa*; c: *P. rustica*; d: *P. ferruginea*).

Tiere, die in diesem Gezeitenbereich leben, müssen in zweifacher Hinsicht angepaßt sein: Einerseits benötigen sie Schutzeinrichtungen, die sie vor Austrocknung bewahren, andererseits bedarf es einer Wuchsform, die der hier wir-

Abb. 91: Über Sandgrund, Seegraswiesen oder zwischen den algenbestandenen Felsen der Blockgründe begegnet man nicht selten dem Gemeinen Tintenfisch *Sepia officinalis*. Die *Sepia* gehört zu den 10 - armigen Tintenschnecken (→ Cephalopoda). 8 der 10 Arme sind kurz und mit Saugnäpfen besetzt, nur 2 sind als lange, zurückziehbare Fangarme mit größeren Saugnäpfen auf den keulenförmig verbreiterten Enden ausgebildet. Das stromlinienförmige Tier ist von einem breiten Flossensaum umgeben, durch dessen wellenartige Erregung die normale Bewegung in alle Richtungen erfolgt. Plötzliches Attackieren von Beute bzw. Flucht erfolgt nach dem Rückstoßprinzip, indem das in der Mantelhöhle befindliche Wasser durch den orientierbaren Trichter ruckartig ausgestoßen wird. Die für die Weichtiere (→ Mollusca) typische Schale ist bei der *Sepia* als kalkiges Schutz- und Stützelement nur im Inneren des Tieres unter der Rückenhaut zu finden (Schulp). Der Rückenschulp dient auch zur Regulation des Auftriebes, indem seine zahlreichen kleinen Kammern vom dem Tier mit Gas oder Wasser gefüllt werden.

Abb. 92: Einer der häufigsten Fische im oberen Sublitoral ist der Mönchsfisch *Chromis chromis*. Man trifft ihn meist in großen, fast stationären Schwärmen in der Nähe der Felsküste, seltener unterhalb 20 m Wassertiefe. Mit kurzen Sprüngen schnappen sie unaufhörlich nach tierischem Plankton. Nur die erwachsenen Tiere bilden die charakteristischen Schwärme. Die mit leuchtenden, kobaltblauen Streifen versehenen Jungtiere leben im Spätsommer in Bodennähe, vornehmlich in geschützten Felsklüften.

Abb. 93: Die für die Spritz — und Gezeitenzone charakteristischen festsitzenden Rankenfußkrebse (Seepocken) mit ihren robusten und strömungsgünstigen Kalkbehausungen bilden an steil abfallenden Felswänden auch unmittelbar unterhalb der Niedrigwasserlinie dichte Bestände. Im Gegensatz zu dem von der Seepocke *Chthamalus* gebildeten Band oberhalb der Niedrigwasserlinie (Abb. 60 + 61), ist es hier der Rankenfußkrebs *Balanus perforatus*, der kein längeres Trockenfallen vertragen kann. Für die oberste Zone des Sublitorals sieht man als typischen Aufwuchs die kurzen derben Hydrozoenkolonien *Aglaophenia* (→ Hydrozoa), die von der hier allgemein starken Wasserbewegung ständig hin — und herbewegt werden, jedoch nicht abreißen.

Abb. 94: Neben Seepocken bilden auch die Schwämme (→ Porifera) in der obersten Wasserzone bevorzugt buckelige Wuchsformen mit glatter Oberfläche, um den hier wirkenden starken Wasserkräften keine Angriffsfläche zu bieten (siehe auch Abb. 67 + 68). In Spalten und Ritzen entdeckt man recht regelmäßig Jungtiere des Kraken *Octopus vulgaris*, die neben einer perfekten farblichen Anpassung an die Umgebung zusätzlich ihre Körperoberfläche in Runzeln und Falten legen können. Meist sieht man sie daher erst, wenn sie aufgescheucht die Flucht ergreifen und dabei ihre Tinte verspritzen (→ Cephalopoda). Ältere Tiere leben in größerer Tiefe (Abb. 129 + 130).

Abb. 95 + 96: Das Auftreten der Hydrozoenkolonie *Halocordyle disticha* (→ Hydrozoa) zeigt, daß wir uns nicht mehr unmittelbar unter der Wasseroberfläche befinden, denn hier würden die etwa 10-15 cm langen Kolonien von der Bewegungskraft des Wassers bald abgerissen werden. Einige Meter unterhalb der Niedrigwasserlinie können sie jedoch z.T. dichte Rasen und Säume bilden, wobei die Strömung sie rhythmisch hin — und herbewegt. Abb. 96 läßt den Aufbau dieser Hydrozoenkolonie deutlich erkennen: Von einem Hauptstamm gehen rechts und links Seitenäste ab, auf denen in regelmäßigen Abständen die Freßpolypen sitzen. Die Einzelpolypen stehen über ein gemeinsames inneres Hohlraumsystem untereinander in Verbindung. Werden kleinere tierische Planktonorganismen mit der Strömung an die Fangtentakeln getragen, so explodieren die in ihrem Innern angeordneten Nesselkapseln und lähmen bzw. töten die Beute. Die Tentakeln transportieren sie dann in die im Zentrum des Polypen gelegene Mundöffnung. Tiere, die sich derartig ernähren, bezeichnen wir als Tentakelfänger.

Abb. 97 + 98: An einer senkrecht abfallenden Felswand ist der Übergang vom oberen zum unteren Sublitoral recht gut durch das regelmäßige Erscheinen des violetten Seeigels *Sphaerechinus granularis* gekennzeichnet (→ Echinoidea). Die Saugfüßchen dieses schweren, 10 bis 15 cm im Durchmesser betragenden Seeigels sind nämlich nicht in der Lage, ihn bei starker, ungerichteter Wasserbewegung an der abfallenden Wand zu halten. So rückt er einige Meter tiefer. Das verringerte Lichtangebot in 10-15 m Wassertiefe sorgt für geringen Pflanzenwuchs, und die für Hartbodengemeinschaften charakteristischen Schwämme (→ Porifera) dominieren (Abb. 97).

Ist die abfallende Felswand in der Regel gut beströmt, so ist das häufige Auftauchen der gelben Gorgonie *Eunicella cavolinii* (→ Gorgonaria) sichtbare Grenze von oberem zu unterem Sublitoral und damit Hinweis auf gerichtete Strömungsverhältnisse (Abb. 98). Damit sind für *Eunicella* ideale Ernährungsbedingungen gegeben, was sich in dichten, gleichartig orientierten Beständen (Eunicellazone) und größeren Einzelkolonien als im Geröllgrund (Abb. 84) dokumentiert.

Abb. 99 + 100: Die Hornkoralle *Eunicella cavolinii* (→ Gorgonaria) ernährt sich als Tentakelfänger. Um optimal Nahrung aus dem vorbeiströmenden Wasser zu fangen, orientieren sich alle Gorgonien an der Wasserbewegung und stellen ihre in einer Ebene verzweigten Kolonien quer zur Hauptströmungsrichtung. Die Kolonie als Gesamtorganismus ist daher als Filtrierer anzusehen. Da sie weit in den freien Wasserkörper ragen, werden diese strömungsgünstigen Standorte gerne auch von anderen ähnlichen Lebensformen genutzt. So sieht man auf Abb. 99 z.B. eine Mehrzahl von Haarsternen (*Antedon mediterranea*, → Crinoidea), die als Filtrierer ebenfalls auf strömendes Wasser angewiesen sind. Das milchigweiße traubenartige Gebilde auf *Eunicella* sind mehrere, miteinander verbundene Individuen der Seescheide *Clavelina lepadiformis* (→ Ascidiacea). Auf Abb. 100 sieht man Details: Ascidien besitzen zwei Körperöffnungen, eine terminale Einström- und eine seitlich versetzte Ausströmöffnung. Der Atmung und Ernährung dient der netzartig durchlöcherte, aufgetriebene vordere Darmabschnitt (Kiemendarm). Mikroskopisch kleine Wimpern auf seiner Innenseite sorgen für einen Wasserstrom, der die Kiemenspalten passiert. Dabei werden Nahrungspartikel von einem über die Spalten laufenden Schleimband abgefangen. Diesen Ernährungstypus bezeichnet man als inneren Strudler.

Abb. 101 + 102: Seescheiden oder → Ascidiacea sind typische, festsitzende Hartbodenbewohner, die man im gesamten Sublitoral regelmäßig antrifft, in tieferen Zonen gemeinsam mit Schwämmen aber vermehrt vorkommen. Dies trifft auch für die nur im Mittelmeer beheimatete *Microcosmus sulcatus* zu, die vereinzelt bereits im oberen Sublitoral auftritt, ab 20/30 m Wassertiefe jedoch häufig vorkommt. Man muß sie nur erkennen! «Microcosmos» heißt kleine Welt. Diesen Namen gab ihr die Wissenschaft wegen des für diese Art einzigartigen Aufwuchses, der sie vielfach bis zur Unkenntlichkeit bedeckt. Auf Abb. 101 ist *Microcosmus* nur an der dunkel gefärbten, nach links weisenden Ausströmöffnung erkennbar. Ansonsten ist sie lückenlos von Schwämmen und der Krustenanemone *Parazoanthus axinellae* (→ Zoantharia) besetzt. Auch Abb. 102 zeigt *Microcosmus*, diesmal neben krustenförmigem Aufwuchs in erster Linie ebenfalls von Seescheiden bewachsen. Man sieht die zarte, fast durchsichtige *Clavelina lepadiformis*, an der man zumindest den für Seescheiden typischen Kiemendarm deutlich erkennen kann. Ebenfalls als Aufwuchs zeigt sich die rote Seescheide *Halocynthia papillosa*.

110

Abb. 103: Der festsitzende Röhrenborstenwurm *Bispira volutacornis* (→ Polychaeta) gehört wie die Schraubensabelle (Abb. 88) zur Familie der Sabellidae. Die ebenfalls gummiartig weiche und bewegliche Wohnröhre ist von feinsten Schlickteilchen besetzt. Kalkbruchstücke oder andere grobe Fremdkörper werden nicht genutzt. Zur Deckung des Nahrungsbedarfes hat dieser Wurm gleich zwei Tentakelkränze entwickelt und besitzt damit zwei Strudelapparate. Deutlich erkennt man den grundsätzlichen Aufbau einer Tentakelkrone von festsitzenden Borstenwürmern: Die einzelnen Tentakeln besitzen zarte Seitenästchen (Pinnulae) und bilden in ihrer Gesamtheit einen Trichter. Nicht sichtbar sind mikroskopisch kleine Wimpern auf den Pinnulae, die einen ins Zentrum des Trichters gerichteten Wasserstrom erzeugen und mit ihm herangetragene Nahrungsteilchen festhalten. Tiere, die sich durch die Erzeugung eines eigenen Wasserstromes Nahrung heranholen, bezeichnet man als Strudler. Da die für die Wasserbewegung verantwortlichen Wimpern auf der Körperaußenseite sitzen, vertreten die Sabelliden z.B. den Typus des äußeren Strudlers.
Bispira vermeidet zwar starke Strömung, ist aber wegen ihrer strudelnden Ernährungsweise nicht an bestimmte Strömungsbedingungen gebunden. Entsprechend findet man sie im gesamten Sublitoral.

Abb. 104: Das Auftauchen der bunten Fahnenbarsche *Anthias anthias* an der abfallenden Steilwand ist ein deutlicher Hinweis darauf, daß wir uns bereits jenseits von 30 m Wassertiefe befinden. Zwei Tiere im Schwarm sind von einer großen parasitischen Assel befallen. Am unteren Bildrand zeigt sich der Schwarzschwanzlippfisch *Crenilabrus melanocerus*, der einzige Putzerfisch im Mittelmeer. Die Felswand im Hintergrund zeigt die gelbe Krustenanemone *Parazoanthus axinellae* (→ Zoantharia), die hier ein breites Band bildet, das für kontinuierliche Strömung und reduzierte Lichtverhältnisse in diesem Tiefenbereich spricht.

Abb. 105: Ein gefräßiger Räuber der Felsküste ist der Eisseestern *Marthasterias glacialis* (→ Asteroidea). Mit seinen kräftigen Saugfüßchen ist er in der Lage, auch an steil abfallenden Felswänden mühelos zu klettern. Da er kein Nahrungsspezialist ist und sich von allem toten und lebendigen Getier ernährt, zeigt er keine Bevorzugung für irgendeinen Tiefenbereich. Hier sehen wir ihn in einer von Krustenanemonen und Schwämmen geprägten Zone in etwa 30 m Wassertiefe. Im rechten Bereich des Bildes sieht man kleine Kolonien der bäumchenförmig wachsenden Moostierchenkolonie *Myriapora truncata* (→ Bryozoa).

112

Abb. 106: Ausschnitt aus einer Krustenanemonenkolonie von *Parazoanthus axinellae* (→ Zoantharia) mit vollständig kontrahierten Individuen und extrem expandierten Einzeltieren.
Zoantharier sind fast ausnahmslos koloniebildende Blumentiere (→ Anthozoa), die ihre Polypen durch ein feines Fremdkörperskelett stützen und schützen. Nahrungsquelle ist das freie Wasser, aus dem in erster Linie tierische Planktonorganismen mit den nesselkapselbewehrten, ungefiederten Tentakeln gefangen werden. Sie ernähren sich also als Tentakelfänger und benötigen daher zumindest mäßig beströmte Siedlungsorte, an denen ein Herantransport von Nahrung gewährleistet ist. Sind diese Voraussetzungen z.B. an senkrechten Felswänden gegeben, können sie dort eine eigenständige Zone bilden (Abb. 104). Z.T. sind Zoantharier vergesellschaftet mit der gelben Hornkoralle *Eunicella cavolinii* (→ Gorgonaria, Abb. 98+99), die ähnliche Anforderungen an die Strömung stellt.

Abb. 107: Ausschnitt aus einer aktiven Krustenanemonenkolonie von *Parazoanthus axinellae* (→ Zoantharia). Bei günstigen küstenparallelen Strömungsbedingungen sind meist alle Einzelpolypen expandiert und ragen mit ihren Fangarmen weit in das vorbeiziehende Wasser.

Abb. 108: Ausschnitt aus einer inaktiven Krustenanemonenkolonie von *Parazoanthus axinellae* (→ Zoantharia). Wird bei kurzzeitig langsam strömendem Wasser oder gar bei Strömungsstillstand nicht genügend Nahrung herangetragen, kontrahieren sich die Einzelpolypen und ziehen ihre Fangarme ein. Aktivitätsänderungen bei *Parazoanthus* erfolgen unabhängig von Tag-Nachtrhythmen, die man z.T. in den Tropen beobachten kann. Auf der linken Seite erkennt man ein Einzelindividuum bei der Abgabe einer milchigen Flüssigkeit (siehe Pfeil!). Es könnte sich um Geschlechtsprodukte handeln (Eier oder Sperma).

114

Abb. 109 + 110: Nur wenn auch der tiefere Teil einer abfallenden Felswand gut und kontinuierlich beströmt ist, wird etwa im Bereich von 40 m Wassertiefe das Vorkommen der gelben Hornkoralle *Eunicella cavolinii* von der violetten Hornkoralle *Paramuricea clavata* (→ Gorgonaria) abgelöst. Abb. 109 zeigt schön die bereits erwähnte Tatsache, daß die meisten Gorgonienarten ihre fächerförmigen Kolonien nach der Strömung ausrichten. Die Rotfärbung im unteren Bereich der *Eunicella* wird von einer anderen Blumentiergruppe hervorgerufen: Es ist *Parerythropodium coralloides*, eine zu den → Alcyonaria zählende Leder — oder Weichkoralle. Während Lederkorallen normalerweise aufrechtwachsende, fleischige Formen bilden (Abb. 44), nutzt *Parerythropodium* bevorzugt die nah verwandten Gorgonien als Siedlungsort und überwächst diese von der Basis her (Abb. 110). Von weitem betrachtet mag man beide dann für die violette *Paramuricea* halten, bei näherem Hinsehen erkennt man aber die *Parerythropodium* kennzeichnenden weißen Polypen. Wie es *Parerythropodium* schafft, die abwehrbereiten, nesselnden Gorgonienpolypen schadlos zu überwachsen oder ob *Eunicella* vorher z.T. abgestorben sein muß, ist nicht bekannt.

Abb. 111 + 112: Die dominierende Hornkorallenart unterhalb 40 m Wassertiefe ist die violette Gorgonie *Paramuricea clavata* (→ Gorgonaria), die dort bevorzugt senkrechte Felswände besiedelt (Abb. 111). Dies jedoch nur, wenn dieser Abschnitt der Wand gut und mehr oder weniger regelmäßig beströmt wird, denn als filtrierender Organismus bedarf er der Wasserströmung für den Nahrungstransport. Abb. 112 zeigt einen Ausschnitt aus der reich verzweigten Kolonie mit den gleichartig gefärbten, expandierten Polypen. Betrachtet man den linken oberen Bereich des Bildes, so erhält man eine Vorstellung von dem engmaschigen Nahrungsfilter. Wie man sieht, berühren sich die weit ausgestreckten Fangtentakeln fast und bilden so ein für größere tierische Plankter kaum passierbares Fangnetz. Es ist anzunehmen, daß *Paramuricea* mehr als zwei Jahrzehnte alt wird, da es allein 10-15 Jahre bedarf, bis die Kolonie ihre maximale Größe erreicht!

Abb. 113 + 114: Während Schwämme (→ Porifera) aufgrund ihrer strudelnden Ernährungsweise sogar in extremen Stillwasserbereichen leben können und an abfallenden Steilwänden mit sehr geringer Strömung den Felsen fast allein besiedeln (Schwammzone), macht der Geweihschwamm *Axinella polypoides* von dieser Regel eine Ausnahme. Er ist daher vereinzelt auch dort anzutreffen, wo die Unterwasserlandschaft von violetten Gorgonien geprägt wird. Die abgebildeten roten *Paramuricea clavata* sind inaktiv und haben ihre Polypen eingezogen. Im Hintergrund sieht man dünne weiße Äste der verwandten Hornkorallenart *Eunicella singularis*. Im «Wurzelbereich» von *Paramuricea* und *Axinella* hat sich der Neptunschleier *Sertella beaniana* (→ Bryozoa) angesiedelt und prächtig entwickelt.

Gebiete mit dichten Hornkorallenbeständen werden oftmals von an die Küste zurückkehrenden, ablaichbereiten Katzenhaien (→ Chondrychthyes) aufgesucht, die dort ihre hornigen Eikapseln ablegen (Abb. 114). Lange Fäden an den vier Ecken dienen dabei der Befestigung. Die Entwicklung der Keimlinge dauert 8-9 Monate.

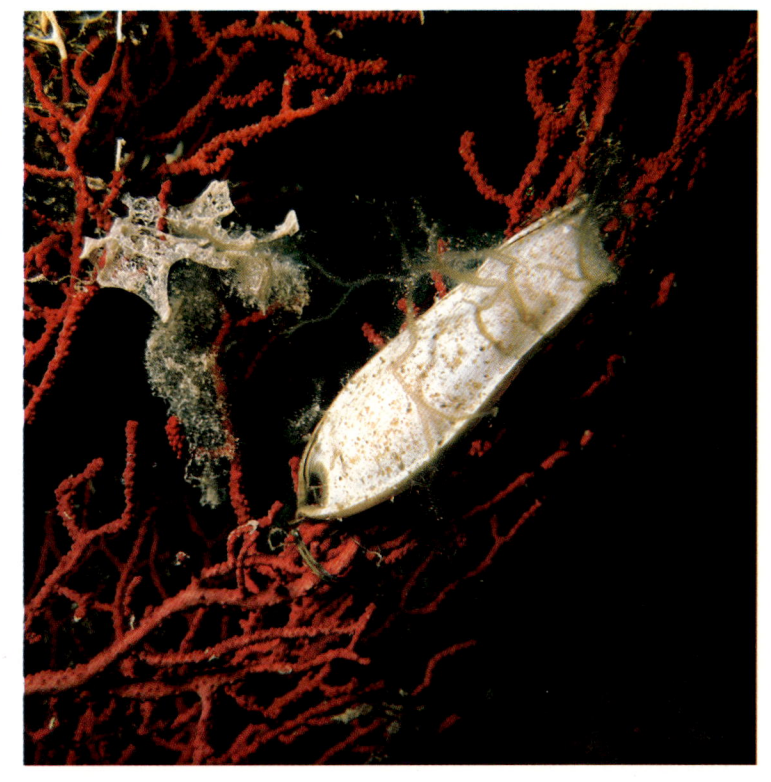

Abb. 115 + 116: Ähnlich wie der Neptunschleier *Sertella beaniana* (Abb. 5, 113 + 122) baut auch das verwandte Moostierchen *Hippodiplosia foliacea* (→ Bryozoa) äußerst zerbrechliche Kolonien. Nur in tieferem, nicht turbulentem Wasser können sich daher reich verästelte, aufrechte Wuchsformen auf der Felsoberfläche bilden. Im allgemeinen werden diese nicht höher als etwa 10 cm. Im Schutz der violetten Gorgonie *Paramuricea clavata* konnte *Hippodiplosia* jedoch die doppelte Höhe erreichen (Abb. 115). Im Hintergrund steht die weiße, stets weniger verzweigte Hornkoralle *Eunicella singularis* mit ausgestreckten Polypen. Unten rechts hängt eine weitere, kleinere Kolonie von *Hippodiplosia*.

Abb. 116 zeigt *Hippodiplosia* aus der Nähe. Die mikroskopisch kleinen Strudelapparate sind an einigen Stellen als Unschärfe an der Peripherie der Kolonie erkennbar. *Hippodiplosia* dient vielfach auch anderen, kleineren Bryozoen als Siedlungsort. Hier wird die Kolonie mehrfach von dem Haarstern *Antedon mediterranea* genutzt (→ Crinoidea), der durch sie einen günstigen Standort zum Filtrieren erhält.

Abb. 117: Die zu den Stachelhäutern (→ Echinodermata) zählenden Haarsterne (→ Crinoidea) sind Bewohner des tieferen Sublitorals. Da die Wasserströmung dort im allgemeinen verringert ist, diese Tiere als Filtrierer aber auf den Nahrungstransport durch fließendes Wasser angewiesen sind, ist ihr Vorkommen in der Tiefe recht fleckenhaft und auf strömungsgünstige Bereiche beschränkt. Dort treten sie dann allerdings meist gehäuft auf. Auf der Abbildung zeigt sich ein Haarstern in typischer Filtrierstellung. Im Vergleich zum Rumpf erscheinen die langen Arme überdimensioniert, zumal sie fast ausschließlich dem Nahrungserwerb dienen. Wie man sieht, sind sie in regelmäßigem Abstand mit kurzen Seitenärmchen (Pinnulae) versehen. Auf den Pinnulae laufen Wimperrinnen, die in eine zentrale Nahrungsrinne auf den Armen führen. Die Rinnen auf den Pinnulae sind ihrerseits von winzigen dreilappigen Ambulacraltentakeln gesäumt, an denen durch Strömung herangetragene Nahrungspartikel hängenbleiben. Diese werden dann durch Krümmung der Tentakelchen zur Nahrungsrinne auf das Wimpernband geschleudert, dort eingeschleimt und weiter transportiert. Die Nahrungsrinnen aller Arme treffen sich im Zentrum der Haarsterne auf der Mundscheibe. Im Gegensatz zum strudelnden Tentakelapparat von festsitzenden Borstenwürmern und Moostierchen wird beim Filtrierer kein Wasserstrom erzeugt!

Abb. 118 + 119: Schwämme (→ Porifera) vertreten den Ernährungstypus des Inneren Strudlers. Eine Vielzahl von bewimperten Zellen im Körperinneren (Kragengeißelzellen) sorgen für einen kontinuierlichen Wasserstrom, der durch die durchlöcherte Schwammoberfläche ins Innere der Tiere führt und diese dann durch eine große Körperöffnung (Osculum) wieder verläßt. Mit dem Wasser gelangen Sauerstoff zum Atmen und kleinste Partikel zur Ernährung in die festsitzenden Tiere. Aufgrund dieser strudelnden Lebensweise können Schwämme sogar in extremen Stillwasserbereichen, z.B. in Höhlen leben. Auch die tiefen Bereiche von Steilwänden unterhalb 40, 50 m Wassertiefe, die von wenig Wasserströmung gekennzeichnet sind, zeigen daher einen dichten, fast ausschließlich von Schwämmen hervorgerufenen Aufwuchs. Man spricht von der «Schwammzone». Die Abbildungen 118 und 120 zeigen Ausschnitte aus diesem Tiefenbereich mit seiner faszinierenden Arten- und Formenvielfalt und seiner unerklärlichen Farbenpracht. Zu den von Tauchern leicht identifizierbaren Schwämmen gehören der Goldschwamm *Verongia aerophoba* (gelbe Röhren auf Abb. 118 + 120) und der gelbe Röhrengeflechte bildende Kalkschwamm *Clathrina coriacea* (Abb. 119). Beide Arten sind nicht auf die Tiefe beschränkt und können auch im flacheren Wasser, der Goldschwamm sogar in der Seegraswiese vorkommen. Der verzweigte violette Schwamm mit den großen, endständigen Oscula ist *Haliclona mediterranea*. Sein Vorkommen meist auf tiefere Hartbodenbereiche beschränkt (Abb. 118 links!).

Abb. 120: Wie auf Abb. 118 und 119 sehen wir auch hier einen Ausschnitt aus der tiefen, vornehmlich von Strudlern geprägten Schwammzone: Neben einigen durch ungünstige Strömungsverhältnisse in ihrem Wachstum behinderten Fächern der Hornkoralle *Eunicella cavolinii* (vergl. Abb. 98!) dominiert der gelbe Goldschwamm *Verongia aerophoba*. Weiterhin konnten Moostierchen (→ Bryozoa) prächtig gedeihen. Gemeint sind alle stark verästelten korallenähnlichen Wuchsformen. Sie bestehen allesamt aus leicht zerbrechlichem Kalk, hängen z.T. traubenartig im freien Wasser und konnten sich nur in diesem strömungsarmen Tiefenmilieu dergestalt entwickeln. Während Schwämme den Ernährungstypus des inneren Strudlers darstellen, sitzen die Strömung erzeugenden Wimpern der Moostierchen auf der Außenseite mikroskopisch kleiner Fangarme (= äußere Strudler).

Abb. 121: Weist die Felswand unterhalb 50, 60 m Wassertiefe Überhänge oder Höhlungen auf und sind diese Stellen in der Regel nicht stark beströmt, so ist mit dem Auftreten der roten Edelkoralle *Corallium rubrum* (→ Gorgonaria) zu rechnen. Von wenigen Standorten abgesehen, ist sie ein typischer Hartbodenbewohner des tieferen Wassers, wo die Art unterhalb 100 m Tiefe z.T. dichte Bestände auch auf der Außenseite der Felsen bildet. Ihr Vorkommen reicht bis in 300 m Tiefe. Da auch das zentrale Kalkskelett rot gefärbt ist und nach dem Absterben nicht ausbleicht, ist *Corallium* ein begehrtes Objekt in der Schmuckindustrie.

Abb. 122: Das beruhigte Umfeld in größerer Tiefe gestattet zunehmend auch zarten und zerbrechlichen Wuchsformen eine bessere Entwicklungsmöglichkeit. Organismen, die in flacheren Bereichen nur in geschützten Höhlen und Spalten gedeihen konnten, wachsen im tiefen Wasser nun auch auf der freien Felsoberfläche. Die Abbildung zeigt den schönen filigranen Neptunschleier *Sertella beaniana*, eine äußerst zerbrechliche Moostierchenkolonie (→ Bryozoa) aus Kalk. Kleinere Exemplare findet man regelmäßig auch im geschützten Wurzelbereich von *Posidonia oceanica* (Abb. 5). Unterhalb von *Sertella* wächst eine weitere zerbrechliche Bryozoenkolonie, die seltene, bäumchenartig verzweigte *Porella cervicornis*. Bei genauerem Hinsehen erkennt man die zarten, expandierten Tentakeln. Im Gegensatz zu den → Hydrozoa sind diese bei den → Bryozoa bewimpert und stehen — einen Trichter bildend — dicht beieinander; daher sind sie in der Lage, Nahrung herbeizustrudeln.

Abb. 123: Beim Durchstreifen der Schwammzone wird einem sicherlich die bis zu 6 cm lange, auffällig dunkelbraun-weiß gescheckte Leopardenschnecke *Peltodoris atromaculata* (→ Gastropoda) auffallen. Sie zählt zu den meist intensiv gefärbten Nacktschnecken des Meeres und gehört in die Verwandschaft der bereits beobachteten Sternschnecke (Abb. 69-72). Gemeinsames Merkmal ist ein sternförmig um den After angeordneter Kiemenkranz im hinteren Körperbereich. *Peltodoris* tritt gehäuft in der Schwammzone auf, da sie zu den wenigen Tieren zählt, die sich auf das Fressen der stacheligen Schwämme (→ Porifera) spezialisiert haben. Die Leopardenschnecke soll sich fast ausschließlich von dem Feigenschwamm *Petrosia ficiformis* (Abb. 68) ernähren.

Abb. 124: Mit einem Gehäusedurchmesser von ca. 15 cm ist der Reguläre Seeigel *Echinus melo* (→ Echinoidea) der größte Seeigel des Mittelmeeres. Er ist ziemlich selten anzutreffen und auf die tieferen Hartbodenbereiche beschränkt. Dort ernährt er sich wahrscheinlich von den flächig den Felsen überziehenden Kalkrotalgen, die er mit seinem mächtigen Kieferapparat, der sog. Laterne des Aristoteles, abraspelt. Die Biologie dieser Tiere ist weitestgehend unbekannt.

Abb. 125-128: Drachenköpfe oder Skorpionsfische (Familie Scorpaenidae) besitzen einen kräftigen, seitlich etwas abgeflachten Körper mit einem großen breiten Kopf, der mit zahlreichen Hautanhängseln und glatten oder stacheligen Knochenleisten bedeckt ist. An der Basis der vorderen Rückenflossenstacheln liegen Giftdrüsen, deren Sekret in einer Rinne zur Stachelspitze geleitet wird. Man sollte sich vor diesen Fischen in acht nehmen, denn ein Stich kann sehr schmerzhafte Verletzungen hervorrufen.

Drachenköpfe sind typische träge Bodenfische der Felsküsten, die gut getarnt auf ihre Beute lauern. Dazu können sie sich ihrer Umgebung farblich ausgezeichnet anpassen. Beispielhaft soll das an dem abgebildeten Braunen oder Kleinen Drachenkopf *Scorpaena porcus* gezeigt werden.

Abb. 129 + 130: Während die Jungtiere des Gemeinen Kraken *Octopus vulgaris* (→ Cephalopoda) den flacheren Bereich der Felsküste bewohnen (Abb. 94), bevorzugen die größeren Tiere tieferes Wasser. Dort bewohnen sie meist von Geröllblöcken gebildete Höhlen. Deutlich erkennt man den für diese Tiergruppe charakteristischen Trichter (Abb. 130).

Abb. 131: Die gelblich marmorierte Muräne *Muraena helena* (→ Osteichthyes) ist ein meist standorttreuer Raubfisch der Felsküste, der sich tagsüber in Spalten aufhält und diese zum Jagen nur nachts verläßt. Ihr Biß ruft stark blutende, entzündungsgefährdete Wunden hervor!

Abb. 132 + 133: Der zu den Sägebarschen (Familie Serranidae) zählende Braune Zackenbarsch *Serranus gigas* ist aufgrund verantwortungsloser Jagd mit Harpune und Dynamit heute nur noch als Bewohner der tieferen Hartbodenareale anzusprechen. Diesseits 40 m Wassertiefe begegnet man ihm kaum noch. Er ist ein dämmerungsaktives Tier, d.h. er geht normalerweise am späten Nachmittag und am frühen Morgen auf die Jagd, wobei er dann die benachbarte Felsregion durchstreift (Abb. 133). Erwachsene Zackenbarsche sind Einzelgänger mit einem nur von ihnen kontrollierten Revier. Dabei bevorzugen sie Stellen mit zahlreichen Klüften und Höhlen, die eine Anzahl von Zufluchtsmöglichkeiten aufweisen müssen. Tagsüber hält sich *Serranus* fast ausschließlich im Schutz seiner Wohnhöhle bzw. in der Nähe ihres Eingangs auf (Abb. 132). Der abgebildete Unterschlupf ist ebenfalls von einem kleinen Trupp von Meerbarbenkönigen (*Apogon imberbis*) bewohnt.

Die tropischen Kardinalfische (Familie Apogonidae) sind im westlichen Mittelmeer nur mit dem Meerbarbenkönig vertreten. Er wohnt einzeln oder in kleinen Gruppen in Höhlen und Spalten des Sublitorals, die er tagsüber kaum verläßt und sich nahe dem Eingang aufhält. Die männlichen Tiere sind Maulbrüter, d.h. die vom Weibchen abgelegten, zu einem Ballen verklebten Eier werden vom Männchen ins Maul genommen. Dort verbleibt das Gelege bis zum Schlüpfen der Jungtiere.

Abb. 134 + 135: Die Langschwanzkrebse (→ Crustacea) Languste (*Palinurus elephas*, Abb. 134) und Hummer (*Homarus gammarus*, Abb. 135) sind neben dem Großen Bärenkrebs *Scyllarides latus* und der Großen Seespinne *Maja squinado* die größten Krebse des Mittelmeeres. Erwachsene Langusten und Hummer kommen fast ausschließlich unterhalb 40 m Wassertiefe vor, wobei *Palinurus* in den Wintermonaten sogar in noch tieferes Wasser abwandert. *Homarus* unterscheidet sich von *Palinurus* eindeutig durch den Besitz von zwei großen, unterschiedlich ausgebildeten Scheren: Rechts trägt er eine kräftige Knackschere, links eine schlankere Greifschere. Wie wichtig die mächtig entwickelte Knackschere für *Homarus* ist, zeigt die Tatsache, daß bei ihrem Verlust die Greifschere nach der folgenden Häutung zur Knackschere umgestaltet worden ist! Die Languste *Palinurus* ist an den vorderen Beinen scherenlos und frißt neben Aas gerne auch Schlangensterne, die sie mit ihren Klauen zerzupft. Die Wahrnehmung der Beute erfolgt mit Hilfe der kurzen 1. Antenne auf chemischem Wege. Mit den weit mehr als körperlangen 2. Antennen wehrt die Languste Feinde z.B. den Kraken *Octopus* ab. Auch kann sie mit ihnen unter Wasser weit hörbare knarrende Geräusche erzeugen, deren Bedeutung nicht geklärt ist. Auf Abb. 134 sieht man deutlich den für Langschwanzkrebse typischen Schwanzfächer.

Abb. 136: Meist geht die Felswand in einen relativ grobkörnigen, weiter abfallenden Sandgrund über, an den sich dann die tiefen Weichbodengebiete anschließen.
Rechts im Bild steht ein prächtiges Exemplar des Geweihschwammes *Axinella polypoides* (→ Porifera), der — im Gegensatz zu den meisten anderen Schwammarten — beströmte Standorte bevorzugt. Die violette Gorgonie *Paramuricea clavata* (→ Gorgonaria) steht mit ihrem Fächer im rechten Winkel zur senkrecht abfallenden Felswand, deutlicher Hinweis auf die wandparallele Küstenströmung. Auch die gelbe Gorgonie *Eunicella cavolinii* im Hintergrund hat ihre Kolonie gleichartig ausgerichtet. Sie ist fast vollständig von der Lederkoralle *Parerythropodium coralloides* (→ Alcyonaria) überwachsen. Die violette Gorgonie wird gerade von einem Trupp Schwebegarnelen (→ Crustacea) umschwärmt. Vor der Felswand stehen drei rosa gefärbte Fahnenbarsche (*Anthias anthias*) und ein junger Meerjunker (*Coris julis*).

kenden starken Wasserbewegung keinen Widerstand entgegensetzt, um nicht fortgespült zu werden. So hat sich die **Buckelform** herausgebildet, die bei den bereits erwähnten **Seepocken** und bei der ebenfalls diesen Lebensraum kennzeichnenden **Napfschnecke** *Patella* (Graph. 24) in idealer Weise verwirklicht ist. Die wenige cm große *Patella* ist ein reviertreues Tier und besitzt einen festen Ruheplatz, dem ihr Gehäuserand so exakt angepaßt ist, daß sie sich nur dort ganz bündig auf dem Untergrund festsaugen kann. Bei Wasserbedeckung werden «Freßausflüge» unternommen, wobei der mikroskopisch kleine Pflanzenbelag mit Hilfe der Radula (→ Gastropoda) abgeschabt wird und artcharakteristische Fraßspuren hinterbleiben (Foto 11).

Foto 11: Die Napfschnecken der Gattung *Patella* sind Weidegänger und ernähren sich von dem zarten Algenbelag im oberen Felslitoral. Diesen schaben sie mit ihren Raspelzungen ab, wobei auf dem Felsen charakteristische Fraßspuren hinterbleiben.

Auffallend rote, z.T. rotbraune, an Tomaten erinnernde Klumpen in Spalten und unter Überhängen im Bereich der Niedrigwasserlinie sind kennzeichnend für den Übergang vom **Eulitoral** zum sich anschließenden **Sublitoral**. Es handelt sich bei diesen Klumpen um die **Pferdeaktinie, Purpurrose** oder **Erdbeerseerose** *Actinia equina*, die kurzfristiges Trockenfallen vertragen kann, sich dann aber vollständig kontrahiert, dabei ihre über 100 kurzen Fangarme weit ins Körperinnere einzieht und sich stark einschleimt. Mit der rückkehrenden Flut öffnet sich die Tentakelkrone bevorzugt in der Dämmerung und nachts, um dann tierische Beute zu machen (Abb. 62 + 63). Die Fortpflanzung erfolgt z.T. durch lebende Junge, die sich im Innern des Magenraumes entwickeln, durch den Mund ausgeworfen werden und auf diese Weise sofort in den für sie bevorzugten Lebensraum gelangen.

Der nun folgende Küstenabschnitt wird als **Sublitoral (Infra-, Circalitoral)** bezeichnet und ist immer vom Meerwasser bedeckt (Abb. 93-136). Hier herrschen ausgeglichenere hydrographische Verhältnisse, und sofort ist daher eine drastische Zunahme von Tierarten zu bemerken. Unter Berücksichtigung des wichtigen Umweltfaktors Wasserbewegung und seiner Auswirkung auf die Tierwelt ist es allerdings angezeigt, eine weitere Untergliederung dieses Lebensraumes vorzunehmen.

Die Kraft der Wellenbewegung ist zwar in der Gezeitenzone am stärksten, doch ist sie zeitweise durchaus noch in 10-15 m Wassertiefe zu spüren. Diesen Abschnitt, dessen Ausdehnung von Lage (Exposition) und Gefälle (Inklination) des entsprechenden Küstenabschnittes abhängig ist, nennen wir **oberes Sublitoral**. Wegen der Wasserbewegung ist auch hier die **Buckelform** bei den Hartbodenbesiedlern vorherrschend. Wachsen Tiere jedoch aufrecht, wie etwa die Hydrozoenkolonien (→ Cnidaria) der Gattungen *Aglaophenia* (Abb. 93), *Eudendrium* oder *Halocordyle* (Abb. 95 + 96) so besitzen sie derbe Außenhäute und kräftige «Haftwurzeln».

Wieder begegnen uns **Seepocken,** diesmal die Gattung *Balanus* (Abb. 93), die als festsitzende Krebse (→ Crustacea) ihre ursprüngliche Körperform völlig abgeändert haben und so in der oberen Wasserzone konkurrenzlos sind. Nur ihre Fortpflanzung über die krebstypische Naupliuslarve läßt uns die Krebsverwandschaft erkennen!

Auffallend sind ebenfalls dem Felsen aufzementierte, z.T. wurmartig aufgerollte Röhren, in denen man auf den ersten Blick Würmer vermutet! Es sind jedoch Schnecken, nämlich die **Wurmschnecken** der Gattung *Vermetus* (Abb. 65), die sich wie die Seepocken ebenfalls durch Festwachsen diesen stark wasserbewegten Lebensraum erobert haben. Während Seepocken dicht beborstete Greifarme besitzen, die sie bei entsprechenden Strömungsverhältnissen zur Nahrungsaufnahme aus dem schützenden Gehäuse heraus ins Freie halten oder aktiv rhytmisch durchs Wasser ziehen, bilden die festsitzenden Wurmschnecken ein Schleimnetz aus, in dem Nahrungspartikel hängen bleiben und das dann als Ganzes verspeist wird.

Auch hier begegnen wir wieder den **Napfschnecken** *Patella* (Graph. 24). Doch erhöht sich ihre Artenzahl jetzt auf 4. Neben den erwähnten Formen zeigt auch eine Vielzahl von **Schwämmen** bevorzugt buckelige und/oder polsterartige Wuchsformen, denen Wasserkräfte nichts anhaben können (Abb. 67, 68, 94). Gleiches gilt für **Steinkorallen** (→ Madreporaria), die hier rasenartig (*Cladocora*, Graph. 25) oder einzeln stehend wachsen (*Balanophyllia europaea*, Graph. 26).

Von den wenigen frei umherkriechenden Hartbodenbewohnern sind die im oberen Sublitoral z.T. massenhaft auftretenden dunkel bis schwarz gefärbten **Seeigel** nicht zu übersehen, vor deren Berührung man sich allerdings hüten sollte. Bei Kontakt bleiben die Stachelspitzen meist in der Haut stecken und können schmerzhafte Entzündungen hervorrufen! Es gibt zwei Arten (*Arbacia lixula, Paracentrotus lividus*, Abb. 64), die sich aufgrund ihrer vergleichs-

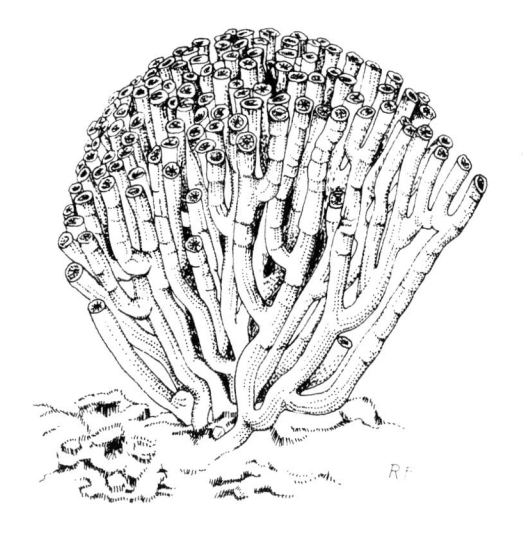

Graph. 25: Die Rasenkoralle *Cladocora cespitosa* bewohnt als koloniebildende Steinkoralle bevorzugt das obere Sublitoral der Felsküste, wo sie an luvseitigen Standorten gedrungene Brandungsformen bildet. Vereinzelt ist sie jedoch auch in größeren Tiefen anzutreffen, wo die Kolonie sich dann wie auf der Abbildung mehr vom Untergrund abhebt und bis zu 20 cm ins freie Wasser wächst. Die Einzelpolypen sind bräunlich bis braun gefärbt. In dem labyrinthartigen Hohlraumsystem des Korallenstockes finden sich u.a. Krebschen, Borstenwürmer und häufig der Schlangenstern *Ophiothrix*.

weise gedrungenen Wuchsform und ihrer kräftigen Saugfüßchen (→ Echinoidea) hier behaupten können. *Paracentrotus*, der **Steinseeigel**, ist sogar in der Lage, mit Hilfe seiner harten Zähne im Gestein zu bohren und sich auf diese Weise geschützte Wohnhöhlen selbst herzustellen. Meist maskiert er sich übrigens mit Algen-, Seegrasstückchen oder Muschelschalen, ein Verhalten, dessen Bedeutung nicht eindeutig geklärt ist und das der Seeigel *Arbacia* vermissen läßt (Unterscheidungsmerkmal!). Weniger dicht siedelnd findet man beide Arten bis in größere Tiefen.

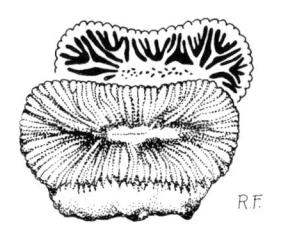

Graph. 26: *Balanophyllia europaea* ist eine ca. 2 cm breite, einzeln lebende Steinkoralle von ovalem Querschnitt, die wie *Cladocora* (Graph. 25) das obere Sublitoral der Felsküsten besiedelt. Sie ist auf dem Untergrund festzementiert und wird daher auch von stärkerer Wasserbewegung nicht fortgespült. Tagsüber sind die Fangarme meist kontrahiert. Erst nachts werden die Tentakeln ausgestreckt, um größere Zooplanktonorganismen zu erbeuten.

In dieser oberen, häufig mit Pflanzen bestandenen felsigen Zone treffen wir regelmäßig auch auf die bis 8 cm langen dickschaligen **Purpurschnecken** (Familie Muricidae, → Gastropoda). Muriciden (Graph. 27) ernähren sich als Aasfresser oder räuberisch, fressen dann neben Muscheln vielfach auch andere Schneckenarten. Große wirtschaftliche Bedeutung erlangte diese Schneckenfamilie in vergangenen Jahrhunderten als Lieferant des begehrten und äußerst teuren Farbstoffs Purpur. Dieser diente zum Färben von Wolle und Stoffen, Elfenbein und Pergament, aber auch als Gesichtsschminke und zur Herstellung der roten, nur den Kaisern vorbehaltenen Tinte. Der Purpur wird aus einem Drüsensekret der Schnecken gewonnen. Er ist von gelblicher Farbe und entwickelt erst bei Sonnenbestrahlung über grün, blau und dunkelrot den

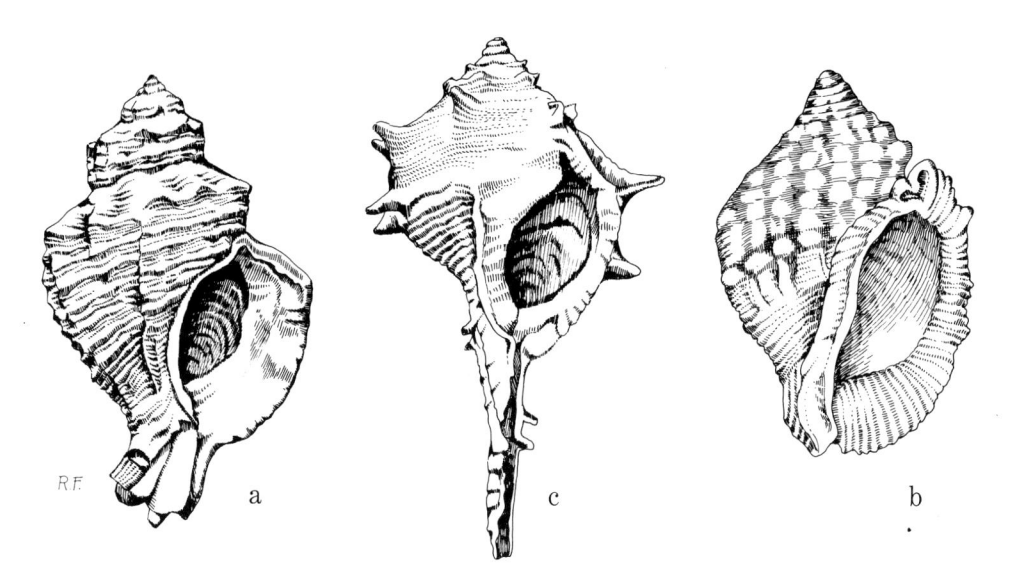

Graph. 27: Die Leistenschnecken (Familie Muricidae) sind Lieferanten des in vergangenen Zeiten begehrten roten Farbstoffes Purpur, der im Innern der Tiere in einer speziellen Drüse gebildet wird. Muriciden sind Räuber oder Aasfresser.
Die Purpurschnecke *Trunculariopsis trunculus* (a) kommt regelmäßig auf allen Hartböden vom Flachwasser bis in größere Tiefen vor. Die Rotmund-Leistenschnecke *Thais haemastoma* (b) hingegen ist nur in von Pflanzen bestandenen Hartbodengebieten des flacheren Wassers anzutreffen. Das Brandhorn *Murex brandaris* (c) findet sich selten im Felslitoral und bevorzugt schlickige Weichböden, vereinzelt auch die tieferen Seegrasbestände.

bekannten purpurvioletten Farbton. Etwa 10 000 Tiere mußten sterben, um 1 Gramm dieses Farbstoffes zu liefern!

Das regelmäßige Auftauchen des kurzstacheligen **violetten Seeigels** *Sphaerechinus granularis* (Abb. 97) an unserer Felswand markiert recht deutlich den Übergang vom **oberen** zum **unteren Sublitoral**. *Sphaerechinus* ist ein großer, bis 12 cm im Durchmesser betragender Seeigel, der sich wie die beiden vorher genannten Arten mit Hilfe seiner Saugfüßchen auf dem Untergrund verankern oder bewegen kann. Seine Füßchen sind jedoch angesichts des massigen Körpers nicht in der Lage, ihn bei starkem Wellendruck und Wellenzug festzuhalten und er weicht daher in etwas tieferes Wasser zurück.

Die Grenze zwischen oberem und unterem Sublitoral ist also dort zu suchen, wo die oberflächlichen Wellenkräfte im Normalfall nicht mehr wirken und eine gerichtete Wasserbewegung entlang der Küste vorherrscht. Neben *Sphaerechinus* fallen nun die mehr **aufrechten** Wuchsformen der festsitzenden Hartbodenbewohner auf. In mittleren Tiefenbereichen (ca. 15-35 m) mit gemäßigten Strömungsbedingungen beherrschen die **Tentakelfänger** die Szene: flächig wachsende Kolonien von *Parazoanthus axinellae* (→ Zooantharia, Abb. 104-108) können als dominante Art die Felswand wie ein breites Band überziehen, und die Einzelpolypen recken sich weit in das freie Wasser. Die mit Hornskeletten verfestigten Kolonien der Gattung *Eunicella* (→ Gorgonaria, z.B. Abb. 85, 98 + 99) können bis 50 cm in den freien Wasserkörper hinaus wachsen, ihren Fächer senkrecht zur Hauptströmungsrichtung stellen und so optimal Nahrung in Form von Zooplanktonorganismen aus dem vorbeiziehenden Wasser fangen. Während die gelb bis orange gefärbte *Eunicella cavolinii* Steilabbrüche bevorzugt (Abb. 98), findet sich *Eunicella singularis* (Abb. 85) vermehrt auf horizontalen, weniger schattigen Standorten. Vereinzelt ist sie übrigens auch auf Schalentrümmern oder Gesteinsbrocken auf dem Weichboden anzutreffen. *Paramuricea clavata* (Abb. 109-115), die dritte häufige Gorgonienart, ist im Westlichen Mittelmeer fast ausschließlich unterhalb 40-50 m Wassertiefe anzutreffen. Das jedoch nicht überall, sondern stets an strömungsexponierten, senkrechten Felswänden oder Felsvorsprüngen. *Paramuricea* ist faszinierend karminrot bis violett gefärbt, z.T. besitzt sie gelbe Astspitzen, und sogar gänzlich gelbe Exemplare sind bekannt. Vielfach nutzt der filtrierende **Haarstern** *Antedon mediterranea* (Abb. 99) die weit ins Freie ragenden Gorgonien-Kolonien, um sich so selbst zum Nahrungserwerb in eine optimale Lage zu bringen.

Da sich die küstenparallele Strömung im allgemeinen mit zunehmender Tiefe verringert, treten unterhalb ca. 30-40 m Wassertiefe die Tentakelfänger in ihrer Gesamtheit deutlich zurück, und der Ernährungstypus des **Strudlers** wird vorherrschend. Neben mehreren Seescheidenarten (→ Ascidiacea) sind es vor allen Dingen die Schwämme (→ Porifera), die in diesem, in der Regel weniger stark beströmten Tiefenbereich geradezu eine explosionsartige Zunahme an Arten erfahren, sodaß es gerechtfertigt ist, von der tiefen **Schwammzone** zu sprechen. Von den Seescheiden ist zumindest die derbe, runzelige *Microcosmus sulcatus* (Abb. 102 + 102) erwähnenswert, die meist kaum als Einzelindividuum erkannt wird, da sie vielfach bis zur Unkenntlichkeit von anderen Ascidien, Schwämmen, Zooanthariern, Röhrenwürmern, Moostierchen u.a. überwachsen ist. Dieses Überwuchern ist keineswegs typisch für Seescheiden, und die Frage, wie andere Ascidienarten sich dagegen schützen, ist noch keineswegs geklärt. Dies gilt gleichermaßen für die Schwämme, die die Hauptbesiedler dieses Lebensraumes sind und den Felsen fast lückenlos mit einer kaum beschreibbaren Arten- und Farbenvielfalt überziehen (Abb. 118-120).

Schwämme unter Wasser bestimmen zu wollen, ist — abgesehen von wenigen typischen Arten — kaum möglich, da erst die mikroskopische Analyse der winzigen Skelettelemente Aufschluß über die Artzugehörigkeit gestattet. Formen wie den Goldschwamm (*Verongia aerophoba*, Abb. 120) oder die lebhaft gelb gefärbte, Röhrengeflechte bildende *Clathrina coriacea* (Abb. 119) z.B. können vom Taucher jedoch aufgrund typischer äußerer Merkmale erkannt werden.

Auch die Moostierchen, von denen wir die wegen ihrer roten Farbe und wegen ihrer Wuchsform an Edelkorallen (Abb. 121) erinnernde *Myriapora truncata* (Abb. 76) in Spalten und unter Überhängen schon im Flachwasser hätten bewundern können, sind typische Vertreter der tieferen Hartbodenareale. Insbesondere sind es die stark verkalkten, filigranen und daher leicht zerbrechlichen Arten, die das strömungsruhige Tiefenmilieu als Strudler bevorzugen (Abb. 116, 120, 122). Der Versuch, etwa den zart rosa gefärbten **Neptunschleier** *Sertella beaniana* (Abb. 113 + 122) unbeschädigt an die Oberfläche zu bringen, gelingt meist nicht, und er sollte daher im Interesse nachfolgender Taucher in der Tiefe verbleiben. Dieser Wunsch bezieht sich auch auf eine in dieser Tiefenzone mittlerweile selten gewordene Tierart, die leider seit jeher von Tauchern als «Souvenir» geschätzt wird. Es ist die zu den Hornkorallen (!) (→ Gorgonaria) gehörige **Edelkoralle** *Corallium rubrum* (Abb. 121), die durch ihre tiefrote Rinde und den sich deutlich absetzenden zarten, weißen Polypen besticht. Im oberen Verbreitungsgebiet, d.h. in 50, 60 m Tiefe finden wir *Corallium* nur an geschützten, schattigen und überhängenden Standorten der Felsabbrüche. Erst in größerer Tiefe siedelt sie an senkrechten Wänden und auf freien Felsplateaus.

Wir haben erfahren, daß Hartbodenlebensgemeinschaften durch eine, den jeweils vorherrschenden Umweltbedingungen gut angepaßte, **festsitzende Fauna** charakterisiert sind. Die **vagile**, d.h. die frei umherlaufende Tierwelt, tritt zwar mengenmäßig deutlich zurück, ist aber mit ganz typischen Vertretern vorhanden. Da diese weniger eng begrenzte Nahrungsansprüche stellen oder vielfach Räuber sind, letztendlich also überall ihre Nahrung finden, zeigen sie Zonierungsphänomene weniger ausgeprägt. Als Beispiel mögen die Stachelhäuter (→ Echinodermata) dienen. So finden wir Seeigel, die mit ihrer «Laterne des Aristoteles» den pflanzlichen Belag auf den Felsen abweiden, im gesamten von uns betauchbaren Tiefenbereich, da sie überall derartigen Aufwuchs finden. Ausnahmen machen nur die beiden großen, schweren Arten *Sphaerechinus granularis* (Abb. 97) und *Echinus melo* (Abb. 124), die sich in der stark bewegten oberen Wasserzone nicht festhalten können, unterhalb 10, 15 m bis in große Tiefen aber mehr oder weniger regelmäßig vorkommen. Die verwandten Seegurken (→ Holothuroidea) der Gattung *Holothuria* (z.B. Abb. 32 + 87) finden fast überall Bodenmaterial mit hohen organischen Anteilen und entsprechend zeigen auch sie keine eindeutigen Tiefenpräferenzen. Und das gleiche gilt für die meisten Seesterne (→ Asteroidea), die meist räuberisch leben. Der **Eisseestern** *Marthasterias glacialis* z.B. (Abb. 105) ist einer dieser wahllosen, gefräßigen Räuber, der vom Flachwasser bis in über 100 m Tiefe vorkommt, weil er überall Beute findet. Selbst die verwandten stacheligen Seeigel müssen ihn fürchten (Abb. 117, unter dem Stein)!

Auch für die räuberisch lebenden Großkrebse (Hummer, Langusten, Bärenkrebse, → Crustacea) ist ein meist ausgedehntes Verbreitungsgebiet im felsigen Küstenbereich typisch. Allerdings zeigen sich bei fast allen Arten altersbedingte Tiefenpräferenzen dergestalt, daß ältere und damit größere Tiere tieferes Wasser bevorzugen. Da man aus Aquarienversuchen weiß, daß ältere Krebse keine Scheu zeigen, jüngere Artgenossen zu verspeisen, mag das Ausweichen der Jungtiere ins Flachwasser ein sinnvoles biologisches Regulativ sein und ein zahlreiches Überleben der Art sicherstellen (Abb. 134 + 135).

Eine ähnliche altersbedingte Tiefenpräferenz zeigt deutlich auch der **Gemeine Krake** *Octopus vulgaris* (Abb. 94, 129 + 130), und auch von der *Sepia* ist bekannt, daß junge Tiere gehäuft im oberflächennahen Algendickicht vorkommen (Abb. 70 + 71), während die älteren tiefere Geröllfelder und Sandflächen bewohnen (Abb. 91).

Obwohl **Fische** (→ Osteichthyes) bekanntlich schwimmen können und somit zu weiter Verbreitung fähig sind, begegnen wir bei unserem Tauchgang an der Felsküste einer Vielzahl von Arten, die nur hier anzutreffen sind und für den Hartbodenlebensraum typische Vertreter darstellen. Trotz ihrer großen Beweglichkeit sind die allerwenigsten von ihnen im gesamten Felslitoral verbreitet, sondern die meisten bevorzugen wie die festsitzende Fauna ziemlich eng begrenzte Tiefenhorizonte. Größte Arten- und Farbenvielfalt unter den Fischen im lichtdurchfluteten Flachwasser mögen uns z.T. an tropische Verhältnisse erinnern, ein Vergleich, der nicht ganz unberechtigt ist, da eine Vielzahl der Fische als Vorposten tropischer Fischfamilien anzusehen sind. Zu nennen wären hier in der oberen, vielfach algenbestandenen Küstenzone die sehr artenreiche Familie der Labridae oder **Lippfische**, deren Verbreitungszentrum im Indopazifik liegt und die mit ca. 20 kleinen bis mittelgroßen, bunten Arten in großer Zahl die Algenwälder und Seegraswiesen der Mittelmeerküste bevölkern. Namensgebend für diese Tiere waren ihre dicken, vorstülpbaren Lippen, mit denen sie Kleinkrebse, Würmer und Weichtiere aufnehmen. Schalen werden mit den starken, zu Kauplatten vereinigten Schlundzähnen zerdrückt. Neben der Farbenpracht, die insbesondere die laichreifen Männchen ziert, ist es auch die Art, sich fortzubewegen, die an tropische Verhältnisse erinnert. Nur ausnahmsweise schwimmen die Lippfische mit Schwanzschlägen, und zwar dann, wenn sie einen Gegner verjagen oder selbst fliehen. Gewöhnlich schwimmen sie ganz ruhig, indem sie die Weichstrahlen der Rückenflosse wellenförmig bewegen und mit den Brustflossen steuern. Bei etwas schnellerem Schwimmen schlagen sie gleichzeitig mit den Brustflossen und benutzen den Schwanz als Ruder. Während die ca. 10 Arten der Gattung *Crenilabrus* (Abb. 25) bevorzugt durch das Algendickicht streifen, ist der unruhig umherschwimmende **Meerjunker** *Coris julis* (Abb. 3, 44, 66) regelmäßig auch im weniger dicht bewachsenen Felslitoral anzutreffen. Der Meerjunker erscheint gewöhnlich erst im Sommer an der Felsküste, oft in Trupps, ohne jedoch Schwarmformation einzunehmen. Bei ihm geben die Brustflossen den Hauptantrieb, und der Schwanz steuert, was zu einer ruckartigen, rastlosen Fortbewegungsart führt, jedoch ein plötzliches Stoppen oder ein Auf-der-Stelle-

Drehen ermöglicht. Diese Fortbewegungsart ist für viele tropische Fische charakteristisch und als Anpassung an das Leben im engen labyrinthartigen Korallendschungel zu deuten. Bei Anbruch der Dunkelheit schlafen die *Coris julis* regelmäßig im benachbarten Sand, wo sie sich mit heftigen Schwanzschlägen in Seitenlage einwühlen. Sinken die Wassertemperaturen unter 14° C, ziehen sie sich ebenfalls in den Sandgrund zurück.

Interessant ist, daß viele Lippfische ihr Geschlecht wechseln können. So zeigt z.B. *Coris julis* zuerst eine lange weibliche Phase, dann eine sehr kurze Übergangsperiode und lebt schließlich als Männchen. Alle Entwicklungsstadien unterscheiden sich durch spezielle Farbkleider.

Neben den Labridae sind insbesondere die **Schleimfische** oder Blenniidae charakteristische Hartbodenbewohner des oberen Sublitorals. Es sind Fische, die kaum noch schwimmen, sondern vielmehr auf ihren rückgebildeten, fadenförmig ausgestalteten Bauchflossen mit schlängelnden Körperbewegungen über den Felsboden rutschen (Abb. 89). Infolge ihrer bodenständigen Lebensweise fehlt ihnen eine Schwimmblase. Sie erscheinen äußerst neugierig, flüchten jedoch bei Gefahr sofort in Höhlen und Felsspalten. Das Schuppenkleid der Schleimfische ist weitgehend rückgebildet oder fehlt völlig, wobei nun eine dicke Schleimschicht (Name!) die Schutzfunktion übernimmt. Auf dem Kopf sitzen bei vielen Arten dieser Familie einfache bis bäumchenartig verzweigte Hautfäden oder Tentakeln, die zur Artbestimmung nach Unterwasserfotos gut geeignet sind (Abb. 90), deren Funktion aber nicht geklärt ist. Einige Blenniiden leben räuberisch. Andere ernähren sich ausschließlich von Algen, die sie von den Felsen abraspeln. Die meisten der etwa 20 Blenniusarten leben im oberen Sublitoral, doch begegnen wir wenigen Arten auch in der Gezeitenzone, wo sie Ebbeperioden in Gezeitentümpeln, in Felslöchern oder unter Steinen überdauern (z.B. *Blennius pavo*). Die weiblichen Blenniiden legen ihre Eier vielfach einzeln oder in wenigen Exemplaren ab, wobei sie an die Wände ihrer Wohnhöhlen, in Spalten oder unter Steine geklebt werden. Die Männchen bewachen das Gelege und fächeln ihm frisches Wasser zu.

Kürzlich wurde auch bei Schleimfischen erstmalig eine Geschlechtsumwandlung beobachtet: Ein Weibchen des **Labyrinthschleimfisches** *Blennius basiliscus*, das bereits gelaicht hatte, nahm auch äußerlich Gestalt und Verhalten eines Männchens an und besamte erfolgreich den Laich eines anderen Weibchens!

Auch die **Drachenköpfe, Skorpionsfische** oder Scorpaenidae sind bodenständige Fische der Felsküste. Sie haben im Zusammenhang mit dem Bodenleben ebenfalls die Schwimmblase als hydrostatisches Organ eingebüßt und sich eine Schutz - bzw. Tarntracht mit vielen Hautfransen in der Kopfregion zugelegt. So erscheinen sie zwischen den verschiedenartig bewachsenen Felsen fast völlig unsichtbar. Zusätzlich aktiv farblich dem Untergrund angepaßt, liegen sie derart getarnt lauernd auf Beute (Abb. 125-128). Die großen, im Licht der Taucherlampe tiefrot leuchtenden Augen, sitzen hoch am massigen Kopf. Haben diese Fische ein geeignetes, im Verhältnis zu ihrer Körpergröße oft recht großes Opfer erspäht, so stoßen sie — unterstützt von ihren kräftigen, meist abgespreizt gehaltenen Brustflossen — blitzschnell zu, um es in ihr gewaltiges Maul zu reißen.

Drachenköpfe besitzen im vorderen stachelstrahligen Teil der Rückenflosse an der Basis Giftdrüsen, deren Inhalt entlang einer Rinne zur Stachelspitze geleitet wird (Abb. 125). Vorsicht ist also geboten, denn ein Stich kann sehr schmerzhafte Verletzungen hervorrufen!

Die beiden häufigsten Arten sind der **Kleine** oder **Braune Drachenkopf** *Scorpaena porcus* (Abb. 125-128) ohne Hautfalten am Kinn und der **Große** oder **Rote Drachenkopf** *Scorpaena scrofa* (siehe Titelfoto!), der erwachsen meist ca. 40 cm lang ist. Während *Scorpaena porcus* von der oberen Wasserzone bis in große Tiefen vorkommt, begegnen wir dem Großen Drachenkopf meist erst unterhalb von 20 m Tiefe.

Biologisch interessant sind ihre mehrfachen Häutungen pro Monat, deren Bedeutung man allerdings nicht kennt.

Die zu den Barschartigen (Percoidei) zählenden **Kardinalfische** (Apogonidae) sind tropischen Ursprungs, und wir kennen im Mittelmeer nur eine Art aus dieser Familie. Der lebhaft kardinalrot (Name!) gefärbte **Meerbarbenkönig** *Apogon imberbis* (Abb. 132) findet sich bereits im Flachwasser einzeln oder in kleinen Rudeln in Felsklüften und — höhlen, wo er tagsüber nahe dem Eingang steht und sich nur nachts etwas weiter von seinen Unterständen entfernt. Die Tiere sind neben ihrer auffälligen Färbung eindeutig an 2 kurzen, getrennten Rückenflossen und großen dunklen Augen zu erkennen. Die Fortpflanzung erfolgt während der Sommermonate unter lebhaften Balzspielen, wobei eine innere Befruchtung stattfindet. Das Männchen nimmt dann die sehr kleinen, zu einem Ballen verklebten Eier kurz nach dem Ablaichen ins Maul und bewahrt sie in der Mundhöhle bis zum Schlüpfen. Der Eiballen bleibt frei beweglich und wird wegen der besseren Sauerstoffversorgung vielfach gewendet.

Hätte heute ein Fischforscher die Aufgabe, an den Küsten des Mittelmeeres die Tiefenverteilung des für das Felslitoral typischen **Zackenbarsch** *Serranus gigas* und der **Muräne** *Muraena helena* zu studieren, wären seine Ergebnisse eindeutig: Beide Arten sind äußerst selten, und ihre Verbreitung ist fast ausschließlich auf die tiefen Hartbodengründe beschränkt. Noch vor 30 Jahren hätte eine derartige Untersuchung regelmäßig auch Funde im Flachwasser verzeichnet, ein warnendes Beispiel dafür, wie das Harpunieren und die Dynamitfischerei Tierarten in wenigen Jahren dezimieren können. Da sowohl *Serranus gigas* als auch *Muraena helena* noch in mehreren hundert Metern Wassertiefe vorkommen, ist das Überleben dieser Arten wohl nicht gefährdet. Aber durch rücksichtsloses Jagen bringen sich die Taucher selbst um faszinierende und bereichernde Naturerlebnisse!

Serranus gigas (Abb. 132 + 133) ist also heutzutage in Küstennähe kaum noch diesseits der 40 m-Wasserlinie anzutreffen. Als Hartbodenbewohner bevorzugt er Stellen mit zahlreichen Klüften und Höhlen, an denen er als Einzelgänger ein ausgedehntes Revier kontrolliert. Es muß eine Mehrzahl von Zufluchtshöhlen aufweisen, von denen er allerdings nur eine oder zwei regelmäßig bewohnt. Zackenbarsche sind keine ausdauernden Schwimmer, sondern sie verbringen die meiste Zeit dicht vor ihren Wohnhöhlen. Auch lange Verfolgungsjagden liegen ihnen nicht. Sie ernähren sich daher in erster Linie von Weichtieren und Krebsen, nur in geringerem Maße auch von Fischen. Sie werden angeblich Jahrzehnte alt!

Die bis zu 1.50 m lange aalartige *Muraena helena* bewohnt heute ebenfalls nur noch die tieferen Hartbodenbereiche, wo sie sich tagsüber in Felsspalten und engen Höhlen aufhält, aus denen nur der Kopf bzw. der Vorderkörper herausschaut (Abb. 131). Die langen, mit einer Vielzahl spitzer Zähne versehenen Kiefer kennzeichnen sie als gefräßigen Räuber, der — nachts durch das Felslitoral streifend — nach Fischen, Krebsen und Kopffüßern jagt. Die europäischen Muränen besitzen keine Giftdrüsen, können jedoch gefährliche Bißwunden verursachen, die meist zu nachfolgenden Infektionen führen!

Muränen werden besonders häufig in den Wintermonaten beobachtet und gefangen, da sie dann zur Fortpflanzung in die Küstengewässer ziehen. Ihre Eier sind freischwebend und werden durch die Wasserströmung verbreitet.

Die bisher besprochenen Fischarten zeigten alle mehr oder weniger intensiven Kontakt zum Felsboden, den sie als Nahrungsgrund und/oder als Wohnraum nutzten. Wir wollen abschließend noch zwei häufige und ebenfalls für das Felslitoral typische Fische kennenlernen, die sich ständig im freien Wasser, aber in unmittelbarer Nähe zu den Felsen aufhalten: Die **Riffbarsche** oder Pomacentridae sind mit zahlreichen Gattungen und Arten in den Korallenriffen der tropischen Meere zu Hause. Im Mittelmeer gibt es nur den **Mönchsfisch** *Chromis chromis*, der uns allerdings überall im oberen Sublitoral häufig begegnet. Er ist ein ca. 10 cm langer, hochrückiger, seitlich abgeflachter Fisch mit endständigem kleinen Mund und einer stark gegabelten Schwanzflosse. Sein Rücken ist dunkelbraun gefärbt, die Seiten sind heller und von 5-6 dunkleren Längsstreifen geziert (Abb. 92).

Mönchsfische oder **Seeschwalben** gehören zu den häufigsten Fischen im Mittelmeer, wo man sie meist in großen, fast stationären Schwärmen in unmittelbarer Nähe der Felsen und Steilabbrüche, selten aber unter 20 m Tiefe antrifft. Mit kurzen, ruckartigen Sprüngen sind sie ständig beschäftigt, nach kleinem Zooplankton zu schnappen. Die Fortpflanzung findet vorzugsweise in 5-15 m Tiefe während der Sommermonate statt. Die Männchen besetzen dann in kleinen Trupps Reviere in kahlen, groben Geröllfeldern oder auf felsigen

Plateaus, an deren glatten Wänden die Weibchen dann die Eier ablegen. Die Revierinhaber verteidigen ihren Stein mit Maulstößen vor allem gegen einzeln umherstreunende Männchen. Nachbarreviere werden respektiert und daher kaum bekämpft. Die Felsflächen, über die die Männchen wachen, sehen sauber aus und werden sehr oft gereinigt. Dann versuchen die Männchen durch Schwanzfächeln oder — spreizen und hüpfende Bewegungen die Aufmerksamkeit der Weibchen auf sich zu lenken. Die Weibchen halten sich als Rudel in der Nähe auf und steigen nur gelegentlich zum Laichplatz herab, bevor sie dort ihre Eier ablegen. Laichbereite Weibchen schwimmen schließlich zum Stein des Männchens und langsam darüber hinweg, wobei sie offenbar jeweils eine größere Zahl von Eiern fallen lassen. Sobald das Weibchen abgelaicht hat, streift das Männchen zitternd über das Gelege und gibt dabei sein Sperma ab. Nach etwa drei Tagen verlassen die Weibchen den Laichplatz, während die Männchen weiterhin das Gelege bewachen und befächeln. Ab August stehen dann kleine Schwärme leuchtend kobaltblauer Jungfische in unmittelbarer Nähe von Überhängen und Felslöchern. Erst mit zunehmendem Alter verschwindet allmählich die blaue Zeichnung, und die Tiere entfernen sich mehr und mehr vom schützenden Fels.

Verlassen wir die Mönchsfischschwärme und schwimmen wir tiefer hinab, so ist das Auftauchen der etwa 20 cm langen, leuchtend rosarot gefärbten **Fahnenbarsche** *Anthias anthias* (Abb. 104) ein deutlicher Hinweis darauf, daß wir uns bereits in etwa 40 m Tiefe befinden. Die Ansammlungen von *Anthias* sind nicht so individuenreich wie die von *Chromis*, auch drängt sich *Anthias* deutlich dichter an die abfallenden Steilwände oder an isoliert stehende tiefe Felsblöcke. Der kleine Raubfisch ist neben der intensiven Färbung an der sichelförmigen Schwanzflosse, den überlangen Bauchflossen und den drei gelben Streifen auf dem Kiemendeckel leicht zu bestimmen. Dieser im Mittelmeer und im Nordostatlantik bis in die Biscaya heimische Fisch wird als **Fahnenbarsch, Rötling** oder **Kanari** bezeichnet. Er gehört zu den mit den Sägebarschen (Familie Serranidae) eng verwandten Familie Anthiidae, deren Verbreitungszentrum im Indischen und Stillen Ozean liegt und deren Familienangehörige alle durch eine faszinierende Farbenpracht bestechen.

Fotografieren unter Wasser

Aufregende Unterwasserjagderlebnisse sind wegen mangelnder Beute in der Vergangenheit immer seltener geworden. Das hat manch einen nachdenklich gestimmt, und über Sinn und Unsinn der Unterwasserjagd wird selbst von einheimischen Mittelmeertauchern in den letzten Jahren vermehrt nachgedacht. Bei vielen ist dadurch jedoch der Blick für das Detail geschärft worden, und es entwickelte sich der Wunsch, Beobachtetes im Bild festzuhalten. Die nachfolgenden Hinweise über das Fotografieren unter Wasser mögen den Interessenten den Einstieg in ein neues Hobby erleichtern, können aber die Lektüre eines der vielen Lehrbücher über die Unterwasserfotografie nicht ersetzen.

Welche Kamera können wir verwenden?

Auf dem Markt bekommen wir heute die verschiedensten Ausführungen von Fotoapparaten angeboten. Da gibt es Pocket-Kameras, Kleinbildkameras, Rollfilm-Apparate, ein — und zweiäugige Spiegelreflex-Kameras und solche mit Schlitz — und/oder Zentralverschluß. Für fast jeden Kameratyp findet sich heute ein Hersteller von Unterwassergehäusen, sodaß wir im Prinzip jede Kamera unter Wasser verwenden können. Gesichtspunkte, die der Fotograf über Wasser beim Kauf einer Kamera berücksichtigt, gelten größtenteils auch unter Wasser. Entscheidend ist hierbei die Beantwortung der Frage: Wollen wir uns nur gelegentlich mit Unterwasserschnappschüssen zufrieden geben oder wollen wir unser Hobby «profihaft» betreiben? Über Wasser würden wir uns im ersten Fall vielleicht für die Anschaffung einer Pocket-Kamera entscheiden, im letzten Fall sicherlich ein System mit Wechselobjektiven und mehr oder weniger elektronischen Hilfen ins Auge fassen, Entscheidungen, die für den Unterwasserbetrieb gleichermaßen Gültigkeit besitzen.

Die größte Schwierigkeit bei der Unterwasserfotografie dürfte das Abschätzen der Entfernung sein, denn durch die Lichtbrechung des Wassers werden wir ständig getäuscht: Unter Wasser sieht alles etwa ein Drittel größer aus als in Wirklichkeit, und entfernte Objekte scheinen um ein Viertel näher herangerückt. Allein durch das Verschätzen bei der Entfernungseinstellung werden wir daher viele unbrauchbare Fotos erhalten. Da diese Gefahr bei Spiegelreflex-Kameras mit Mattscheibenkontrolle entfällt, sollten Sie sich bei der Neuanschaffung eines Kamerasystems für eine Spiegelreflex-Kamera entscheiden.

Bei anderen Systemen beherzigen Sie folgendes:
1) Die geschätzte Entfernung ist auch auf dem Objektiv einzustellen!
2) Bei der exakten Entfernungsmessung mit Hilfe eines Maßbandes oder

Maßstabes zieht man von der tatsächlichen Entfernung ein Viertel ab und stellt dann das errechnete Maß auf dem Objektiv ein!

In diesem Zusammenhang muß die von der japanischen Firma NIKON hergestellte Amphibienkamera **Nikonos** erwähnt werden, eine Kamera, die nicht in ein Gehäuse gesetzt werden muß und somit ohne Vorbereitung sofort auch unter Wasser benutzt werden kann. Obwohl sich mittlerweile das fünfte verbesserte Modell auf dem Markt befindet, handelt es sich leider immer noch nicht um eine Spiegelreflex-Kamera! Jedoch ist durch die Verwendungsmöglichkeit von Weitwinkelobjektiven mit großer Schärfentiefe oder aber von umfangreichem Nahaufnahmezubehör mit Abstandshaltern die oben aufgezeigte Schwierigkeit bei der Entfernungseinstellung beträchtlich verringert!

Welches Bildformat ist zu empfehlen?

Haben wir uns entschieden, die Unterwasserfotografie ernsthaft zu betreiben, stellt sich die Frage nach dem Bildformat oder — anders ausgedrückt —: Sollen wir uns eine Kleinbildkamera (Bildformat 24 x 36 mm) oder eine Mittelformatkamera (Bildformat 4.5 x 6.0 mm, 6.0 x 6.0 mm, 6.0 x 7.0 mm) kaufen? Kleinbildkameras werden heute in weit größerem Maße verwendet als Apparate im Mittelformat. Das ist wohl in erster Linie auf rein wirtschaftliche Erwägungen zurückzuführen. In jedem Fall ist das Kleinbildformat wesentlich billiger als das Mittelformat. Es beginnt schon beim Kauf des Filmmaterials und endet bei der Anschaffung des deutlich teureren Großbildprojektors. Außerdem müssen Mittelformatdias mit kostspieligen Glasrähmchen projiziert werden. Wegen der kürzeren Brennweite eines Normalobjektives im Kleinbildformat (f = 50 mm) gegenüber dem Mittelformat (f = 80 mm) ist die Schärfentiefe wesentlich größer, denn je kürzer die Brennweite, umso größer die Schärfentiefe! Ein anderes Plus für die Wahl einer Kleinbildkamera liegt darin, daß die Ausmaße einer derartigen Kamera ziemlich gering sind, wodurch natürlich auch ein Unterwassergehäuse für diesen Typ meist schön handlich sein wird. Die Bildqualität ist heute dank guter Objektive und ausgezeichneten Filmmaterials sehr gut, kann aber in einigen Punkten mit dem Mittelformat nicht konkurrieren: So weist z.B. eine Vergrößerung vom Kleinbildnegativ schon viel eher eine Kornbildung auf als dieselbe Fotoarbeit beim Rollfilm. Bei der Projektion von Farbdias ist der Unterschied nicht so stark, vorausgesetzt, die Bilder werden auf einer relativ kleinen Leinwand projiziert. Sollen die Bilder jedoch vorzugsweise in größeren Sälen gezeigt werden, sollte man unbedingt dem Rollfilm den Vorzug geben.

Bei der Verwendung eines Gehäuses, bei dem man die Mattscheibe von Spiegelreflexkameras zur Entfernungseinstellung benutzen kann, wird sich ein weiterer Vorteil des großen Formates zeigen. Das Mattscheibenbild einer Kleinbildkamera ist vielfach so klein, daß man unter Wasser erhebliche Schwierigkeiten mit der Scharfeinstellung hat. Dagegen liegt die große Mattscheibe einer Mittelformatkamera klar und deutlich vor uns, sodaß die Entfernungseinstellung verhältnismäßig einfach ist und die Ausschußquote bedeutend niedriger ausfallen wird. Außerdem bietet die große Mattscheibe mehr Möglichkeiten einer kontrollierbaren Bildgestaltung.

Welche Objektive sind zu empfehlen?

Trotz der vielerorts enormen Klarheit des Wassers sind die Lichtverhältnisse unter Wasser viel schlechter als an Land. Die Wasseroberfläche wirkt wie ein Spiegel und läßt nur einen Teil der Lichtstrahlen durch, während der Rest reflektiert wird. Je höher der Sonnenstand und je ruhiger das Wasser, desto besser ist die Lichtausbeute unter Wasser. Da wir aber nicht immer mit Sonne und spiegelglatter See rechnen können, dennoch aber fotografieren möchten, benötigen wir auf jeden Fall ein gutes, d.h. lichtstarkes Objektiv mit möglichst großer Blende. So erhalten wir ein helles Sucherbild und können im Flachwasser auch ohne Blitz zu stimmungsvollen Fotos kommen. Da wir uns allerdings bereits für ein besseres Kamerasystem entschieden haben, erledigt sich das Problem von selbst, denn es werden heute eigentlich nur lichtstarke Objektive angeboten, und der Hinweis auf die Objektivqualität ist nur der Vollständigkeit halber erwähnt.

Für den Laien sollte darauf hingewiesen werden, daß bei einem Objektiv mit langer Brennweite die Schärfentiefe geringer ist als bei einer Optik mit kurzer Brennweite. Unter **Schärfentiefe** ist der Bereich zu verstehen, der auf der Aufnahme noch scharf abgebildet wird. Da diese neben der Brennweite auch noch von Entfernung und Blendenwahl abhängig ist, wollen wir uns die folgenden vier Faustregeln merken:
 1) weit eingestellte Entfernung — großer Schärfentiefenbereich
 2) nah eingestellte Entfernung — kleiner Schärfentiefenbereich
 3) große Blendenöffnung — wenig Schärfentiefe
 4) kleine Blendenöffnung — große Schärfentiefe.

Besitzt man eine Kamera mit Wechseloptik, sind die Voraussetzungen für gute Fotos über und unter Wasser ideal: Für den Unterwassergebrauch ist von Anfang an als Objektiv mit normaler Brennweite ein Makroobjektiv zu empfehlen, da mit diesem ein Entfernungsbereich von ca. 10 cm bis Unendlich abgedeckt werden kann. Die Verwendung von Nahaufnahmelinsen wird damit überflüssig, und man braucht sich vor dem Tauchgang nicht auf einen Aufnahmebereich festzulegen. Außerdem eignet es sich gut für Fischaufnahmen, da das Normalobjektiv unter Wasser zu einem leichten Teleobjektiv wird.

Wegen seiner größeren Schärfentiefe sollte das 35 mm — Weitwinkelobjektiv unter Wasser als Standardoptik Verwendung finden, im Mittelformat entsprechend ein Objektiv mit 60 mm oder 50 mm Brennweite. Alle können ohne optische Einbußen hinter der Planglasscheibe unseres Unterwassergehäuses verwendet werden und eignen sich in erster Linie dafür, dem Betrachter unserer Fotos einen kleinen Einblick in die Unterwasserlandschaft zu vermitteln.

Einen besseren Überblick über die Unterwasserszenerie, über Tauchgruppen oder Wracks erhält man allerdings bei der Verwendung von starken Weitwinkelobjektiven. In diesem Falle müssen wir jedoch das Frontglas unseres Gehäuses gegen eine gewölbte Domscheibe tauschen, damit unser Bildausschnitt nicht durch das Gehäusevorderteil begrenzt wird und um verzeichnungsfreie Bilder zu erhalten.

In der Unterwasserfotografie kommen längere Brennweiten wegen ihres geringen Schärfentiefenbereiches nur sehr selten zur Anwendung. Wenn überhaupt, dann vor allem für Portraitaufnahmen von Fischen, weil hierbei mit einem gewissen Sicherheitsabstand gearbeitet werden muß. Bei sehr scheuen Fischen kann dies durchaus notwendig sein.

Die Farbfotografie

Ein Phänomen bemerken und bedauern wir bei jedem Tauchgang: Das Wasser ist Ursache für eine starke Ausfilterung der warmen Farben von Rot über Orange, Gelb und Grün. Die Farbenpracht nimmt daher mit zunehmender Tiefe drastisch ab, insbesondere die schöne Farbe Rot verblaßt schon in wenigen Metern Wassertiefe und weicht einem schmutzigen Braun. Spätestens im 50 m — Bereich erscheint uns dann alles nur noch blau, und das ist ja auch der Grund, warum wir oft mit schweren Lampen bewaffnet in die Tiefe steigen: Erst das Lampenlicht enthüllt die faszinierende Farbenpracht des marinen Lebensraumes! Und da es u.a. diese Farbenfülle ist, die wir im Bild festhalten möchten, wollen wir uns gleich der Farbfotografie widmen, die wirkungsvoll ohne Kunstlicht kaum realisierbar ist.

Maßgebend für die richtige Wiedergabe sämtlicher Töne des Farbspektrums ist der Lichtweg, worunter wir die Entfernung verstehen, die das zur Belichtung des Films benutzte Licht, sei es Tages — oder Kunstlicht, von der Lichtquelle bis zum Motiv und wieder zurück zur Aufnahmekamera durchläuft. Bei Tageslicht wird die Wasseroberfläche, bei Kunstlicht z.B. der Blitzreflektor als Lichtquelle zur Berechnung des Lichtweges angesehen. Bei einer Tageslichtaufnahme ohne künstliche Beleuchtung ist es z.B. unerheblich, ob nun ein Fisch in 1.50 m Tiefe und 3.50 m Entfernung oder in 3.50 m Tiefe aus 1.50 m Entfernung aufgenommen wird: Der Lichtweg beträgt jeweils 5 m. Je näher die Lichtquelle dem Motiv ist, desto geringer ist der Lichtweg und somit die Gefahr einer farblichen Verstimmung durch die Ausfilterung des Wassers. Der Lichtweg sollte daher 4 m nicht überschreiten!

Im Gegensatz zum Schwarz - Weiß - Film, bei dem eine Unter - bzw. Überbelichtung durch die Entwicklung oder durch entsprechendes Papier ausgeglichen werden kann, sind beim Farbfilm kaum Belichtungstoleranzen zulässig. Schon eine Überbelichtung von einer halben Blende führt zu einem Verblassen der Farben. Wird der Film unterbelichtet, so werden die Farben dunkler und verlieren an Leuchtkraft. Es ist auch zu beachten, daß verschiedene Objekte das Licht unterschiedlich stark reflektieren. Die dunkle, rauhe Oberfläche eines Schwammes verschluckt viel Licht, heller Sand oder das silbrige Schuppenkleid vieler Fische reflektiert mehr Licht als üblich. Auf - bzw. Abblenden um eine Stufe ist daher in beiden Fällen angezeigt! Überhaupt sollte man sich anfänglich angewöhnen, von einem Motiv mehrere Aufnahmen mit unterschiedlicher Blende oder auch unterschiedlicher Belichtungszeit zu machen, letzteres falls es der Kameratyp erlaubt. Eine Aufnahme ist dann sicherlich dabei, welche die beste und stimmungsvollste Farbwiedergabe zeigt. Notieren Sie sich zudem alle Belichtungsdaten auf einer Schreibtafel. So haben Sie anschließend das beste Anschauungsmaterial für die unterschiedliche Wiedergabe bei verschiedener Belichtung.

Fotografieren mit Kunstlicht

Als Hauptkunstlichtquellen sind der Birnchen — oder Kolbenblitz sowie der Elektronenblitz unter Wasser einsetzbar, wobei sich letzterer zunehmender Beliebtheit erfreut. Unabhängig vom verwendeten System ist die Anbringung des Blitzgerätes für die Bildqualität von entscheidender Bedeutung: Frontale Beleuchtung würde alle Schwebeteilchen anstrahlen, deren Reflektion «Schneeflöckchen» oder «Nebel» auf unserem Bild bewirken. Hieraus ergibt sich folgende Grundregel:

— Es ist darauf zu achten, daß vor dem Kameraobjektiv ein möglichst großer, nicht blitzdurchfluteter Totraum verbleibt!

Je größer dieser Raum ist, desto klarer erscheint die Aufnahme, woraus sich ein Mindestabstand vom Kameraobjektiv von etwa 30-40 cm und eine Anbringung des Blitzgerätes links oder rechts oberhalb der Kamera ergibt. Da in der Regel das gesamte Bildfeld ausgeleuchtet werden soll, ist es weiterhin erforderlich, den Blitz entsprechend der Aufnahmeentfernung auszurichten. Gut geeignet insbesondere für den Anfänger ist daher eine feste Stufenarretierung, die in drei oder vier Stufen die häufigsten Entfernungseinstellungen berücksichtigt, wie 0.3, 0.6, 1.0, 1.5 und 2.0 m Aufnahmeentfernung. Eine praktische Hilfe ist die Verwendung einer schwachen Suchlampe, die bei einzelnen Elektronenblitzfabrikaten mit im Blitzreflektor eingebaut ist, sonst aber am Blitzgehäuse befestigt werden kann und in Blitzrichtung ausgerichtet wird. Hierdurch ist jederzeit eine rasche Kontrolle der Blitzstellung gegeben.

Obwohl der Kolben — oder Birnchenblitz immer mehr vom Elektronenblitzgerät verdrängt wird, empfehle ich dem Anfänger dennoch dieses Blitzsystem zum Einstieg. Es ist ein einfaches, handliches Gerät und vergleichsweise billig in der Anschaffung. Durch den im allgemeinen recht großen Reflektor wird eine bessere Lichtausbeute ermöglicht, und durch die größere Streuung des Lichtes ist eine weiche Ausleuchtung erreicht. Der größere Rotanteil des Birnchenlichtes hebt bei Verwendung weißer Blitzbirnen (PF 1, XM 1) bei Aufnahmeentfernungen von über 1 m den durch die Filterwirkung des Wassers hervorgerufenen Blaustich des Bildes teilweise auf. Da weiße Birnchen unter 1 m Aufnahmeentfernung zu warme Farbtöne liefern, verwenden wir in diesem Bereich die blauen Birnchen gleicher Stärke (PF 1 b, XM, 1 b). Leider werden weiße Lämpchen nur noch selten verkauft. Aber durch mehrstündiges Einweichen in Süß-oder Meerwasser und anschließendem Schälen des blauen Überzuges mit dem Küchenmesser, können wir schnell aus dem blauen ein weißes Birnchen zaubern!

Zu bemerken ist, daß die Zuverlässigkeit der Zündung durch die vielen, frei im Wasser liegenden Kontakte beeinträchtigt werden kann, sodaß ein sorgfältiges Spülen mit Süßwasser nach dem Tauchen ein wichtiges Gebot ist. Auch müssen die Kontakte der Blitzbirnchen vor dem Tauchgang auf Korrosion geprüft und evtl. mit einem Messer gereinigt werden. Da die meisten Firmen ihre Kontakte heutzutage jedoch versilbern, ist diese Fehlerquelle bereits weitestgehend beseitigt.

Der Vorteil des Kolbenblitzgerätes für den Anfänger besteht in erster Linie darin, daß er es mit konstanten, also unveränderbaren Lichtverhältnissen zu tun hat, auf die man sich leicht «einschießen» kann. Geübt wird stets mit dem gleichen Film — und Birnchenmaterial. Am besten wählt man ein mehr oder weniger unbewegliches Objekt, das aus vorher festgelegten Aufnahmeentfernungen (etwa 0.5, 1, 1.5 oder 2 m) jeweils mit zwei oder drei Blendenwerten fotografiert wird, wobei auf genaues Protokollieren Wert gelegt werden muß (Anhaltswerte finden Sie in den Tabellen am Ende dieses Kapitels). So ermitteln Sie für jede sinnvolle Aufnahmeentfernung einen Blendenwert, der sich Ihnen bald einprägen wird und der letztlich nur noch durch extreme Objekthelligkeitswerte (s.o.!) zu modifizieren ist. Bei diesen Übungen ist der Besitzer einer Spiegelreflexkamera mit hellem Sucherbild natürlich im Vorteil, denn er kann die Testentfernungen vorher einstellen, sich dem Aufnahmeobjekt nähern und den Auslöser betätigen, sobald dieses scharf abgebildet ist. Diese Art des Vorgehens ist auch später in der Aufnahmepraxis vielfach empfehlenswert, besonders beim Fotografieren von Fischen, denen man sich auf diese Weise mit fertig eingestellter Kamera nähert!

Welche Belichtungszeit stellen wir nun bei Blitzaufnahmen an unserer Kamera ein? Um ein Verwackeln zu vermeiden und um auch bewegliche Objekte scharf aufs Bild zu bekommen, wollen wir anfangs mit etwa 1/100 Sekunde arbeiten. Das ist oft jedoch nicht möglich, es sei denn, wir besitzen eine Kamera mit Zentralverschluß, bei der wir sogar noch mit 1/500 Sekunde blitzen könnten. Beim Schlitzverschluß müssen wir wohl oder übel die vom Hersteller vorgeschriebene Zeit einstellen, meist 1/30 Sekunde. Allerdings gibt es spezielle Blitzbirnen, die ein Blitzen mit kürzeren Verschlußzeiten erlauben. Fragen Sie dazu Ihren Fotofachhändler!

Die empfohlene kurze Belichtungszeit führt bei korrekter Beleuchtung unseres Aufnahmeobjektes mit dem Blitz vielfach zu sehr starken Beleuchtungskontrasten. Hierdurch erscheint der freie Wasserhintergrund in einem meist unnatürlich wirkenden, dunklen Blau, oder er erscheint gänzlich schwarz. Im Einzelfall kann hierdurch eine größere Tiefe vorgetäuscht werden. Wirkungsvoller aber ist normalerweise ein natürliches Blau, wie es auch der Wirklichkeit entspricht. Deshalb sei nach etwas Praxis auch den Besitzern von Zentralverschlußobjektiven empfohlen, von Zeit zu Zeit mit längeren Verschlußzeiten zu experimentieren (1/60, 1/30 Sekunde). Stets ist natürlich darauf zu achten, daß die richtige Blitzsynchronisation an der Kamera eingestellt ist. Spezielle Informationen darüber finden Sie in der Gebrauchsanleitung zu ihrem Kamerasystem. Sofern möglich, sollte die Synchronisation für den Kolbenblitz auf dem FP-bzw. M-Kontakt erfolgen, der den Blitz noch vor dem Öffnen des Kameraverschlusses zündet, wodurch erreicht wird, daß die größte Lichtmenge auch bei schnellen Verschlußgeschwindigkeiten für die Belichtung bestimmend bleibt.

Welches Filmmaterial ist empfehlenswert?

In der Unterwasserfarbfotografie kommt fast nur noch der Farbumkehrfilm — geläufiger als Diafilm bezeichnet — zur Anwendung. Das Auflösungsvermögen und die Farbbrillanz dieser Tageslichtfilme ist dem Farbnegativfilm meist deutlich überlegen. Es ist am einfachsten und gerade für den Anfänger empfehlenswert, sich auf eine bestimmte Filmmarke festzulegen. Bedenken wir die nicht geringen Kosten unserer Tauchausrüstung, unseres Kamerasystems und die Unkosten für Flaschenfüllung und Bootsfahrt, so sollten wir nun kurz vor dem Abtauchen nicht am falschen Fleck sparen: Das beste Filmmaterial ist für uns gerade gut genug! Und es ist ein offenes Geheimnis unter den Unterwasserfotografen, daß sich Filmmaterial der Firma KODAK am besten bewährt hat. So sind der Kodachrome 25 (15 DIN, 25 ASA), der Kodachrome 64 (19 DIN, 64 ASA) und der Ektachrome 100 (21 DIN, 100 ASA) mit Abstand die erfolgreichsten Unterwasserfilme der Welt! Von hochempfindlichem Material ist für den Normalgebrauch abzuraten, da sich bei ihm das geringe Auflösungsvermögen, die Farbbrillanz und der Kontrast unangenehm bemerkbar machen.

Abschließend noch ein wichtiger Hinweis: Sowohl unbelichtete als auch belichtete Filme müssen kühl, am besten im Kühlschrank gelagert werden, ein Tip, der insbesondere in den warmen Sommermonaten strikt beachtet werden muß! Campingtouristen sollten daher ihren Platzwart günstig stimmen und ihm eine kleine Ecke in seinem Kühlschrank abringen. Auch der Hinweis, belichtete Filme nicht lange zu lagern und so bald als möglich ins Entwicklungslabor zu senden, ist wichtig, für den Unterwasserfotografen meist aber nicht erforderlich: Er kann es ja normalerweise kaum abwarten, seine Prachtfotos an der Wand zu bewundern!

Tabellen für den praktischen Gebrauch

Tabelle 1: Entfernungsmessung und Entfernungseinstellung

Gemessene Entfernung	Einzustellende Entfernung
0.70 m	0.55 m
1.00 m	0.75 m
1.30 m	1.00 m
1.50 m	1.15 m
2.00 m	1.50 m
2.50 m	1.90 m
3.00 m	2.25 m

Tabelle 2: Belichtungstabelle (Zeit 1/125 Sek., klares Wasser, höchster Sonnenstand)

Tauchtiefe	Filmempfindlichkeit in ASA	
	25 ASA	64 ASA
0.5 m	Blende 4 - 5.6	5.6 - 8
5.0 m	Blende 2.8 - 4	4 - 5.6
10.0 m	Blende 2 - 2.8	2.8 - 4
20.0 m		Blende 2 - 2.8

Tabelle 3: Blendenwerte beim Blitzen mit Kolbenblitz (Birnchen XM 1 oder PF 1, unter 1 m Aufnahmeentfernung XM 1 b oder PF 1 b; Kodakfilmmaterial 64 ASA, Aufnahmetiefe > 10 m)

scheinbare Entfernung	Blende
0.3 m	22
0.4 - 0.6 m	16
0.6 - 0.9 m	11
0.9 - 1.2 m	8
1.2 - 1.5 m	8 - 5.6
1.5 - 2.0 m	5.6 - 4
2.0 - 2.5 m	4 - 3.5

(Bei Aufnahmen im Flachwasser, d.h. oberhalb 10 m Wassertiefe ist entsprechend der Blitzsynchronisationszeit gegebenenfalls das Umgebungslicht = Restlicht zu berücksichtigen!)

Vereinfachte systematische Gliederung des Tierreichs

UNTERREICH: PROTOZOA (EINZELLER)
UNTERREICH: METAZOA (VIELZELLER)

Stamm: Porifera (Schwämme)
    1. Klasse: Calcarea   (Kalkschwämme)
    2. Klasse: Silicea   (Kieselschwämme)

Stamm: Cnidaria (Nesseltiere)
    1. Klasse: Hydrozoa   (Quallenpolypen)
    2. Klasse: Scyphozoa   (Schirmquallen)
    3. Klasse: Anthozoa   (Korallentiere)

Stamm: Acnidaria, Ctenophora
    Klasse: Ctenophora   (Kamm- oder Rippenquallen)

Stammgruppe: Protostomia, Gastroneuralia (Urmundtiere)

Stamm: Plathelminthes (Plattwürmer)
    1. Klasse: Turbellaria   (Strudelwürmer)
    2. Klasse: Trematodes   (Saugwürmer)
    3. Klasse: Cestodes   (Bandwürmer)

Stamm: Kamptozoa (Kelchwürmer)
Stamm: Nemertini (Schnurwürmer)
Stamm: Nemathelminthes (Rundwürmer)
    1. Klasse: Gastrotricha   (Bauchhaarlinge)
    2. Klasse: Rotatoria   (Rädertierchen)
    3. Klasse: Nematoda   (Fadenwürmer)
    4. Klasse: Nematomorpha   (Saitenwürmer)
    5. Klasse: Kinorhyncha
    6. Klasse: Acanthocephala   (Kratzer)

Stamm: Priapulida
Stamm: Mollusca (Weichtiere)
1. Unterstamm: Amphineura
    1. Klasse: Polyplacophora   (Käferschnecken)
    2. Klasse: Solenogastres   (Wurmschnecken)

2. Unterstamm: Conchifera
    1. Klasse: Monoplacophora
    2. Klasse: Gastropoda   (Schnecken)
    3. Klasse: Scaphopoda   (Kahnfüßer)
    4. Klasse: Bivalvia   (Muscheln)
    5. Klasse: Cephalopoda   (Kopffüßer, Tintenfische)

Stamm: Sipunculida (Sternwürmer, Spritzwürmer)
Stamm: Echiurida (Igelwürmer, Quappwürmer)
Stamm: Annelida (Ringelwürmer)
    1. Klasse: Polychaeta   (Vielborstige)
    2. Klasse: Myzostomida
    3. Klasse: Clitellata   (Gürtelwürmer)

Stamm: Onychophora (Stummelfüßer)
Stamm: Tardigrada (Bärtierchen)
Stamm: Pentastomida (Zungenwürmer)
Stamm: Arthropoda (Gliederfüßer)
1. Abt.: Amandibulata (Mandibellose)
Unterstamm: Chelicerata (Fühlerlose, Chelicerenträger)
    1. Klasse: Merostomata   (Schwertschwänze)
    2. Klasse: Arachnida   (Spinnentiere)
    3. Klasse: Pantopoda   (Asselspinnen)

2. Abt.: Mandibulata (Mandibelträger)
Unterstamm: Branchiata, Diantennata
    Klasse: Crustacea   (Krebse)

Unterstamm: Tracheata, Antennata
    1. Klasse: Myriapoda   (Tausendfüßer)
    2. Klasse: Hexapoda, Insecta   (Insekten)

Stamm: Tentaculata (Tentakelträger, Fühlerkranztiere)
    1. Klasse: Phoronida   (Hufeisenwürmer)
    2. Klasse: Bryozoa   (Moostierchen)
    3. Klasse: Brachiopoda   (Armfüßer)

Stammgruppe: Deuterostomia, Notoneuralia (Neumundtiere)

Stamm: Branchiotremata (Kragentiere)
    1. Klasse: Enteropneusta   (Eichelwürmer)
    2. Klasse: Pterobranchia   (Flügelkiemer)

Stamm: Echinodermata (Stachelhäuter)
    1. Klasse: Crinoidea   (Haarsterne)
    2. Klasse: Holothuroidea   (Seewalzen)
    3. Klasse: Echinoidea   (Seeigel)
    4. Klasse: Asteroidea   (Seesterne)
    5. Klasse: Ophiuroidea   (Schlangensterne)

Stamm: Pogonophora (Bartwürmer)
Stamm: Chaetognatha (Pfeilwürmer)
Stamm: Chordata (Chordatiere)

1. Unterstamm: Tunicata (Manteltiere)
    1. Klasse: Appendicularia
    2. Klasse: Thaliacea   (Salpen)
    3. Klasse: Ascidiacea   (Seescheiden)

2. Unterstamm: Acrania (Schädellose, Röhrenherzen)
3. Unterstamm: Vertebrata (Wirbeltiere)
    1. Klasse: Cyclostomata   (Rundmäuler)
    2. Klasse: Chondrichthyes (Knorpelfische)
    3. Klasse: Osteichthyes   (Knochenfische)
    4. Klasse: Amphibia   (Lurche)
    5. Klasse: Reptilia   (Kriechtiere)
    6. Klasse: Aves   (Vögel)
    7. Klasse: Mammalia   (Säugetiere)

ZOOLOGISCHES LEXIKON

ACTINIARIA (Seeanemonen, Seerosen), 35 Mittelmeerarten

Actiniaria sind einzeln lebende → Anthozoa Hexacorallia ohne Stützskelettbildungen und Schutzröhren (vergl. → Ceriantharia). Die großen Einzelpolypen der Seerosen fallen meist durch eine kräftige Färbung auf, wobei Farbe und Muster innerhalb einer Art variieren können. Sie sind in den allermeisten Fällen deutlich in **Fußscheibe** und **Mauerblatt** sowie **Mundfeld** differenziert. Die nesselkapselbewehrten Tentakeln sind gleichlang, unverzweigt und mit wenigen Ausnahmen rückziehbar.

Die meisten Seerosen sitzen auf festem Untergrund, nur wenige Arten mit zugespitztem Hinterende bohren sich in Sand und Schlick ein. Bei ungüstigen Strömungsbedingungen oder Beunruhigung werden die Tentakeln eingezogen, und durch Zusammenziehen der längs verlaufenden Muskelfasern in den Magensepten (→ Anthozoa) schrumpfen die Polypen unter Wasserausstoß zu unscheinbaren Klumpen zusammen. Viele Arten können mit Hilfe der Fußscheibe und/oder den Tentakeln langsame Ortsveränderungen vornehmen.

Zwar sind alle Seerosen Fleischfresser, doch neben Schlingern, die sich größere Beutetiere im ganzen einverleiben, gibt es auch Partikelfresser, die sehr kleine Meeresorganismen über einen Wimpernstrom auf Tentakeln und Mundrohr in den Magen befördern.

Manche Seerosen leben eng mit anderen Tieren zusammen: Der Wohnsitz auf der Schneckenschale eines Einsiedlerkrebses bietet den Seerosen *Calliactis* und *Adamsia* (Abb. 40) mühelose Ortsveränderung mit besserem Nahrungsangebot, dem Einsiedler aber Schutz vor Feinden (z.B. vor → Cephalopoda). Vielfach finden kleinere → Crustacea (Krebse) und Fische in dem Tentakelgewirr von Seerosen Schutz, ohne selbst genesselt zu werden (z.B. in der Wachsrose *Anemonia sulcata*, Abb. 79).

Einige Actiniaria nesseln stark; ihre Berührung mit ungeschützten Händen oder Füßen ist nicht nur schmerzhaft, sondern kann Blasenbildung, Allergien und Fieber zur Folge haben.

ALCYONARIA (Lederkorallen), 5 Mittelmeerarten

Alcyonaria sind in der Regel fleischige, lappig verzweigte, intensiv gefärbte Tierkolonien, die der Gruppe der → Anthozoa Octocorallia zugeordnet sind. Sie erscheinen massig durch eine ausgedehnte Stützlamelle von lederartiger Konsistenz (**Coenosark**). Abgesehen von kleinen Kalkskelettelementen, die von der Deckzellenschicht (Ectoderm) nach innen in die Stützlamelle abgeschieden werden, fehlt den Alcyonarien eine zentrale Stützeinrichtung.

In das Coenosark sind die mit acht gefiederten Tentakeln versehenen Polypen eingelassen. Sie sind gewöhnlich über die ganze Tierkolonie verteilt. Die langen schlauchartigen Magenräume der Einzelpolypen reichen tief in das Innere dieser Grundmasse hinein und stehen dort untereinander in Verbindung. Unter den Einzelpolypen der Kolonie können **Freßpolypen** mit acht gefiederten Tentakeln und oft auch **Ventilationspolypen** (Siphonozoide) mit vergrößerter Flimmerrinne unterschieden werden. Durch Aufnahme und Abgabe von Wasser durch die Siphonozoide kann sich die Kolonie als Ganzes aufblähen und die Freßpolypen weit expandieren oder auch stark zusammenziehen. Dieser Vorgang scheint mit günstigen oder ungünstigen Strömungsbedingungen und so mit dem Nahrungstransport durch das Wasser zusammenzuhängen. Viele tropische Arten zeigen wie die → Madreporaria in Anpassung an nächtliche Vertikalwanderungen des Zooplanktons einen deutlichen Tag-Nachtrhythmus der Freßaktivität.

ANNELIDA (Ringelwürmer)

Die Ringelwürmer stellen den Grundtypus eines Gliedertieres (siehe auch → Arthropoda) dar: ein einförmiges Hintereinander von gleichartigen Körperabschnitten mit konstanter Organausstattung. Der Körper ist durch Querwände in eine große Zahl von Kammern (**Segmente**) eingeteilt, die innen je ein flüssigkeitsgefülltes Hohlraumsackpaar (**Cölom**, sekundäre Leibeshöhle) aufweisen. Zwischen dessen Wänden sind die Blutgefäße und im Zentrum der Darmkanal ausgespart. Durch die Ausbildung von Cölomhöhlen ist zum einen die Darmbewegung von der Körperbewegung unabhängig geworden, zum anderen ist aber auch neben dem Blutgefäßsystem ein zweites flüssigkeitsgefülltes System entstanden, das bei der Fortbewegung eine wichtige Rolle spielt als Widerlager für die Körpermuskulatur (**Hydroskelett**). Ursprünglich sind alle Segmente gleich gebaut, jedoch können sekundär bestimmte Körperregionen in unterschiedlicher Weise spezialisiert werden. Dies hängt meist sehr eng mit der jeweiligen Lebensweise zusammen.

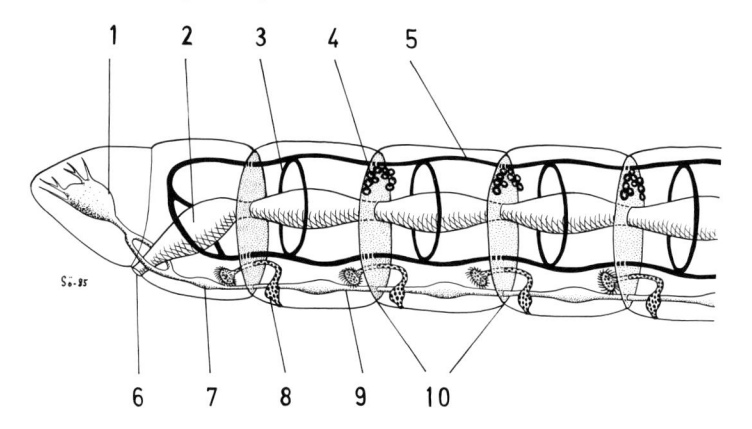

1. Gehirn
2. Darm
3. Ringgefäß
4. Geschlechtsorgan
5. Blutgefäßstrang
6. Mund
7. Nervenknoten
8. Nierenorgan
9. Nervensystem
10. Segment

Zu den Annelida zählen die Wenigborster (Oligochaeta, z.B. Regenwürmer), die Egel (Hirudinea, z.B. Blutegel) und die Vielborster (→ Polychaeta). Nur die → Polychaeta sind im Meer artenreich vertreten.

ANTHOZOA (Blumentiere), ca. 90 Mittelmeerarten

Anthozoa sind → Cnidaria, die lediglich durch eine Polypengeneration, dem **Antho- oder Korallenpolypen**, vertreten sind.

Für die Anthozoen ist besonders die Ausbildung eines Schlundrohres (Stomodaeum) kennzeichnend. Das ist eine Einstülpung der Mundscheibe, die als Rohr in den Magenraum hineinhängt. Der Magenraum der Blumentiere ist durch mindestens sechs längs verlaufende Septen gekammert, die im oberen Teil des Tieres am Schlundrohr ansetzen und so die Magenhöhle in einen Zentralraum und in Radialkammern gliedert. Diese Kammerung verbessert zum einen die gesamte Stabilität des Körpers, zum anderen wird eine starke Vergrößerung der Magenoberfläche erreicht, die so die Nahrung besser aufbereiten und aufnehmen kann. In den Septen liegen auch die Geschlechtszellen, denn bei den Blumentieren sorgen die Polypen für die geschlechtliche Vermehrung. Eine Medusengeneration wie bei den anderen Nesseltieren gibt es

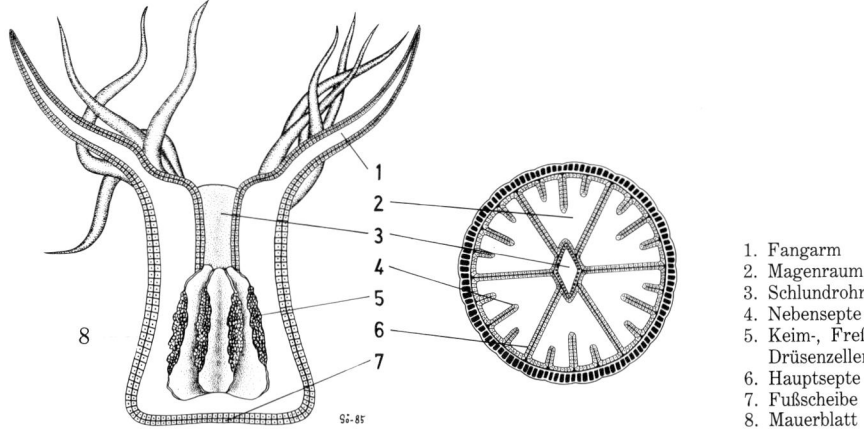

1. Fangarm
2. Magenraum
3. Schlundrohr
4. Nebensepte
5. Keim-, Freß- und Drüsenzellen
6. Hauptsepte
7. Fußscheibe
8. Mauerblatt

Anthozoa Hexacorallia

nicht. Verbreitungsstadium ist die **Planulalarve**, aus der sich die neue Polypengeneration bildet. Bei günstigen Umweltbedingungen kann sich der Polyp in einigen Gruppen vegetativ durch Knospung vermehren.

Äußerlich gliedert sich der Korallenpolyp meist in **Fußscheibe, Mauerblatt** und **Mundscheibe** mit Fangtentakeln.

Nach der Art der Magenkammerung werden Hexacorallia und Octocorallia unterschieden.

Hexacorallia: Anthozoa mit meist ungefiederten Tentakeln (6, 8, 10 oder deren Vielfaches); nie sind zugleich 8 Magensepten und 8 gefiederte Tentakeln ausgebildet; Kalksklerite fehlen (→ Ceriantharia, → Zoantharia, → Actiniaria, → Madreporaria).

Octocorallia: Anthozoa mit stets 8 gefiederten Tentakeln und 8 vollständigen Magensepten; stets koloniebildend, wobei die Polypen durch ein Röhrensystem verbunden sind; (→ Alcyonaria, → Gorgonaria, → Pennatularia).

ARTHROPODA (Gliederfüßer)

Die Gliederfüßer sind mit über 820000 Arten der umfangreichste Tierstamm, der alle Lebensräume auf unserer Erde erfolgreich besiedelt hat. Zu den Gliedertieren zählen die Krebse (→ Crustacea), die Spinnentiere (Chelicerata) und die Tracheentiere (Tausendfüßer = Myriapoda und Insekten = Insecta) mit jeweils verschiedener Körpergliederung und charakteristischen Mundwerkzeugen. Die heutigen Gliederfüßer sind sicher aus gleichförmig gegliederten (= segmentierten) Vorfahren hervorgegangen, weshalb man sie mit den → Annelida unter dem Begriff **Gliedertiere** (Articulata) vereinigt.

Von der Gleichförmigkeit der Segmente sind meist nur noch Andeutungen vorhanden, da vielfach mehrere Segmente zu funktionellen Einheiten (Tagmata) zusammentreten. Auch die ursprünglich gleichartig gebauten Gliedmaßen z.B. sind in verschiedenen Körperregionen unterschiedlich spezialisiert (Mundwerkzeuge, Tast-, Fortbewegungs-, Begattungsorgane) oder ganz reduziert.

Das hervorstechendste Merkmal der Gliedertiere ist die **Chitincuticula**, eine Abscheidung der Außenhaut (Epidermis). Diese Cuticula bildet ein festes Außenskelett, das den Muskeln innen als Ansatz dient. Aus- und Einstülpungen der Außenhaut haben Atemfunktionen (Kiemen, Tracheen) und sind nur in dünner Lage von der Cuticula umkleidet. Auch bietet die Cuticula Schutz vor mechanischen, chemischen und klimatischen Einwirkungen. Um die Beweglichkeit zu erhalten, sind am Rumpf ebenso wie an den Gliedmaßen zwischen stärker verfestigten Chitinbereichen weiche Gelenkhäute eingeschoben.

Ein Wachstum ist bei den Gliederfüßern nur möglich, wenn gelegentlich die alte Haut (Cuticula) durch eine Häutung abgestreift wird, ein Vorgang, der durch Hormone gesteuert wird. Die Epidermis scheidet eine neue Cuticula ab, die zunächst weich und dehnbar ist.

Bemerkenswert ist auch die hohe Entwicklung der Sinnesorgane bei den Gliederfüßern. Außer bei den meisten Tausendfüßern sind oft sehr komplizierte Augen vorhanden, die bei den Spinnentieren eine einheitliche Linse tragen, sonst aber an der Oberfläche in zahlreiche Einzellinsen aufgeteilt sind (Facettenaugen). Die vielfältigen Haarbildungen auf der Körperoberfläche und auf den Gliedmaßen sind fast immer mit Sinneszellen versehen und sprechen auf chemische, thermische, Feuchtigkeits- oder Tastreize an. Manche dieser Organe sind in geradezu unvorstellbarer Weise verfeinert und nehmen noch äußerst geringe Reizspuren wahr.

ASCIDIACEA (Seescheiden), ca. 100 Mittelmeerarten

Die für alle Manteltiere (→ Tunicata) charakteristische strudelnde Ernährungsweise hat auch den Körperbau der Seescheiden geprägt: Unter dem vielfach gallertigen **Mantel**, einer Abscheidung der Außenhaut, nimmt der Bereich des **Kiemendarmes** einen beträchtlichen Teil des Körpers ein. Durch Wimpernschlag wird ein dauernder Wasserstrom durch den Kiemendarm aufrecht erhalten. Dabei werden Nahrungspartikel abgefiltert.

Bedingt durch die festsitzende Lebensweise der Seescheiden liegen Ein- und Ausströmöffnung ziemlich nahe beieinander am freien Ende des Körpers, die Ein- oder **Ingestionsöffnung** meist terminal, die Aus- oder **Egestionsöffnung** mehr oder weniger seitlich versetzt. Verdauender Abschnitt des Darmes, Herz und Geschlechtsorgane liegen nahe dem angewachsenen Teil des Körpers. Verankert oder verwurzelt mit dem Untergrund sind die Tiere mit Hilfe wurzelartiger Ausläufer des Mantels.

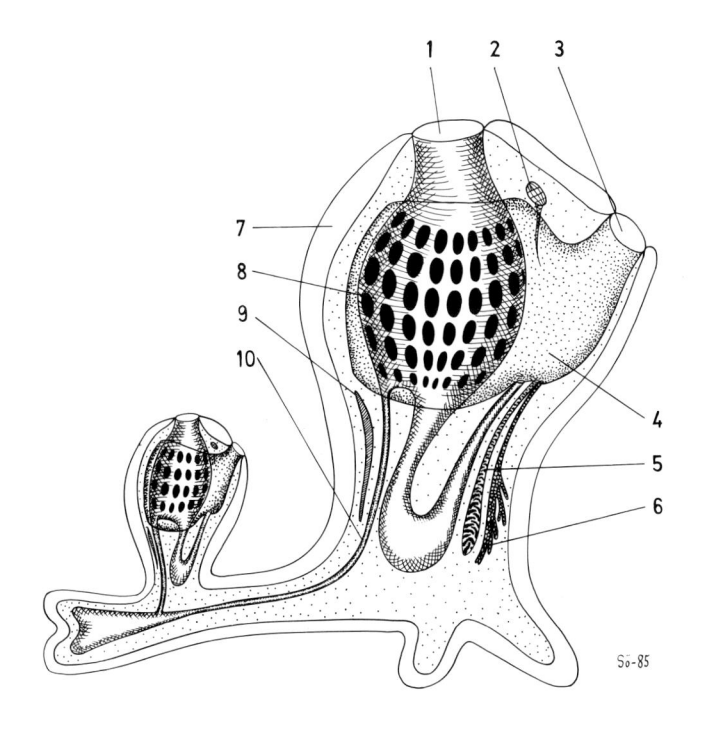

1. Mund
2. Nervenzellen
3. Ausstromöffnung
4. Kloakenraum
5. Ovar
6. Hoden
7. Mantel
8. Kiemendarm
9. Herz
10. Entodermschlauch

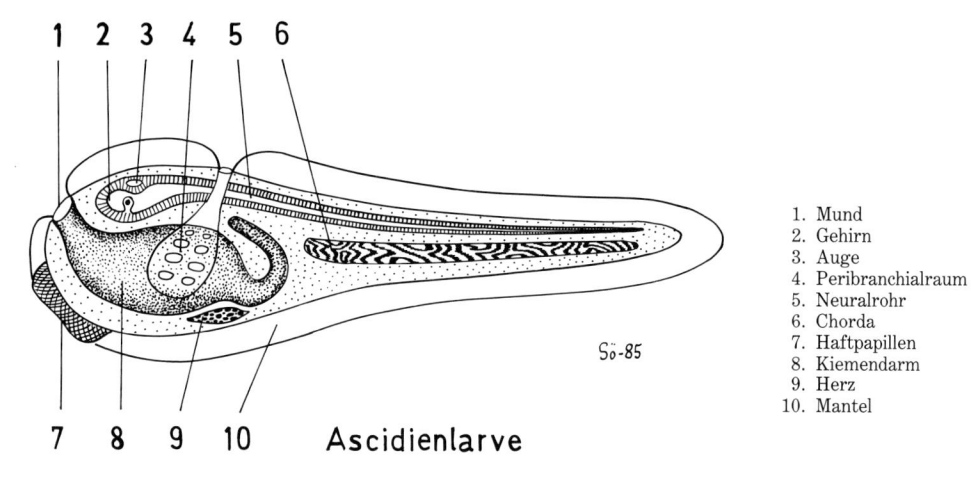

1. Mund
2. Gehirn
3. Auge
4. Peribranchialraum
5. Neuralrohr
6. Chorda
7. Haftpapillen
8. Kiemendarm
9. Herz
10. Mantel

Ascidienlarve

Die Seescheiden sind Zwitter: männliche und weibliche Geschlechtsorgane münden ganz in der Nähe des Enddarmes in den **Peribranchialraum** (→ Tunicata), sodaß Kot und Geschlechtsprodukte durch abströmendes Wasser aus dem Kiemendarm durch die Egestionsöffnung abgeleitet werden. Produkt der geschlechtlichen Fortpflanzung ist eine kleine kaulquappenähnliche, geschwänzte Larve, die im Besitz eines Stützelementes, einer **Chorda dorsalis**, ist, das den erwachsenen Tieren aber fehlt. Dieses larvale Merkmal läßt auf verwandtschaftliche Beziehungen mit den Wirbeltieren schließen (→ Vertebrata, → Tunicata). Die Larve schwimmt nur wenige Stunden bis Tage im bodennahen Wasser frei umher und setzt sich dann mit Hilfe von Haftpapillen am Vorderkörper auf geeignetem Untergrund fest. Sie wandelt sich dann u.a. unter Verlust von Schwanz und Chorda in wenigen Tagen zur Organisationsform der festsitzenden erwachsenen Tiere.

Die meisten Ascidien besitzen ein ausgezeichnetes Regenerationsvermögen. Kleine Stücke des Kiemenkorbes oder der Körperwand können zu einer neuen, völlig normalen Seescheide auswachsen. Es ist daher verständlich, daß viele Ascidien diese Regenerationsfähigkeit in den Dienst einer ungeschlechtlichen Vermehrung durch Knospenbildung gestellt haben. Knospenbildung wiederum führt gerade bei Ascidien häufig zur **kolonialen** Organisationsform: Stehen die Knospen dicht beisammen, so verwächst ihre Tunica in ihrem unteren Teil zu einer gemeinsamen Masse, aus der schließlich nur noch Ein- und Ausströmöffnungen hervorragen (**Synascidien**).

ASTEROIDEA (Seesterne), 26 Mittelmeerarten

Die oft lebhaft gefärbten Seesterne besitzen überwiegend 5 Arme, die im Gegensatz zu den Schlangensternen (→ Ophiuroidea) mit breiter Fläche von einer zentralen Körperscheibe ausgehen. In den Rinnen der Armunterseiten (Ambulacralrinnen, → Echinodermata) liegen Doppelreihen von Füßchen, die oft mit Saugnäpfchen versehen sind und der Fortbewegung, z.T. auch dem Beutefang dienen. Auf der der Mundöffnung entgegengesetzten Seite erkennt man zwischen zwei Armen die siebartig durchlöcherte **Madreporenplatte** (→ Echinodermata). Ebenfalls dort liegt etwas exzentrisch in einem Interradius der After. Enddarm und After können bei einigen Formen fehlen, z.B. bei den Kammseesternen der Gattung *Astropecten* (Abb. 38). Neben den fünfarmigen Arten gibt es auch solche mit zahlreichen Armen. Bei anderen Seesternen wächst der Körper zwischen den fünf Armen so aus, daß eine fünfeckige Scheibe entsteht.

Die für → Echinodermata typischen Kalkplatten sind bei Seesternen äußerlich nicht sichtbar und bilden im Innern der Arme ein Hautskelett. Die Kalkelemente sind auf der Oberseite der Arme recht klein. An den Seiten liegen je zwei Reihen großer **Marginalplatten**. Auf der Unterseite der Arme bilden die paarigen Reihen der **Ambulacralplatten** eine Rinne für die Füßchen. Die einzelnen Platten bilden kein starres Gerüst wie bei den Seeigeln (→ Echinoidea), sondern sind frei gegeneinander beweglich. Die Körperoberfläche der Seesterne trägt zahlreiche Fortsätze und Stacheln. Außerdem sind manchmal gestielte kleine zangenartige Greifstacheln (**Pedicellarien**) und weichhäutige schlauchförmige Kiemen (**Papulae**) vorhanden. Die Papulae dienen auch der Ausscheidung von Abbaustoffen.

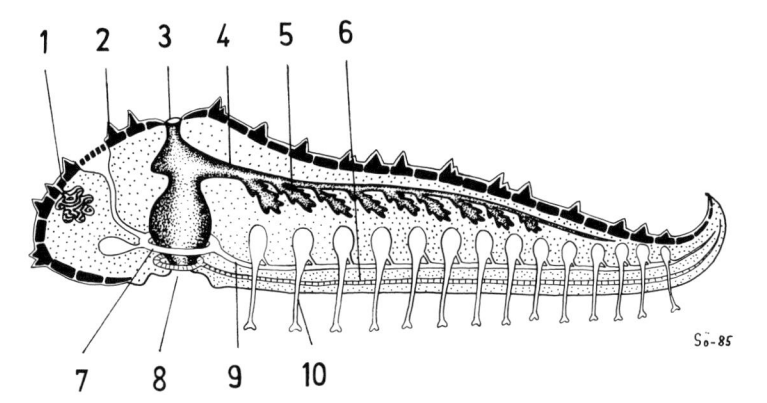

1. Geschlechtsorgan
2. Skelettplatte
3. After
4. Darm
5. Darmanhänge
6. Nervensystem
7. Ringkanal
8. Mund
9. Radiärkanal
10. Füßchen

Die meisten Seesterne leben räuberisch, wobei einige Arten selbst vor dem Artgenossen nicht halt machen und auch nahe Verwandte (z.B. Seeigel, Schlangensterne) nicht verschmähen. Die Füßchen mit Saugscheiben am Ende haben eine außerordentliche Zugkraft, und viele Seesterne können damit sogar die Schalen einer geschlossenen Muschel auseinanderziehen. Tierkadaver werden ebenfalls als beliebte Nahrung geschätzt. Große Beutetiere bzw. Beutestücke werden vielfach durch Ausstülpen des Magens vor dem Körper verdaut.

Seesterne zeigen eine hohe Regenerationsfähigkeit verlorengegangener Körperteile.

Die in der Regel getrenntgeschlechtlichen Seesterne werden wohl alle. mehrere Jahre alt. Männliche und weibliche Tiere sind rein äußerlich nicht zu unterscheiden. Die Geschlechtsprodukte — Eier und Spermien — werden in großer Zahl einfach ins freie Wasser abgegeben, wobei sich die Tiere zum Teil auf ihre Armspitzen stellen und so eine bessere Verteilung der Geschlechtsprodukte im freien Wasser ermöglichen. Aus den befruchteten Eiern schlüpft in der Regel eine mikroskopisch kleine Wimpernlarve (**Bipinnaria-Larve, Brachiolaria-Larve**), die einige Zeit im freien Wasser treibt und nach komplizierter Umwandlung (Metamorphose) zum Bodenleben übergeht.

BIVALVIA (Muscheln), ca. 390 Mittelmeerarten

Bivalvia sind → Mollusca, die man an der äußeren zweiklappigen Schale erkennt. Die **kopflosen** Tiere leben überwiegend festsitzend, sei es festgesponnen an Hartelementen wie Felsen oder Pfählen, sei es eingegraben im Meeresboden. Viele Arten können sich mehr oder weniger schnell bewegen, einige kurze Distanzen sogar schwimmend überbrücken. Der **Fuß** ist meist stark entwickelt, aber mehr zum Graben als zum Kriechen eingerichtet. Viele Arten scheiden ein Sekret (**Byssus**) am Fuß aus, das zu Fäden erstarrt und die Tiere an den Untergrund heftet. Wenige Arten vermögen auf mechanische oder chemische Weise im Gestein oder Holz zu bohren (Bohrmuscheln).

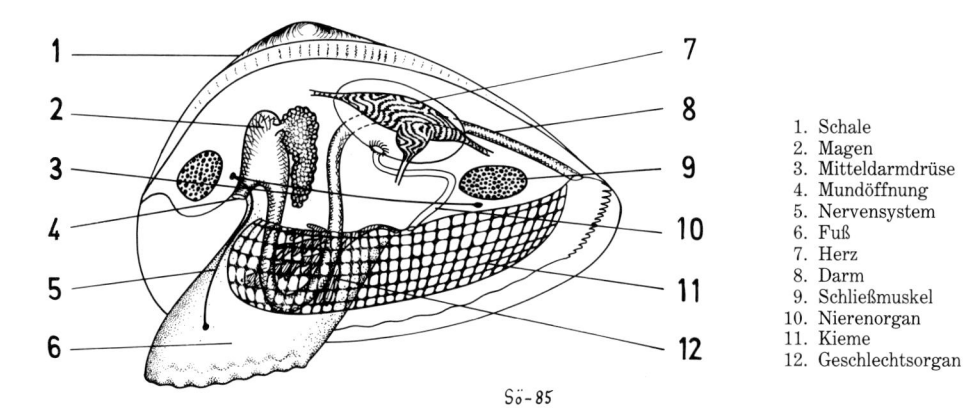

1. Schale
2. Magen
3. Mitteldarmdrüse
4. Mundöffnung
5. Nervensystem
6. Fuß
7. Herz
8. Darm
9. Schließmuskel
10. Nierenorgan
11. Kieme
12. Geschlechtsorgan

Längsschnitt

Vom Rücken des Tieres gehen seitlich zwei breite Hautfalten aus, der sogenannte **Mantel**, der den Körper umhüllt und die Schale ausscheidet. Unter dem Mantel liegen, ebenfalls vom Rücken ausgehend, meist 1 Paar breite, lappenförmige Kiemen. Bei vielen Arten ist der Mantelrand z.T. miteinander verwachsen, sodaß in vielen Fällen nur noch Öffnungen für den Fuß und für den Wasserein- und -ausstrom übrigbleiben. Die Einströmöffnung wird vielfach schlauchartig verlängert zu einem **Sipho**, durch den Tiere im Meeresboden Frischwasser und Nahrung bekommen. Mantelinnenseite und Kiemen sind mit Flimmerzellen besetzt, die einen Wasserstrom erzeugen, der die Kiemen von innen nach außen durchströmt. Dabei werden feinste tote und lebende Planktonteilchen herausfiltriert, eingeschleimt und von den Flimmerzellen zum Munde geführt. Arten mit langen, dehnbaren Siphonen können damit auch gezielt Nahrungspartikel vom Meeresboden absaugen. Die für viele → Mollusca typische Raspelzunge (**Radula**) fehlt den Muscheln!

Die charakteristische Muschelschale geht aus einer Schalenanlage der **Veligerlarve** hervor und wird bereits im Larvenstadium zweiklappig. Auf dem Rücken sind beide Schalenhälften durch einen kalkfreien Bereich, das **Ligament** verbunden. Knorpelartige Abscheidungen am Ligament halten die Schalen geöffnet. Geschlossen werden die Klappen durch Schließmuskeln, die aus einem schnell schließenden (tetanischen) und einem geschlossen haltenden (tonischen) Teil zusammengesetzt sind.

Nahe dem Ligament sind am Schalenrand meist Zähne und entsprechende Gruben ausgebildet, die das Verschieben der Schalenhälften gegeneinander verhindern. Dieser als **Schloß** bezeichnete Teil ist bei den einzelnen Arten höchst unterschiedlich gebaut und wird daher bei der Bestimmung der Arten genutzt. Die Schale der Muscheln besteht, wie bei den Schnecken (→ Gastropoda), aus einer äußeren Hornschicht, dem **Periostracum,** das bei toten Muschelschalen rasch abgerieben wird. Darunter liegt eine dickere Schicht aus kohlensaurem Kalk, die bei vielen Muscheln in eine äußere **Prismen-** und eine

1. Schloßband
2. Herzbeutel
3. Herz
4. Darm
5. Nierenorgan
6. Kieme
7. Fuß
8. Mantelhöhle
9. Mantel
10. Schale

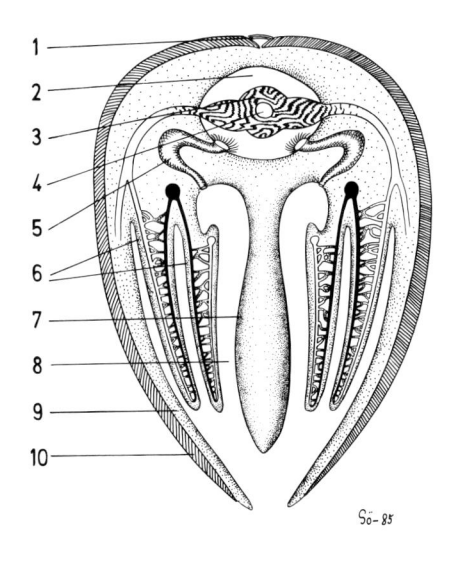

Querschnitt

innere **Perlmutterschicht** gegliedert ist. Fremdkörper, die zwischen die Schale und den sie ausscheidenden Mantel geraten, werden von diesem mit Perlmuttersubstanz umhüllt. Auf diese Weise entstehen die Perlen!

Muscheln sind meist getrenntgeschlechtlich. Aus den Eiern schlüpft eine Larve (**Veligerlarve, Veliconcha**), die auf der Rückenseite bereits die Anlage der zweiklappigen Schale erkennen läßt. Nach kurzem bis mehrwöchigem Leben als Plankter bildet die Larve ihren Fuß aus und beginnt mit dem Bodenleben. Die meisten Arten sind vieljährig; ihr Wachstum ist an Zuwachsstreifen auf der Schale sichtbar.

BRYOZOA (Moostierchen), ca. 180 Mittelmeerarten

Bis auf wenige Ausnahmen bilden die Bryozoa unter den → Tentaculata Kolonien. Dabei erinnern die Einzelindividuen (**Zoide**) vieler meeresbewohnender Arten in ihrer sehr regelmäßigen Kästchenform an die Zellen eines Wohn-

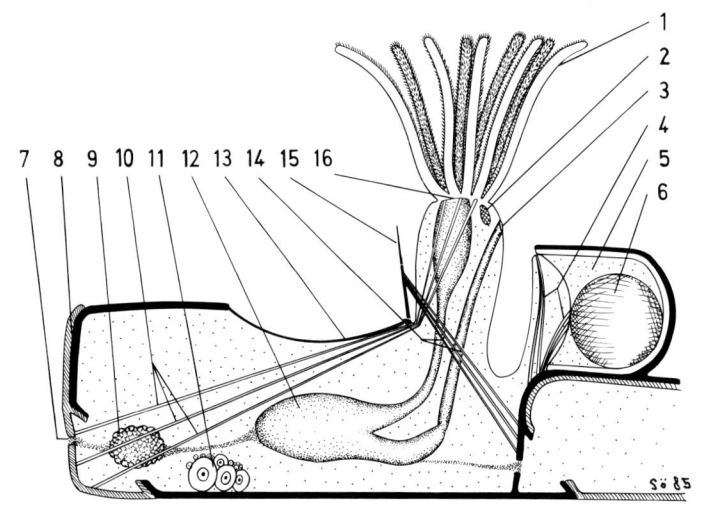

1. Tentakelkrone
2. Gehirn
3. After
4. Muskulatur des Keimlingsackes
5. Keimlingsack
6. Keimling
7. Durchgang zum Nachbartier
8. Kapselwand
9. Hoden
10. Rückziehmuskel
11. Eierstock
12. Magen
13. Kapsel (Cystid)
14. Deckelschließmuskel
15. Deckel
16. Mund

blockes. Die aneinandergeklebten, wabenartigen Gehäuse bilden entweder flache Krusten auf Steinen, Muschelschalen oder Seegrasblättern, oder sie wachsen zu zierlichen Bäumchen zusammen, die ganz spezifische Wuchsformen je nach Tierart zeigen.

Die Besonderheit in der Organisation der Moostiere liegt in ihrer Fähigkeit, den Vorderkörper (**Polypid**) samt Tentakelkrone in den Hinterkörper (**Cystid**) zurückzuziehen. Das röhren- oder kästchenförmige Cystid bildet eine oftmals kalkige Schutzschicht, eine Cuticula, aus. In seinem Innern reifen die Eier, auch kann es nach Absterben des Polypids einen neuen Vorderkörper hervorbringen. Die Lebensspanne von Polypid und Cystid ist also vielfach verschieden lang!

Jedes Einzelindividuum eines Stockes besitzt einen aus Mund, Magen und After bestehenden Darmkanal, der außerhalb der Tentakelkrone nach außen mündet. Der ringförmige Tentakelkranz ist mit Flimmerzellen besetzt und kann allerlei schwimmende Nahrungsteilchen herbeistrudeln. Ein gerichteter Wasserstrom trägt diese zum Mund im Zentrum des Tentakelapparates. Die meisten Meeresbryozoen können ihr Cystid nach Rückzug des Polypids mit einem Deckel schließen.

Die Einzeltiere eines Stockes stehen durch Öffnungen in der Wand ihres Gehäuses miteinander in Verbindung, nicht jedoch der Magen-Darm-Trakt wie bei den → Cnidaria (Nesseltiere). Bei hochentwickelten Formen kommt es zu einer gewissen Arbeitsteilung, indem die untersten Individuen eines Stockes ihre Mundteile zurückbilden und Stengel- und Wurzelfunktion übernehmen (**Kenozoide**). Auch die bei manchen Arten zwischen den normalen Individuen sitzenden Greifzangen (**Avicularien**) und Geißelorgane (**Vibracularien**) sind umgebildete Einzelindividuen, die die Kolonie davor schützen, von anderen Organismen überwachsen zu werden. Andere Einzelindividuen können ganz in den Dienst der Fortpflanzung treten und nur Geschlechtszellen bilden und/oder für Brutpflege sorgen (**Gonozoide**).

Neben dem Stockwachstum durch Knospung kommt auch geschlechtliche Vermehrung vor. Die meisten Arten sind Zwitter. Entsprechend wird Selbstbefruchtung und Fremdbefruchtung im Muttertier angenommen. Aus den Eiern schlüpfen bewimperte Larven (**Cyphonautes-Larve**), die neue Lebensräume besiedeln.

CEPHALOPODA (Kopffüßer, Tintenschnecken, «Tintenfische»), 53 Mittelmeerarten

Die Cephalopoda sind eine sehr hoch entwickelte Gruppe innerhalb der → Mollusca und stehen, was Organisationshöhe und Sinnesleistungen anbelangt, z.T. den Wirbeltieren nicht nach. Sie sind sicher die am weitesten entwickelten wirbellosen Tiere im Meer. Mit Ausnahme der Gattung *Nautilus* haben die Kopffüßer im Gegensatz zu den anderen Untergruppen der → Mollusca keine äußere Schale. Im Innern findet man häufig noch Reste in Form von Kalkabscheidungen (**Schulp**) oder dünner, durchsichtiger, hornartiger «Schwerter».

Die sehr beweglichen Arme, die direkt am Kopf ansetzen, geben den Tieren das charakteristische Aussehen. Die Zahl der Arme ist konstant und beträgt zehn (Decabrachia, Zehnarmige Tintenfische: Sepien und Kalmare) oder acht (Octobrachia, Achtarmige Tintenfische: Kraken). Nur bei der Gattung *Nautilus* können bis zu neunzig armähnliche Fortsätze ohne Saugnäpfe die Mundöffnung umstehen.

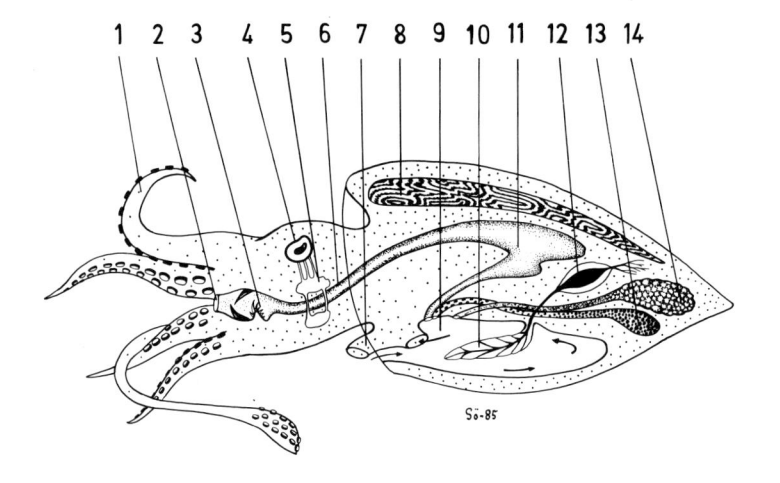

1. Fangarm
2. Mundöffnung
3. Radula
4. Auge
5. Gehirn
6. Darm
7. Trichter
8. Schulp
9. Mantelhöhle
10. Kieme
11. Magen
12. Herz
13. Tintenbeutel
14. Geschlechtsorgan

Die Saugnäpfe auf den Armen können «Muskelschüsseln» sein, die in den Armen selbst oder gestielt darauf sitzen. Durch Muskelkontraktion entsteht ein Unterdruck, der das Festhalten (Ansaugen) bewirkt. Bei vielen Arten findet man einen festen, gezahnten Ring in den Saugnäpfen. Diese Zähne drücken sich bei der Muskelkontraktion nach vorn, und deshalb können auch schleimige, weiche Fische sicher gefangen werden.

Die Arme stehen um den Mund, der mit zwei papageienschnabelähnlichen Kiefern bewehrt ist. Sie erlauben es den Kopffüßern, auch Schalentiere und gepanzerte Krebse zu zerknacken. Die Raspelzunge (**Radula**) ist bei der Nahrungsaufnahme behilflich.

Der Hinterkörper wird von dem **Eingeweidesack** gebildet, der von dem **Mantel** bedeckt ist. Hier bildet sich auch die geräumige **Mantelhöhle**, in der sich die gefiederten Kiemen befinden. In der Mantelhöhle liegen auch die Ausführgänge der Nieren und der Geschlechtsorgane sowie der After.

Auch der **Trichter** wird von dem Mantel gebildet. Er ist ein Rohr, durch das das Wasser aus der Mantelhöhle herausgedrückt wird. Mit dem dabei entstehenden Rückstoß können sich die Tiere durch das Wasser schnellen. Der sehr bewegliche Trichter erlaubt auch eine Steuerung. Bei Gefahr wird mit dem Atemwasser der Inhalt der in der Nähe des Afters gelegenen **Tintendrüse** entleert. Sie enthält einen dunklen Farbstoff, der im Wasser zusammengeballt längere Zeit stehenbleibt. Im Schutze dieser Farbwolke, die dem Angreifer den Körper eines Beutetieres vortäuscht, kann der Tintenfisch unbemerkt entkommen. Gleichzeitig betäubt die Cephalopodentinte den Geruchssinn von Räubern (z.B. vom **Meeraal** *Conger conger*). Tiefseeformen fehlt der Tintenbeutel.

Von den Sinnesorganen fallen besonders die mitunter sehr großen **Linsenaugen** auf, die denen der Wirbeltiere sehr ähnlich sind, aber anders entstehen. Eine Besonderheit ist die Fähigkeit zum schnellen Farbwechsel, mit dem sich die Kopffüßer sehr gut an die Umgebung anpassen, andererseits aber auch innere Stimmungen wie Angst oder Paarungsbereitschaft ausdrücken können. Die Farbstoffe liegen in Zellen (Chromatophoren), in denen die Farbpartikel durch Fasern zu einem Fleck ausgebreitet oder zu einem kleinen, kaum sichtbaren Korn verdichtet werden können.

Die Cephalopoden sind getrenntgeschlechtlich. Die Begattung erfolgt auf merkwürdige Art und Weise: Das Männchen schiebt mit Hilfe eines seiner Mundarme ein in eine Schleimhülle verpacktes Samenpaket in die Mantelhöhle des Weibchens, von wo aus die Spermien in die Geschlechtsöffnung gelangen. Der Paarung geht oft ein stundenlanges Balzspiel voraus, das mit einer wilden Umschlingung endet, bei der das Samenpaket übertragen wird. Die Tiere haben eine direkte Entwicklung ohne Larvenstadium. Das Weibchen von *Sepia officinalis* (Decabrachia) z.B. hängt seine etwa 8 mm großen, elliptischen Eier einzeln an Algen, Seegräser oder korallenartige Wuchsformen, wobei sie traubenartige Gelege von mehreren Eiern bildet. Diese vorher mit Sepiafarbstoff dunkelbraun bis schwarz gefärbten Eier werden sich dann selbst überlassen. Die Jungen schlüpfen nach ca. 2 Monaten.

Das Gelege von *Octopus vulgaris* (Octobrachia) hingegen wird vom Weibchen fast 2 Monate lang bewacht. Es hängt jeweils bis zu 150 000 Eier in langen, weißlichen Schläuchen bevorzugt unter Höhlendecken. Während des Bewachens nimmt das Weibchen keine Nahrung zu sich, und es stirbt daher nach dem Schlüpfen der Jungen an Entkräftung.

CERIANTHARIA (Zylinderrosen), 3 Mittelmeerarten

Zylinderrosen sind einzeln lebende, bis 40 cm lange → Anthozoa Hexacorallia mit wurmförmigem Körper, der in selbstgebauten Wohnröhren im Meeresboden vergraben lebt. Eine Fußscheibe fehlt den Tieren. Die Röhren werden durch schleimige Ausscheidungen der Körperoberfläche sowie durch abgeschossene Nesselfäden gebildet, und vielfach sind Sand, Kalkbruchstücke und andere Fremdkörper zur Verfestigung mit in die Röhre eingebaut. Bei Gefahr ziehen sich die Tiere in die Röhre zurück. Da die Röhren sehr tief in den Meeresboden gebaut sind, ist ein Ausgraben der Tiere meist nicht erfolgreich!

Im expandierten Zustand lassen sich zwei verschiedene Fangtentakeltypen unterscheiden. Die Mundöffnung ist von einer Vielzahl kurzer **Labialtentakeln** umstellt. Um diese herum gruppieren sich am Rand der Mundscheibe deutlich längere **Marginaltentakeln**.

Fortpflanzungsprodukt und Verbreitungsstadium ist die gedrungene **Cerianthula Larve**, aus der eine tentakeltragende Form entsteht, die längere Zeit dem Plankton angehört. Zylinderrosen können sehr alt werden: In Neapel wurde ein Tier über 50 Jahre im Aquarium gehalten.

CHONDRICHTHYES (Knorpelfische), ca. 50 Mittelmeerarten

Früher wurden die Knorpelfische (Haie, Rochen, Seedrachen) als Vorstufe der Knochenfische (→ Osteichthyes), also als primitive, urtümliche Vertreter der Fische angesehen. Dem ist sicher nicht so, denn die Paläontologie lehrt uns, daß Vorgänger der heutigen Knochenfische schon vor dem ersten Auftauchen der Knorpelfische lebten. Im übrigen kennt die Natur bei den Knorpelfischen bereits echte Knochensubstanz und zwar in den Hautzähnen, den sogenannten **Placoidschuppen**. Diese bestehen nämlich aus Zahnbein (Dentin) und sind mit Zahnschmelz überzogen. Jeder einzelne Hautzahn sitzt auf einer kleinen Knochenplatte und ist durch diese fest in die Haut eingebettet. Die «richtigen», also auf den Kiefern sitzenden Zähne, sind ebenfalls umgebildete Hautzähne, denn sie zeigen denselben Bauplan wie die Placoidschuppen.

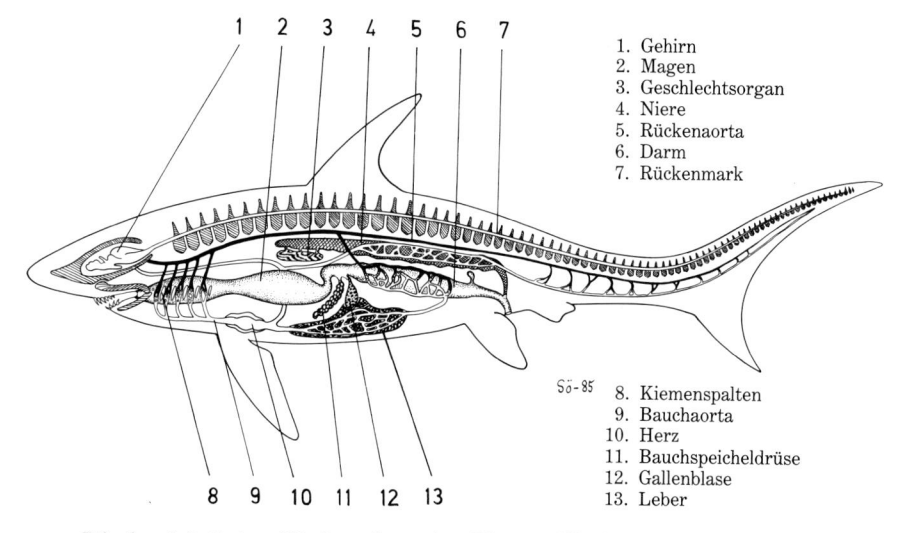

1. Gehirn
2. Magen
3. Geschlechtsorgan
4. Niere
5. Rückenaorta
6. Darm
7. Rückenmark
8. Kiemenspalten
9. Bauchaorta
10. Herz
11. Bauchspeicheldrüse
12. Gallenblase
13. Leber

Die berüchtigten Kieferzähne der Knorpelfische sind also weiterentwickelte Hautzähne. Im Gegensatz zu den Knochenfischen sitzen diese Zähne bei Haien und Rochen in verschiedenen Reihen hintereinander. Ist der äußere Zahn abgenutzt, richtet sich der nachfolgende allmählich auf und nimmt dessen Stellung ein («Revolvergebiß»). Seedrachen oder Chimären besitzen Kieferzähne aus Zahnplatten.

Bei Haien und Rochen münden auf jeder Seite 5 (seltener 6 oder 7) Kiemenspalten in das freie Wasser. An ihrer Lage lassen sich beide Gruppen unterscheiden: Bei den Haien liegen die Kiemenspalten seitlich vor den Brustflossen, bei den Rochen auf der Körperunterseite. Die Seedrachen besitzen auf jeder Seite nur eine Kiemenöffnung, da vier innere Kiemenspalten von einem knorpeligen Kiemendeckel geschützt sind. Meist findet man hinter den Augen je ein sog. **Spritzloch**, welches die in der Entwicklungsgeschichte rückgebildete vorderste Kiemenspalte darstellt. Bei den Haien strömt bei hoher Atemfrequenz zusätzlich Atemwasser durch das Spritzloch ein, die Rochen dagegen atmen in Anpassung an das Bodenleben nur durch das Spritzloch ein und schützen so die Kiemen vor dem Versanden. Vor der stark auf die Körperunterseite verschobenen Mundöffnung liegen die beiden Nasenöffnungen, die im hinteren Teil von je einer Hautfalte überdacht werden. Schwimmblasen sind bei den Knorpelfischen nicht ausgebildet, deshalb müssen alle Hochseeknorpelfische ständig schwimmen, um nicht auf den Meeresboden abzusinken — auch während ihrer Ruhepausen.

Alle Knorpelfische haben — im Gegensatz zu den meisten Knochenfischen — eine innere Befruchtung. Deshalb ist bei den männlichen Tieren der hintere Teil der beiden Bauchflossen zu klammerähnlichen Begattungsorganen umgebildet. Viele bodenbewohnende Haiarten und unter den Rochen die Echten Rochen sowie alle Seedrachen legen Eier ab (ovipar). Eierlegende Arten haben große rechteckige, sehr dotterreiche Eier, deren hornige Schale in Zipfel oder dünne Fäden ausläuft, die sich spiralig einrollen und die Eier an einer Unterlage festwickeln. Bei anderen in Bodennähe lebenden Haien und Rochen verbleiben die Eier im Mutterleib: Innerhalb des Uterus schlüpfen die Jungen und verweilen hier noch einige Zeit, bis sie an die Außenwelt gelangen (ovovivipar). Nur bei den pelagisch (im freien Wasser) lebenden Haiformen der Hochsee erfolgt die Embryonalentwicklung direkt im Mutterleib und ohne äußere Eihüllen. Die Jungen werden lebend geboren (vivipar). Die Ernährung der Keimlinge erfolgt über Nabelschnurverbindungen aus den mutterkuchenähnlichen Dottersäcken (Dottersackplazenta).

In der letzten Phase der Trächtigkeit werden die älteren Jungen bei einigen Haiarten schon im Mutterleib zu Kannibalen: Sie fressen nicht nur die noch im Eileiter befindlichen unbefruchteten Eier, sondern sogar ihre jüngeren Geschwister nach und nach auf.

CNIDARIA (Nesseltiere)

Cnidaria gehören zur Gruppe der **Hohltiere**, deren Körper aus nur zwei einschichtigen Lagen von Zellen besteht (**Entoderm** innen, **Ektoderm** außen), die mehr oder weniger weit durch eine gallertige Zwischensubstanz (**Mesogloea**) voneinander getrennt sind. Das Entoderm bildet die Wandung eines sackförmigen, meist stark gedehnten Magenraumes, daher der Name Hohltiere. Sie sind also relativ einfach gebaut und erinnern mit ihrem einzigen inneren Hohlraum an die → Porifera (Schwämme), unterscheiden sich aber von diesen durch den Besitz echter Gewebe. So finden wir bei den Hohltieren ein Verdauungs-, Muskel- und Nervensystem, das den Schwämmen völlig fehlt.

Bei den Nesseltieren liegen in den Zellen der äußeren Schicht, dem Ekto-

Polyp

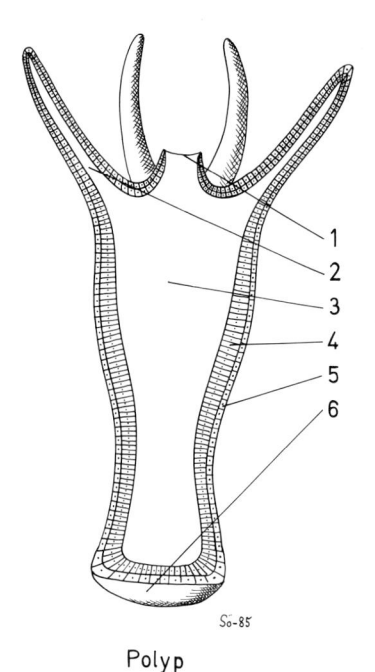

1. Mund
2. Fangarm
3. Magenraum
4. Entoderm
5. Ektoderm
6. Fußscheibe

derm, besondere **Nesselkapseln**, die dem Beuteerwerb und der Verteidigung dienen.

Die Nesseltiere treten in sehr verschiedenen Erscheinungsformen auf: festsitzend als **Polyp**, freischwimmend als **Medusen** (Quallen), als Einzeltiere (z.B. → Actiniaria, Seeanemonen) oder in Form von Stöcken und Kolonien (z.B. → Gorgonaria, Hornkorallen). Während die Polypengestalten fast immer mit einer Fußscheibe an einer Unterlage festsitzen und ihre Fangtentakeln rund um die Mundscheibe ins freie Wasser recken, schwimmen die Medusen meist frei umher. Sie lassen ihre Fangtentakeln, zwischen denen die Mundöffnung liegt, nach unten hängen.

Werden die Fangtentakeln auch nur flüchtig von anderen Tieren berührt, so explodieren die auf ihnen sitzenden Nesselkapseln und betäuben die Beute. Auslösemechanismus ist ein kleiner wimpernförmiger Fortsatz, das Cnidocil, mit dem die Nesselkapseln über die Körperdecke hervorragen. Das betäubte und bewegungslose Opfer wird im allgemeinen durch Kontraktion der Fangtentakel zur Mundöffnung befördert. Meist wird die Beute im ganzen verschlungen. Die unverdaulichen Reste verlassen den Magenraum wieder durch die Mundöffnung. Verbrauchte Nesselkapseln werden aus dem Zellverband ausgestoßen und durch neue ersetzt.

Während sich die meisten vielzelligen Tiere geschlechtlich fortpflanzen, haben die Nesseltiere auch die Möglichkeit ungeschlechtlicher Vermehrung durch Knospung. Auf diese Weise können bei einzelnen Klassen der Nesseltiere sowohl Polypen als auch Medusen (Quallen) entstehen. Oft kommt eine re-

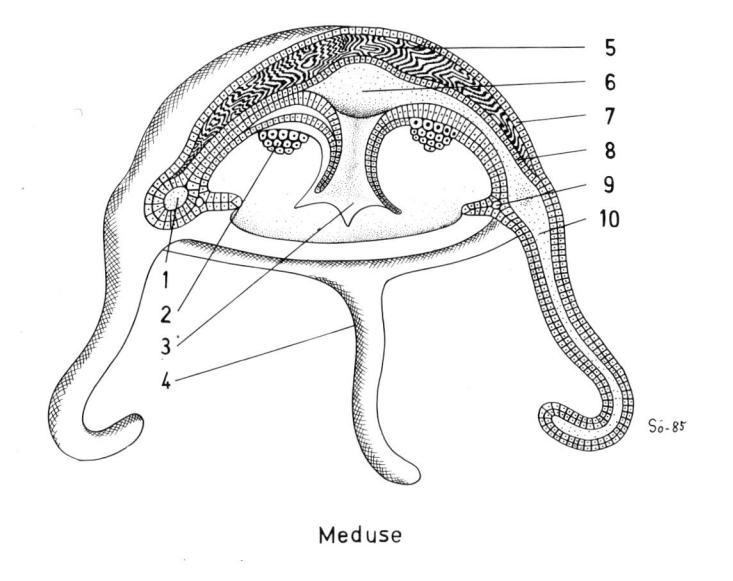

1. Ringkanal
2. Geschlechtsorgan
3. Mundrohr
4. Fangarm
5. Mesogloea
6. Magenraum
7. Ektoderm
8. Entoderm
9. Ringnerv
10. Radiärkanal

Meduse

gelmäßige Aufeinanderfolge von ungeschlechtlicher Polypengeneration und geschlechtlicher Medusengeneration, also ein Generationswechsel zustande, z.B. bei den → Hydrozoa. Zu den Nesseltieren zählen die → Hydrozoa, die Scyphozoa (Schirmquallen), die Cubozoa (Würfelquallen) und die → Anthozoa (Blumentiere).

CRINOIDEA (Haarsterne / Seelilien), 4 Mittelmeerarten

Unter den meeresbewohnenden Stachelhäutern (→ Echinodermata) sind die Crinoidea (Haarsterne und Seelilien) zweifellos die urtümlichsten Vertreter. Die **Seelilien** bewahren noch als erwachsene Tiere die festsitzende Lebensweise ihrer Vorfahren aus früheren Erdzeitaltern.

Der Körper der Crinoiden besteht im typischen Falle aus einem kelchförmigen Abschnitt mit den Eingeweiden (**Calyx**), einem langen Stiel und den fünf Armen, die meist trichterförmig ansetzen. Der Stiel dient dem Festheften auf der Unterlage, der bei den in der Tiefsee lebenden Seelilien meterlang und länger werden kann.

Auch die **Haarsterne** sitzen in ihrer frühesten Jugend mit Hilfe eines Stieles fest, werfen diesen jedoch bald ab und werden so frei beweglich. Durch alternierend schlagende Bewegungen mit ihren Armen können sie sogar kurze Strecken schwimmen oder kriechen. Beim Kriechen werden sie z.T. unterstützt von besonderen Klammerfüßchen (**Cirren**) an der Unterseite des Calyxabschnittes. Während der Nahrungsaufnahme klammert sich das Tier mit Hilfe der Cirren am Untergrund fest.

Die ursprüngliche Armzahl ist häufig sekundär vervielfältigt, und regelmäßig angeordnete Seitenarme (**Pinnulae**) sorgen für eine erhebliche Oberflächenvergrößerung. Das ist besonders wichtig für den Nahrungserwerb, denn mit ihren auf der Armoberseite verlaufenden Wimperrinnen werden kleine Planktonorganismen eingeschleimt und zur Mundöffnung transportiert.

Wie bei anderen Tieren mit festsitzender Lebensweise (z.B. → Tentaculata), ist auch bei den Crinoiden der Darmkanal U-förmig gebogen, und der After liegt an der Mundseite auf einem kleinen Hügel zwischen zwei Armansätzen.

Die Crinoiden sind getrenntgeschlechtlich, und bei den erwachsenen Tieren durchziehen die umfangreichen Keimdrüsen die Armbasis und deren Verzweigungen. Die Befruchtung erfolgt außerhalb des Körpers, wobei die Eier an den Pinnulae angeheftet bis zum Schlüpfen der freischwimmenden Wimperlarven getragen werden.

Festsitzende Seelilien kommen im Mittelmeer nicht vor.

CRUSTACEA (Krebse), ca. 1950 Mittelmeerarten

Von dem großen Tierstamm → Arthropoda sind die Insekten und Spinnentiere im Meer nur durch ganz wenige, besonders angepaßte Arten vertreten. Die Klasse der Krebstiere ist dagegen seit Urzeiten im Meer beheimatet und entfaltet hier eine Fülle von verschiedenen Formen. Typisch für die Crustaceen ist der Besitz von zwei Paar Fühlern (**Antennen**). (Die Insekten haben immer nur ein Paar Fühler, die Spinnentiere überhaupt keine). Weiterhin sind Krebse durch zweiästige Gliedmaßen, die **Spaltfüße**, ausgezeichnet. Am zweiten Grundglied teilen sich die Gliedmaßen in einen Außenast (Expodit) und einen Innenast (Endopodit). Sekundär aber werden die Beine durch Reduktion des Exopoditen vielfach wieder einästig!

Die für → Arthropoda typische Vereinigung von Körpersegmenten zu funktionellen Einheiten ist bei den meisten Krebsen nicht so stark ausgeprägt und festgelegt wie bei den Spinnen und Insekten. Meist sind bei Krebsen Kopf und Brustsegmente zu einem **Cephalothorax** verschmolzen. Die Verwachsungsnaht zwischen Kopf und Brustsegmenten bildet häufig eine mehr oder weniger große seitliche Schale, den **Carapax**, aus, der durch seine meist stark verkalkte Außenschicht (Chitincuticula, → Arthropoda) einen guten Schutz für den Hauptteil des Körpers bietet. Bei größeren Krebsen (z.B. den Krabben, Hummern etc.) schützt der Carapax ebenfalls die zarten Kiemen, die als Anhänge an den Laufbeinenbasen sitzen.

Kleinkrebse im Millimeterbereich besitzen meist keine Kiemen. Der Sau-

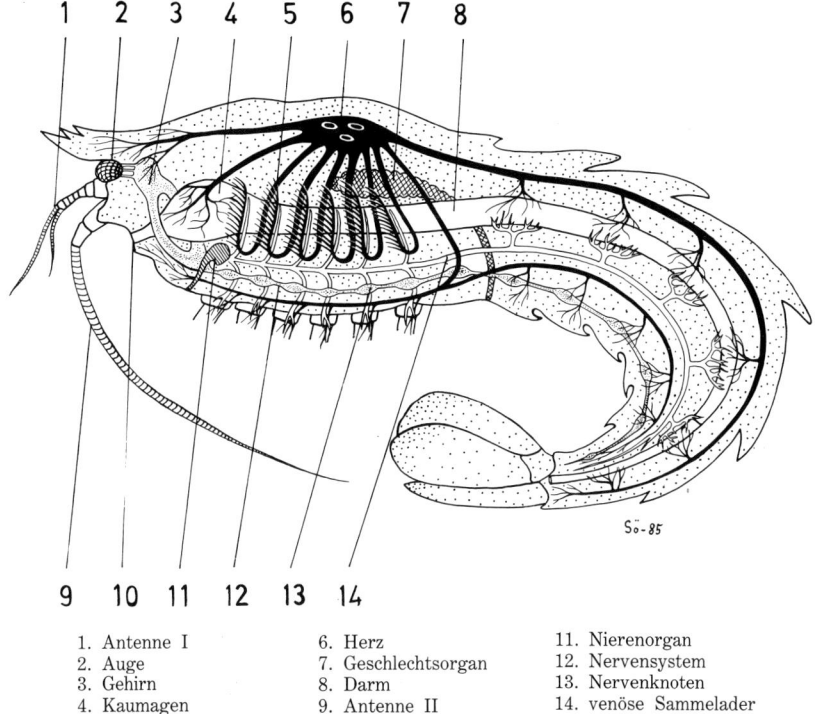

1. Antenne I
2. Auge
3. Gehirn
4. Kaumagen
5. Kiemenarterie
6. Herz
7. Geschlechtsorgan
8. Darm
9. Antenne II
10. Mund
11. Nierenorgan
12. Nervensystem
13. Nervenknoten
14. venöse Sammelader

erstoffbedarf wird bei diesen über die gesamte Körperoberfläche gedeckt.

Bemerkenswert ist die Spezialisierung der ursprünglich zweiästigen Gliedmaßen. Auf die zwei Paar Fühler (Antennen) folgen drei Paar Mundwerkzeuge. Häufig sind auch die ersten Brustbeinpaare für Aufgaben der Nahrungsaufnahme spezialisiert und bilden **Kieferfüße**. Weitere Brustbeinpaare können dem Ergreifen der Beute dienen. Borsten an den Gliedmaßen können Tast- oder chemische Sinnesorgane sein. Der Darm mündet am Ende des Krebskörpers. Da die Tiere Wasserbewohner sind, verwundert es nicht, daß ein Großteil der flüssigen Ausscheidungsprodukte über dünnhäutige Stellen des Körpers, vor allem über die Kiemen, direkt ins Wasser abgegeben wird. Kiemen dienen den Krebsen also nicht nur zur Atmung!

Die Körpergröße der Krebstiere schwankt in unseren Meeren von nicht mehr mit bloßem Auge erkennbaren sehr artenreichen Kleinformen bis zu dem 50 cm lang und fast 5 kg schwer werdenden Hummer und der nur wenig kleineren Languste.

Krebse sind in der Regel getrenntgeschlechtlich. Bei den bodenlebenden Krebsen entschlüpft in den allermeisten Fällen den Eiern eine wenigliedrige freischwimmende Larve (**Naupliuslarve, Zoëalarve**), die für einige Zeit im freien Wasser lebt und nach mehreren Häutungen bei Erreichen der arteigenen Körpersegmentzahl zum Bodenleben übergeht.

ECHINODERMATA (Stachelhäuter)

Zu den Stachelhäutern zählen die Haarsterne (→ Crinoidea), die Seesterne (→ Asteroidea), die Schlangensterne (→ Ophiuroidea), die Seeigel (→ Echinoidea) und die Seegurken (→ Holothuroidea). Sie alle sind reine Meeresbewohner.

Der fünfstrahlige Körperbau läßt uns diese Tiere fremdartig erscheinen: Da gibt es keinen Kopf, kein Vorder- und kein Hinterende. Nur bei den wurmförmigen Seegurken läßt sich ein Vorderende eindeutig festlegen. Zur Orientierung unterscheidet man die Mundseite (**Oralseite**) und die der Mundöffnung abgewandte Seite (**Aboralseite**).

Der Körper der Echinodermen ist durch ein Kalkskelett gestützt, wobei die einzelnen Kalkelemente sehr klein sein können (z.B. bei den → Holothuroidea, Seegurken), im anderen Extrem aber als plattenförmige Gebilde zu einem geschlossenen Skelettsystem zusammentreten (z.B. bei den → Echinoidea, Seeigel). Das Kalkskelett wird im Gegensatz zur Muschelschale oder zu einem Krebspanzer im Innern des Körpers unter der Oberhaut gebildet. Auch die Stacheln eines Seeigels sind im lebenden Zustand von Haut überzogen.

Die Fortbewegung geschieht meist durch hohle Saugfüßchen (Ambulacralfüßchen), die durch Wasserdruck von innen her gestreckt und durch Längsmuskeln wieder zusammengezogen werden können. Bei Seesternen (→ Asteroidea) und Schlangensternen (→ Ophiuroidea) sitzen die Füßchen in Reihen auf der Unterseite der Arme. Bei Seeigeln (→ Echinoidea) und Seegurken (→ Holothuroidea) ziehen sie in fünf Reihen vom Mund bis zum After.

Die Saugfüßchen treten zum Teil auch in den Dienst des Nahrungserwerbs, bei den Haarsternen (→ Crinoidea) ist das ihre Hauptaufgabe.

Durch eine Siebplatte (**Madreporenplatte**) auf der Aboralseite kann der

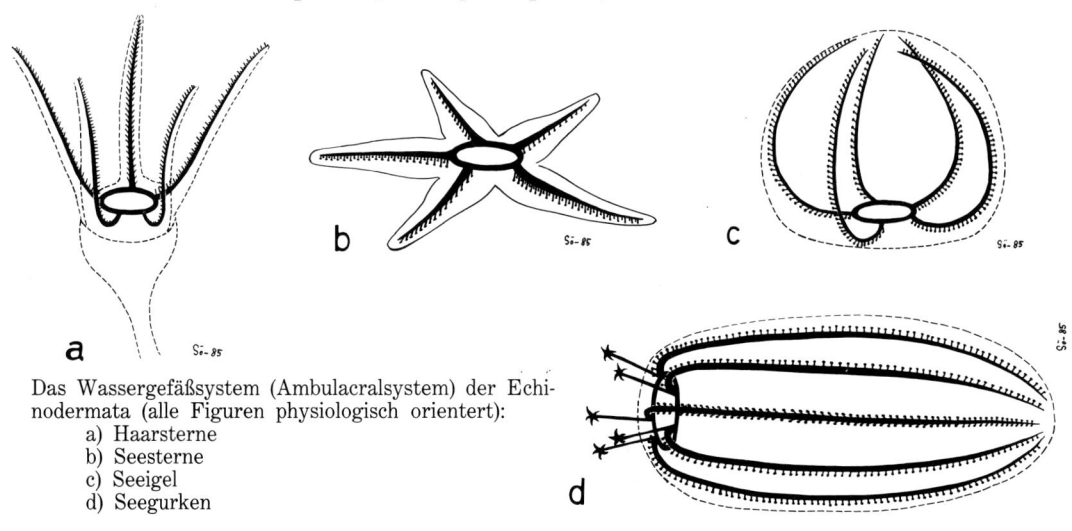

Das Wassergefäßsystem (Ambulacralsystem) der Echinodermata (alle Figuren physiologisch orientiert):
a) Haarsterne
b) Seesterne
c) Seeigel
d) Seegurken

Wasserdruck im Wasserkanalsystem (**Ambulacralsystem**) den jeweiligen Bedürfnissen entsprechend reguliert werden.

Für die gerichtete Fortbewegung der Stachelhäuter übernimmt ein mundseitiger Nervenring koordinierende Funktionen. Durchtrennt man ihn, so geht die normale Bewegungsweise verloren.

Auch die Geschlechtsorgane sind fünfzählig. Eier und Spermien werden frei ins Wasser abgegeben und dort befruchtet. Aus ihnen entwickeln sich zweiseitig symmetrische (nicht fünfstrahlige!) Schwimmlarven, die einige Zeit im freien Wasser treiben, ehe sie nach einer komplizierten Umwandlung (Metamorphose) ihre endgültige Gestalt und Lebensweise aufnehmen.

ECHINOIDEA (Seeigel), 25 Mittelmeerarten

Die Seeigel sind die einzige Gruppe innerhalb der → Echinodermata (Stachelhäuter), bei denen die für diese Gruppe charakteristischen Kalkplatten ein festes Skelett bilden, das kaum eine Veränderung der Körperform zuläßt (Ausnahme: tropische Lederseeigel). Zwei Gruppen lassen sich innerhalb der Seeigel unterscheiden:

Reguläre Seeigel (Regularia): Körper radiärsymmetrisch gebaut; Mund und After liegen einander gegenüber; gut entwickelter Kauapparat.

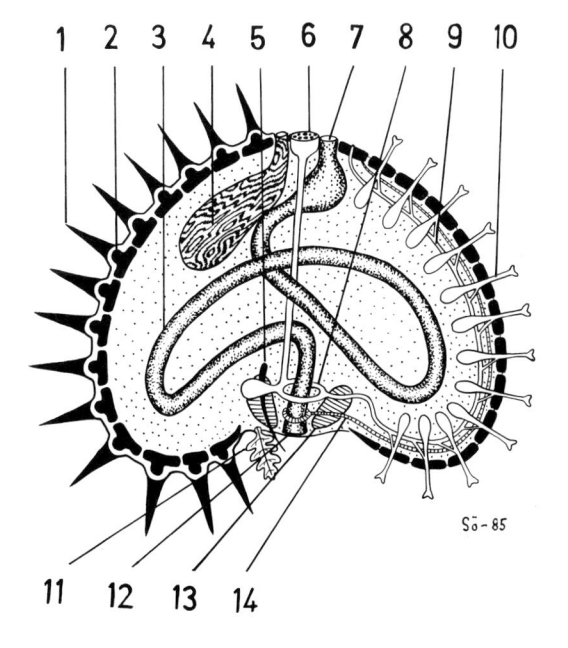

1. Stachel
2. Skelettplatte
3. Darm
4. Geschlechtsorgan
5. Kieferapparat
6. Siebplatte
7. After
8. Ringkanal
9. Radiärkanal
10. Füßchen
11. Kiemenbüschel
12. Mund
13. Kiefermuskel
14. Nervensystem

Irreguläre Seeigel (Irregularia): Bei den europäischen Arten Gestalt länglich, mit einem (sekundär entstandenen) Vorder- und Hinterende; Mund auf der Körperunterseite nach vorn, After nach hinten verschoben; Stacheln kurz, pelzartig an den Körper angelegt; Kauapparat bei vielen Arten rückgebildet.

Da bei den Seeigeln die Radien des Wassergefäßsystems der Mundseite fast die gesamte Körperoberfläche überziehen und die Aboralseite nur sehr klein ist (→ Echinodermata), reichen auch die Reihen der Füßchen fast über die gesamte Oberfläche. Sie treten durch Poren in den sogenannten **Ambulacralplatten** heraus. Zwischen den paarigen Reihen der Ambulacralplatten liegen die nicht perforierten **Interambulacralplatten**. Diese für Reguläre Seeigel charakteristische Anordnung der Skelettelemente wird besonders deutlich an den Panzern toter Tiere ohne Stacheln. Ambulacral- und Interambulacralplatten sind bedeckt mit kleinen, halbkugeligen Gelenkhöckern, denen die typischen Seeigelstacheln aufsitzen. Diese sind durch basale, radiär angeordnete Muskeln in alle Richtungen beweglich. Manchmal erreichen die Stacheln eine beträchtliche Länge, sodaß die betreffenden Seeigel auf ihnen umherstelzen können und dadurch eine höhere Geschwindigkeit erzielen. Modifizierte Stacheln stellen die für Seeigel charakteristischen Greifzangen (**Pedicellarien**) dar. Sie dienen zur Körperpflege und/oder zur Verteidigung; manchmal sind sie mit Giftdrüsen versehen, z.B. bei einigen tropischen Arten.

In der Mitte der nach oben gewandten Aboralseite liegt bei den Regularia die Afteröffnung. In unmittelbarer Nähe finden wir die unscheinbare Öffnung der Geschlechtsorgane. Hier münden die in Fünfzahl angelegten Geschlechtsorgane gemeinsam aus.

Die Mundöffnung ist zur Unterseite gerichtet. Oft werden im Mund die Spitzen von Zähnen sichtbar, mit denen neben Algen auch alles andere Verdauliche vom Untergrund abgeraspelt wird; z.T. wird auch Aas gefressen. Die fünf Zähne des Kieferapparates — ihrer Form nach «Laterne des Aristoteles» genannt — können vorgestreckt, zurückgezogen und gegeneinander bewegt werden. An der Peripherie des Mundfeldes stehen fünf Paar stark verästelte Anhänge, die Kiemen.

Bei den Irregulären Seeigeln ist der Körperbau sekundär mehr oder weniger stark abgewandelt, und die sonst starren Stacheln sind borstenartig dünn. Das hängt mit ihrer vornehmlich grabenden Lebensweise im Meeresboden zusammen. Die Regulären Seeigel sitzen oder bewegen sich dagegen frei auf dem Meeresboden, im Mittelmeer gern in Seegraswiesen und auf den Felsen.

Seeigel werden in der Regel mehrere Jahre alt. Das Geschlecht der stets getrenntgeschlechtlichen Tiere ist im Normalfall äußerlich nicht erkennbar. Eier und Sperma werden ins freie Wasser abgegeben. Die weitere Entwicklung läuft stets über mikroskopisch kleine **Pluteus**-Larven, die zweiseitig (!) symmetrisch organisiert sind und in der Regel mehrere Wochen im Plankton leben. Nach einer komplizierten Umwandlung (Metamorphose) beginnt der nun etwa 1 mm große Seeigel mit dem Bodenleben.

ECHIURIDA (Igelwürmer), ca. 5 Mittelmeerarten

Die weltweit verbreiteten, meeresbewohnenden Igelwürmer haben eine plumpe Wurmgestalt. Ein Borstenpaar auf der Bauchseite und 1-2 Borstenkränze am Hinterende dienen der Verankerung beim Kriechen und Bohren im Sand und Schlick. Nach vorn, über die Mundöffnung hinaus, ragt ein mehr oder weniger langer Mundlappen. Am Körperhinterende befindet sich der After. Der Mundlappen dient der Nahrungsaufnahme: Außerordentlich beweglich, dehnbar, mit Sinnesorganen und Wimpern besetzt, formt er mit seinem eingerollten Seitenrand ein «Förderband», auf dem Nahrungspartikel zur Mundöffnung gleiten. Als Nahrung dienen Kleintiere und organische Sinkstoffe.

Die mehrjährigen Igelwürmer sind getrenntgeschlechtlich. Bei einigen Gattungen sind Männchen und Weibchen außerordentlich verschieden groß. Der Körper von *Bonellia viridis*-Weibchen ist ohne Rüssel ca. 10 cm lang, *Bonellia*-Männchen hingegen sind nur 1-2 mm groß (sog. Zwergmännchen).
Interessant ist, daß bei *Bonellia* die aus den Eiern schlüpfenden Larven hinsichtlich ihres Geschlechtes noch nicht festgelegt sind. Gelangt eine Larve durch Zufall auf den 1-1.5 m langen Mundlappen des weiblichen Tieres, entwickelt sich diese zum Zwergmännchen. Andernfalls wird aus der Larve ein Weibchen.

Die Verwandtschaftsverhältnisse zu anderen Tiergruppen sind noch unsicher. Die Entwicklung der befruchteten Eier (Spiralfurchung) und die sich daraus entwickelnde Larvenform (**Trochophora**) erinnern u.a. stark an die Verhältnisse der → Annelida (Ringelwürmer).

GASTROPODA (Schnecken), ca. 1200 Mittelmeerarten

Die Gastropoda sind → Mollusca mit gut ausgebildetem **Kopf,** einem **Fuß** mit breiter Kriechsohle und im typischen Falle mit spiralig aufgewundenem **Eingeweidesack,** der von einer Schale umgeben ist. Der Kopf trägt in der Regel 2 oder 4 Fühler, ein Paar Augen und manchmal einen vorstülpbaren Rüssel. Im Mund finden wir eine hornige Kauplatte (**Radula**), deren Zähnchen für die systematische Einteilung der Familien und Gattungen wichtig sind. Der für Mollusca typische **Mantel** umschließt den Eingeweidesack und scheidet die charakteristische Schneckenschale ab. Die **Mantelhöhle** ist eine Einfaltung des Mantels, in der die Atmungsorgane und ein chemisches Sinnesorgan, das **Osphradium** liegen. Hier münden auch der Darm und die Nierenausführgänge.

Die typisch gebauten Gehäuseschnecken gehören fast sämtlich zur Unterklasse **Prosobranchia** (Vorderkiemer). Der Eingeweidesack ist spiralig gedreht, auch bei Formen mit napfförmiger Schale. Die Mantelhöhle mit einer großen Kieme und der Afteröffnung gelangt dadurch nach vorn und liegt auf dem

Rücken (daher «Vorderkiemer»). Die Schalenmündung kann bei manchen Arten durch einen hornigen oder verkalkten Deckel verschlossen werden.

Die **Opisthobranchia** oder Hinterkiemenschnecken unterscheiden sich von den Prosobranchia durch die fortschreitende Rückbildung der Schale und den andersartigen Bau ihrer Kiemen. Bei der Mehrzahl der Hinterkiemer fehlt die Schale ganz oder sie wird von den Mantelrändern überwachsen, sodaß sie äußerlich nicht sichtbar ist. Die bei den Prosobranchia vorn in der Mantelhöhle gelegene Kieme ist bei einigen Familien stark seitlich oder nach hinten verschoben daher «Hinterkiemer». Bei anderen fehlt die Kieme oder sie wird ersetzt durch Neubildungen, wie bei den meist buntgefärbten, gehäuselosen Nacktschnecken (Nudibranchia): Bei einer Gruppe finden wir dünnhäutige, büschelartig verzweigte Hautanhänge, die um den auf den hinteren Bereich des Rückens verlagerten After angeordnet sind. Bei einer anderen Nacktschneckengruppe können solche Kiemenanhänge auf der ganzen Länge des Rückens ausgebildet sein.

Die meisten Opisthobranchier sind Bodentiere. Einzelne Arten vermögen mit Hilfe ihres stark verbreiterten Mantels oder Fußrandes zu schwimmen. Nur 2 spezialisierte Ordnungen (Flügelschnecken, Pteropoda) sind völlig zur schwimmenden Lebensweise im Plankton übergegangen.

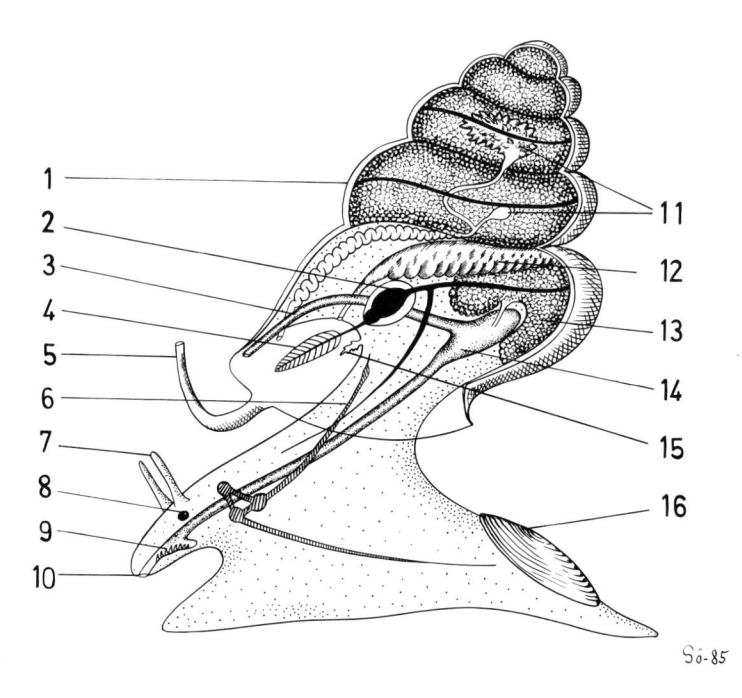

1. Schale
2. Herz
3. Darm
4. Kieme
5. Sipho
6. Nervensystem
7. Fühler
8. Auge
9. Radula
10. Mund
11. Geschlechtsorgan
12. Niere
13. Mitteldarmdrüse
14. Magen
15. Osphradium
16. Operculum

Gastropoda Prosobranchia

Die Larven sind **Trochophoralarven** oder aus diesen hervorgegangene sog. **Veliger** mit lappig verbreitertem Wimpernkranz und bereits deutlichen Anlagen der Schale und des Fußes. Die Eier sind relativ groß, mit horniger Schale und werden in Klumpen oder in vielfach spiralig aufgedrehten Bändern an Steinen und Pflanzen abgesetzt. Einige Arten sind lebendgebärend.

GORGONARIA (Hornkorallen, Fächerkorallen), 21 Mittelmeerarten

Gorgonaria sind meist baum- oder fächerförmig verzweigte Tierkolonien der Gruppe → Anthozoa Octocorallia. Zusätzlich zu kleinen Kalkskelettelementen, die von der Deckzellschicht (Ectoderm) nach innen in eine Rindenschicht (**Coenosark**) abgeschieden werden, gibt es bei den Gorgonaria ein aus organischem Material (Gorgonin) bestehendes Achsenskelett; daher der Name Hornkorallen. In die Rindenschicht sind die mit acht gefiederten Tentakeln versehenen sehr kleinen Polypen eingebettet, die gewöhnlich über die gesamte Tierkolonie verteilt sind und untereinander in Verbindung stehen. Ventilationspolypen (Siphonozoide) mit deren Hilfe z.B. → Alcyonaria und → Pennatularia aktiv Wasser aufnehmen und abgeben können, fehlen den Hornkorallen.

Die zum Teil über meterlangen, intensiv weiß, gelb oder rot gefärbten Tierstöcke sind meist mit einer scheibenförmigen Basalplatte auf solidem Untergrund festgewachsen. Die Äste stehen mehr oder weniger fächerförmig in einer Ebene ausgebreitet, wobei sie in der Nähe der Wasseroberfläche meist parallel zu dieser ausgerichtet sind, in größerer Tiefe dagegen senkrecht zu ihr. Das hängt mit der mittleren Hauptströmungsrichtung des Wassers zusammen, durch die allerlei kleine Beutetiere herangeführt werden, die dann in dem Netzwerk der Gorgonienäste festgehalten werden.

Erwähnt werden muß die im Mittelmeer beheimatete Edelkoralle *Corallium rubrum* (Abb. 121), die wegen ihres harten roten Zentralskelettes in der Schmuckindustrie begehrt ist. Trotz ihres starren, aus Kalk bestehenden Achsenskeletts zählt die Edelkoralle zu den Hornkorallen, da sich die ectodermal isoliert gebildeten Kalksklerite sekundär zusammenlagern und zu einer kompakten Kalkmasse verkittet werden.

HOLOTHUROIDEA (Seegurken, Seewalzen), 47 Mittelmeerarten

Die walzen- oder wurmförmigen Seegurken sind die einzigen Stachelhäuter (→ Echinodermata), an denen man ein Vorder- und ein Hinterende unterscheiden kann. Der Körper ist gestreckt in der Richtung vom Mund zum After, d.h. in der ursprünglichen Hauptachse des Tieres. Von den fünf Wassergefäßsystemreihen (Ambulacralreihen) liegen meist drei auf der Bauch- und zwei auf der Rückenseite.

Die Mundöffnung ist von einem Kranz aus einer verschieden großen Anzahl von Tentakeln umgeben. Sie stellen zur Ernährung umgewandelte Füßchen dar und werden auch durch den gleichen Mechanismus aus- und eingestülpt (→ Echinodermata). Die Füßchen der beiden Rückenambulacralreihen sind oft zu warzigen Papillen umgebildet, während die der drei Bauchreihen der Fortbewegung dienen.

Die Körperwand ist durch zahlreiche, in ihrem Innern liegende Kalkske-

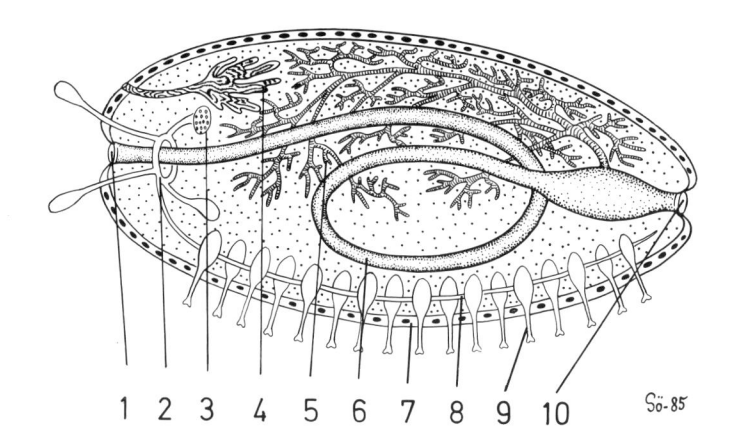

1. Mund
2. Ringkanal
3. Siebplatte
4. Geschlechtsorgan
5. Wasserlunge
6. Darm
7. Hautmuskelschlauch mit Skelettplättchen
8. Radiärkanal
9. Füßchen
10. After

lettelemente verstärkt, deren charakteristische Form als Merkmal bei der Artdiagnose herangezogen wird.

Bei den Seegurken bilden neben den Skelettelementen auch Muskulatur und Bindegewebe einen äußerst festen Verband und regulieren beträchtliche Volumenänderungen: Durch Wasseraufnahme in die **Wasserlungen** können die Holothurien eine erhebliche Größenzunahme bewirken. Wasserlungen sind ein Paar verästelte Schläuche, die vom Hinterende der Tiere weit nach vorn in den Körper reichen. Sie dienen auch der Atmung, haben also Kiemenfunktion. Bei Beunruhigung spritzen die Tiere das Wasser aus und schrumpfen sehr stark zusammen. In großer Bedrängnis stoßen sie oft sogar den gesamten Darm durch die Afteröffnung aus. Dieser wird dann im Verlauf einiger Tage wieder neu gebildet.

Holothurien leben im allgemeinen auf oder im Meeresboden. Während die eingegrabenen Arten potentiellen Feinden in der Regel verborgen bleiben, haben die auf dem Meeresboden herumkriechenden Formen besondere Schutzeinrichtungen entwickeln müssen. In einigen Fällen wird ein hämolytisches (blutzersetzendes) Gift durch die Haut abgeschieden; andere Arten wehren ihre Feinde ab, indem sie stark klebrige und dehnbare weiße Fäden (**Cuviersche Schläuche**) aus der Afteröffnung herausstoßen.

Der schlanke Nadelfisch *Fierasfer acus* kann bei den Mittelmeergattungen *Stichopus* (Abb. 31) und *Holothuria* (Abb. 32) als Raumparasit in den

Wasserlungen angetroffen werden. Er schlüpft durch die hintere Körperöffnung der trägen Seewalzen geschickt ein und aus.

Die Verbreitung der mehrjährigen und meist getrenntgeschlechtlichen Tiere erfolgt über eine kurzfristig planktisch lebende Wimpernlarve (**Auricularia-Larve, Doliolaria-Larve**).

HYDROZOA, ca. 200 Mittelmeer-Hydropolypenarten; ca. 120 Mittelmeer-Hydromedusenarten

Unter den zum Stamm der → Cnidaria zählenden meeresbewohnenden Hydrozoen finden wir zwei verschiedene Generationen: festsitzende, meist koloniebildende **Polypen** und freischwimmende **Medusen** (Quallen). Polypen wie Medusen sind meist nur wenige Millimeter groß, die Kolonien entsprechend umfangreicher. Während die Polypen sich ungeschlechtlich durch Knospung vermehren und auf diese Weise auch Medusen hervorbringen, bilden die Medusen männliche und weibliche Geschlechtszellen. Aus den länglichen, bewimperten **Planulalarven** gehen dann wieder Polypen hervor. Das Medusenleben im freien Wasser ist besonders gefahrvoll: Vielleicht ist das der Grund dafür, daß bei vielen Hydrozoenarten die Medusengeneration mehr oder weniger stark rückgebildet wird oder ganz aufgegeben ist.

Die **Hydropolypen** bestehen aus einem runden Rumpfstiel, dem ein Köpfchen mit Tentakeln und Mundöffnung aufsitzt. Bei vielen Arten kann das Köpfchen in eine kelchartige Abscheidung (**Theka**) der Deckzellschicht (**Periderm**) zurückgezogen werden (Gruppe Thecaphora). Anderen Polypen fehlt diese Kelchbildung (Gruppe Athecata). Die meisten Meereshydroidpolypen sind kolonial organisiert, wobei die Koloniebildung recht unterschiedlich vor sich geht: Bei stolonialen Stöcken treibt der Gründungspolyp an seiner Basis aus, und von dem derart gebildeten **Stolo** sprossen dann senkrecht sekundäre Polypen hervor. Knospung am Rumpfstiel selbst kann ebenfalls zu verschiedenen Stockgestalten führen, je nachdem, ob der Achsensproß sein Wachstum beibehält (monopodial) oder von den Seitenpolypen jeweils überholt wird (sympodial).

Häufig kommt es an den Stöcken zu einer Arbeitsteilung und Spezialisierung der Einzelpolypen. Neben den Freßpolypen entstehen Polypen für Medusenknospung und für Verteidigung. Solche spezialisierten Polypen werden von den normalen Freßpolypen über die Achse des Stockes mitversorgt. Da die Polypenstöcke zu keiner Ortsveränderung fähig sind, ist ihr Vorkommen in der Regel auf strömungsreiche Wasserzonen beschränkt, wo sie nicht durch Sinkstoffe zugedeckt werden und ihnen dauernd Nahrung herangetragen wird.

Hydromedusen: Von den großen Medusen der Scyphozoen (Schirmquallen) sind die Hydromedusen leicht durch das ringförmige, mit Muskelfasern versehene Häutchen am Schirmrand, das **Velum**, zu unterscheiden. Dieses Velum verengt den Zugang zum **Subumbrellarraum**, dem Raum um das Mundrohr. Die Geschwindigkeit des beim Schwimmen aus dem Subumbrellarraum ausgestoßenen Wassers wird durch die enge Öffnung erheblich erhöht, wodurch sich die Geschwindigkeit der schwimmenden Meduse ebenfalls erhöht. Am Schirmrand finden sich oftmals Augen und Schweresinnesorgane (Statocysten).

Die Medusen können nach der Art der Sinnesorgane und der Lage der Geschlechtszellen unterschieden werden: Die **Anthomedusen** mit Geschlechtszellen am Mundrohr und ohne Schweresinnesorgane, vielfach jedoch mit Augen, sind die Medusen der athecaten Polypen.

Die **Leptomedusen** der thecaten Polypen tragen dagegen die Geschlechtszellen an den Radiärkanälen des Magenraumes und besitzen Statocysten am Schirmrand.

Sowohl Hydropolypen als auch Hydromedusen fressen bevorzugt tierisches Plankton, wobei die Beutetiere in der Regel als Ganzes verschlungen werden.

MADREPORARIA (Steinkorallen), 32 Mittelmeerarten

Madreporaria sind meist koloniebildende, seltener einzeln lebende, fast immer auf harter Unterlage festgewachsene → Anthozoa Hexacorallia mit einem mehr oder weniger kompakten, gewöhnlich weißen Kalkskelett. Sie sind ein wesentliches Element der tropischen und subtropischen Korallenriffe. Die Fußscheibe der Steinkorallen scheidet große flache Kalkskelette (Aragonit) ab, auf denen zunächst sechs radiäre Rippen verlaufen, entsprechend der Anzahl der Magensepten. Bei weiterem Wachstum wird die Zahl um jeweils sechs erhöht.

Die Mehrzahl der Steinkorallen bildet umfangreiche, baumförmige oder massive Stöcke, in denen sich die Polypen beim Wachstum innerhalb oder außerhalb des Tentakelkranzes verzweigen, dabei aber miteinander in Kontakt bleiben. Von der Fußscheibe und der lebenden Deckschicht zwischen den Polypenköpfchen wird laufend Skelettmaterial abgeschieden, so daß der Stock sich ständig zum Rand hin ausdehnt. Innen werden neue Querböden eingezogen, und die Fußscheiben der Polypen rücken nach außen nach. Das Innere eines solchen Polypenstockes besteht also nur aus totem Skelettmaterial, während sich die lebenden Polypen auf die äußere Oberfläche beschränken.

Die riffbildenden Steinkorallen sind meist auf eine Symbiose mit einzelligen Algen, den **Zooxanthellen**, angewiesen, die sie in den Zellen ihrer Magenwand aufbewahren. Diese Zooxanthellen üben einen vorteilhaften Einfluß auf Atmung und Skelettbildung der Wirtskorallen aus. Dadurch ist deren Verbreitung aber auch stark von den Lichtverhältnissen abhängig: Riffkorallen sterben in einer Tiefe von ca. 90 m ab.

Ansonsten besiedeln Steinkorallen alle Meere von der Küstenregion bis in größere Tiefen (6000 m). Typische Riffbildungen gibt es im Mittelmeer nicht.

Nahrungsquelle ist das freie Wasser, aus dem in erster Linie tierische Planktonorganismen mit den nesselkapselbewehrten, ungefiederten Tentakeln gefangen werden. Viele tropische Arten zeigen in Anpassung an nächtliche Vertikalwanderungen des Zooplanktons einen deutlichen Tag-Nachtrhythmus der Freßaktivität.

MOLLUSCA (Weichtiere)

Die Weichtiere oder Mollusca sind mit ca. 130000 Arten der zweitgrößte Tierstamm nach den → Arthropoda (Gliederfüßer). Neben den allbekannten Schnecken und Muscheln umfaßt die Tiergruppe noch mehrere recht abweichend gebaute Gruppen wie die → Cephalopoda (Kopffüßer = «Tintenfische»), die Elefantenzahnschnecken (Scaphopoda), die Wurmmolluscen (Solenogastres) und die sehr altertümlichen Käferschnecken (Polyplacophora).

Der Körper der Mollusken ist zweiseitig symmetrisch gebaut, wenn auch bei den → Gastropoda (Schnecken) das Gehäuse im Normalfall aufgewunden ist. Der meist gut ausgebildete **Kopf** enthält das Nervenzentrum, viele Sinnesorgane und im Mund eine Reibezunge oder **Radula**, mit der alle Mollusken mit Ausnahme der → Bivalvia (Muscheln) ihre Nahrung aufbereiten. Auf einer Chitinmembran sitzen viele Zahnreihen, die über ein festes Polster hin- und herbewegt werden können. Zahl und Gestalt der Zähne ist bei den verschiedenen Weichtiergruppen und -arten sehr unterschiedlich. Da sich die Zähne abnutzen, werden in einer Mundfalte ständig neue gebildet.

Alle Möglichkeiten der Bildung von Lichtsinnesorganen, von einzelnen Lichtsinneszellen bis hin zu komplizierten Linsenaugen, die denen der Wirbeltiere nicht nachstehen, sind bei den Mollusken vorhanden.

Unter dem Rumpf sitzt der **Fuß**, der in vielfältiger Abwandlung der Fortbewegung dient. Zwischen den auf dem Rücken liegenden **Eingeweidesack** und dem Rumpf liegt der **Mantel**. Er umschließt die **Mantelhöhle**, in der die Kiemen liegen und in die die Geschlechtsorgane und der Enddarm münden. Der **Mantelrand** ist Bildungsort der für die Weichtiere charakteristischen Schale, die im typischen Falle aus 3 Schichten besteht (von außen nach innen: Periostracum, Prismenschicht, Perlmuttschicht).

Die meisten Weichtiere sind getrenntgeschlechtlich, doch gibt es auch Zwitter. Aus den befruchteten Eiern entwickelt sich bei den meisten Meeresformen eine typische Schwimmlarve mit bewimperten Schwimmlappen, die **Veligerlarve**, die bereits eine Schale gebildet hat. Bei Landtieren verläuft die Entwicklung meist direkt ohne larvale Zwischenstufen.

OPHIUROIDEA (Schlangensterne), ca. 30 Mittelmeerarten

Die Schlangensterne unterscheiden sich bereits äußerlich von den Seesternen (→ Asteroidea) durch ihre schlanken, sehr beweglichen Arme, die scharf von einer runden zentralen Körperscheibe abgesetzt sind. Die Arme enthalten das für → Echinodermata typische Hautskelett, das hier in Form von hintereinandergereihten, gelenkartig miteinander verbundenen Wirbeln vorliegt. Die Arme werden dadurch sehr brüchig; verlorengegangene Armteile wachsen jedoch wie bei den Seesternen leicht wieder nach.

Die Füßchen laufen am Ende mehr oder weniger spitz zu und tragen nie Saugscheiben (vergl. → Asteroidea). Sie dienen nicht der Fortbewegung, sondern sind Tastorgane und werden beim Nahrungspartikeltransport zum Mund eingesetzt.

Alle Körperöffnungen liegen auf der Unterseite des Tieres: Hier führt eine fünfstrahlige Öffnung in den Mundvorraum. Ein normalerweise auf der mundabgewandten Seite liegender After fehlt dieser Echinodermengruppe. Seitlich an den Ansatzstellen der Arme befindet sich je eine schmale Spalte, die in eine dünnhäutige Hauteinstülpung, die **Bursa**, führt. Diese Organe dienen der Atmung, und durch Wimpernschlag wird ein dauernder Zustrom von frischem Wasser aufrechterhalten. Sehr versteckt in einer der Bursalspalten liegt eine winzige Öffnung, durch den das innere Hohlraumsystem der Tiere mit dem umgebenden Meerwasser kommuniziert. Die für → Echinodermata typische Madreporenplatte fehlt also dieser Tiergruppe.

Viele Schlangensterne ernähren sich filtrierend, indem sie ihre vielfach seitlich bestachelten Arme in das freie Wasser halten. Kleinpartikel und Planktonorganismen bleiben an ihnen und den Füßchen hängen und werden dann einzeln mit Hilfe der Füßchen in Richtung Mund weitergereicht. Andere Arten tupfen meist tote organische Nahrungspartikel beim Umherwandern vom Meeresboden auf. Auch Aas wird gefressen. Wenige Arten leben räuberisch, indem sie die Öffnung ihres Mundvorraumes über Beutetiere, z.B. kleine Muscheln, stülpen.

Die Schlangensterne sind meist getrenntgeschlechtlich, ohne daß man das Geschlecht äußerlich unterscheiden könnte. Einige Arten sind auch Zwitter. Eier und Spermien werden in die Bursen entleert und gelangen von dort nach außen. Die befruchteten Eier entwickeln sich zu **Ophiopluteuslarven**, die lange Zeit freischwebend im Wasser treiben und so für die Artverbreitung sorgen. Nach komplizierter Umwandlung (Metamorphose) gehen sie zum Bodenleben über.

OSTEICHTHYES (Knochenfische), ca. 450 Mittelmeerarten

Die Knochenfische sind eine sehr alte Fischgruppe, die uns durch Fossilien bereits aus der Devonzeit (vor 330 Millionen Jahren) bekannt ist. Vermutlich gab es erste Knochenfische schon vor ca. 400 Millionen Jahren.

Das charakteristische Merkmal aller Knochenfische ist das mehr oder weniger verknöcherte Skelett. Zwar ist die Verknöcherung bei den ursprünglichen Gruppen der Knochenfische nicht sonderlich ausgeprägt und erstreckt sich dort auf die Schädelregion, sie erreicht aber mit der komplizierten Verknöcherung des Schädels und der Wirbelsäule bei den modernen «Echten Knochenfischen» (Teleostei) ihre Vollendung.

Die beiden altertümlichen Gruppen der Knochenfische, die **Knorpelganoiden** (Störe) und die **Knochenganoide** (Knochenhechte, Schlammfische) zeichnen sich durch den Besitz von Schmelz- oder **Ganoidschuppen** aus. Diese Schuppen sind außen mit einer harten Schmelz- oder Ganoidschicht überzogen, die sich etwa mit unserem Zahnschmelz vergleichen läßt. Die stammesgeschichtlich viel jüngeren Echten Knochenfische (Teleostei), zu der etwa 95% aller heute noch lebenden Fischarten gehören, tragen dagegen Schuppen, die nur aus Knochensubstanz bestehen. Bei diesen Knochenschuppen unterscheiden wir zwei Typen, die für den Systematiker von Bedeutung sind, weil sich aus dem Vorhandensein des einen oder anderen Schuppentyps' stammesgeschichtliche Rückschlüsse ziehen lassen: Die rundlichen **Cycloid**- oder Rundschuppen werden als entwicklungsgeschichtlich älter angesehen, da der andere Typ, die gezähnten **Ctenoid**-oder Kammschuppen, während ihres Wachstums das Cycloidschuppenstadium durchlaufen.

Ein wesentlicher Unterschied zu den Knorpelfischen (→ Chondrichthyes) zeigt sich neben der Verknöcherung des Skelettes in der Ausbildung der Kiemenspalten. Während bei Haien und Rochen das Atemwasser durch verschiedene Kiemenspalten ausströmt, werden die Kiemenspalten der Knochenfische durch einen knöchernen Kiemendeckel abgedeckt und zu einer einzigen Austrittsöffnung verbunden. So sind die Kiemen geschützt, und die Ventilation des Atemwassers kann durch die Kiemendeckel unterstützt werden.

Eine **Schwimmblase** ist bei den meisten Knochenfischen vorhanden. Sie hat sich aus einer lungenähnlichen Aussackung des Vorderdarmes entwickelt. Zwischen Darm und Schwimmblase kann noch ein Verbindungsgang (**Ductus pneumaticus**) vorhanden sein.

Knochenfische mit Verbindungsgang, die sog. **Physostomen**, können über den Darm das Luftvolumen der Schwimmblase und damit Auf- oder Abtrieb schneller regulieren als die **Physoclisten**, die diese Verbindung nicht mehr besitzen und die Regulation nur über kapillare Blutgefäße ausführen.

Neben verschiedenartigsten Körperformen wird die Gestalt der Fische wesentlich durch die Art der **Flossen** bestimmt. Es gibt unpaare, also einzeln

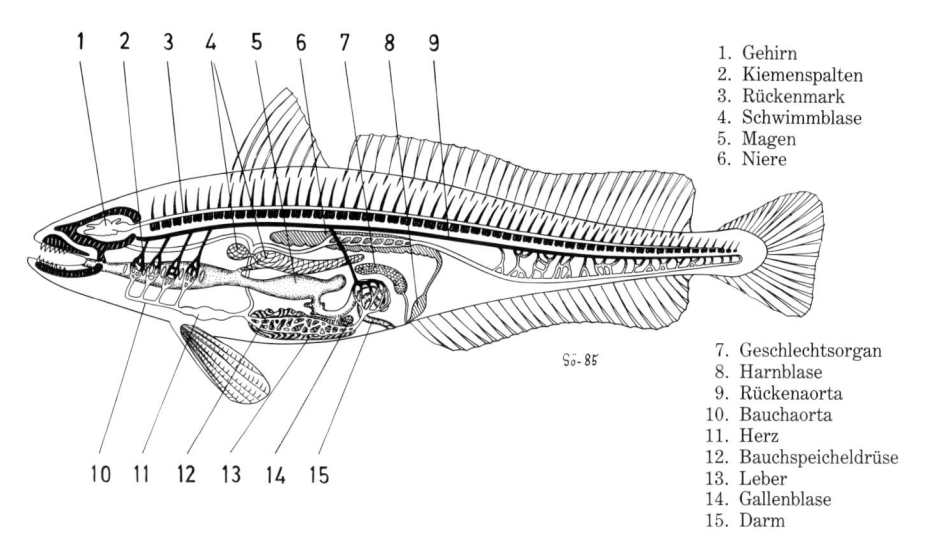

1. Gehirn
2. Kiemenspalten
3. Rückenmark
4. Schwimmblase
5. Magen
6. Niere
7. Geschlechtsorgan
8. Harnblase
9. Rückenaorta
10. Bauchaorta
11. Herz
12. Bauchspeicheldrüse
13. Leber
14. Gallenblase
15. Darm

in der Mittellinie angeordnete Flossen und paarige an den Körperseiten. In erster Linie dienen sie zur Stabilisierung des Fischkörpers und — besonders die Schwanzflosse — zur Fortbewegung. Rücken-, After- und Schwanzflosse sind die unpaaren Flossen. Sie können nur in der Längsrichtung unterteilt sein, bleiben also auch beim Vorhandensein von zwei Rückenflossen unpaarig. Brust- und Bauchflossen sind stets paarig, d.h. es ist je eine links und rechts des Fischkörpers angeordnet. Sie entsprechen den Vorder- und Hinterextremitäten der übrigen Wirbeltiere.

Die knöchernen Flossenstrahlen können aus ungeteilten, geteilten oder mehrfach geteilten (gefiederten) Weichstrahlen bestehen oder aus Hartstrahlen, wie sie z.B. für Barsche typisch sind.

Fische sind in allen marinen Lebensbereichen oft artenreich anzutreffen. Anatomische Spezialisierungen im Gesichtsschädelbereich, die das Aufnehmen von ganz unterschiedlicher Nahrung und damit das Ausnützen der verschiedensten ökologischen Nischen ermöglichen, mögen einer der Hauptgründe hierfür gewesen sein.

Aufgenommene Nahrung wird in der Mundhöhle geschmacklich geprüft. Geschmacksknospen liegen aber nicht nur hier, sondern auch auf eventuell vorhandenen Bartfäden, an den freien Brustflossenstrahlen der **Knurrhähne** und oft auch über Rumpf und Flossen verstreut.

Ein eigentümliches System von Sinnesorganen, das sonst nur noch den Amphibien zukommt, ist das **Seitenliniensystem**, äußerlich meist als geschwungene Linie an den Körperseiten erkennbar. Es dient dem Ferntastsinn und arbeitet nach dem Prinzip der Echopeilung, indem es die von Hindernissen zurückgeworfenen Druckwellen wahrnimmt. Ein Erkennen von Hindernissen in trübem Wasser oder in der Dunkelheit, aber auch das Wahrnehmen von anderen Fischen — z.B. von Feinden — ist damit gewährleistet.

Viele Fische hören gut, und eine beträchtliche Anzahl ist zur Lauterzeugung fähig, wobei vielfach die Schwimmblase als Resonanzkörper dient.

Die Geschlechter der Fische sind in der Regel getrennt und sehr oft äußerlich unterscheidbar. Man kennt wenige Zwitter, selbstbefruchtende Zwitter gibt es unter den Fischen allerdings nicht. Die Befruchtung erfolgt meist im freien Wasser, wo beide Geschlechter im allgemeinen zur gleichen Zeit laichen. Vielfach werden dazu ausgedehnte Wanderungen zu besonderen Laichplätzen unternommen. Wenige bauen Nester. Man kennt auch Maulbrüter. Mit wenigen Ausnahmen durchlaufen die geschlüpften Jungen eine planktonische Phase. Sie besitzen in den ersten Tagen einen Dottersack (Praelarve), der nachher resorbiert wird (Larve): Beide Phasen zeigen noch keine richtigen Flossen mit Strahlen. Die Larvenzeit beträgt etwa 2-10 Wochen.

PENNATULARIA (Seefedern), 7 Mittelmeerarten

Pennatularia sind fleischige, meist mit einem zentralen Skelettstab versehene Tierstöcke, die im Gegensatz zu den übrigen → Anthozoa Octocorallia nicht auf der Unterlage festgewachsen sind und daher ausschließlich weichen Untergrund wie Sand und Schlick bewohnen. Die Tierkolonie ist niemals verzweigt und läßt einen polypenfreien und einen polypentragenden Abschnitt unterscheiden. Der untere (polypenfreie) Teil der Tiere ist zu einem birnenförmigen Schwellkörper umgebildet, mit dem sich die Kolonie als Ganzes im Meeresboden verankert und mit dem sie kleinräumige Ortsveränderungen vornehmen kann. Auf dem Boden liegend, können sich einige Arten kriechend langsam fortbewegen und sich — durch Krümmung ihrer Hauptachse — in den Boden einbohren. Der obere polypentragende Teil, der im Normalfall nicht mit dem Meeresboden in Berührung kommt, wird als **Polypar** bezeichnet. Die mit sechs gefiederten Tentakeln versehenen Polypen dienen der Ernährung der Tierkolonie. Bei einigen Arten können die Einzelpolypen nicht in die Rindenschicht (**Coenosark**) zurückgezogen werden. Der Besitz von **Ventilationspolypen** (Siphonozoide) gestattet den Tieren eine aktive Kontrolle des Quellungszustandes: In gestrecktem Zustand kann die Mittelmeerart *Veretillum cynomorium* 30-40 cm lang sein und bei Wasserabgabe bis auf 5 cm zusammenschrumpfen.

Einige durch Berührung oder Wasserbewegung gereizte Seefedern können im Dunkeln leuchten. Ob diese Fähigkeit für die Tiere eine biologische Bedeutung hat, ist ungeklärt.

Die Vermehrung erfolgt durch Schwärmlarven, aus denen der sehr lange erste Polyp (Primärpolyp) hervorgeht. Sein basaler Teil bildet den Stützstab aus verkalkter horniger Substanz (Pennatulin). Durch seitliche Knospung entstehen die übrigen Individuen des Stockes.

POLYCHAETA (Vielborster), ca. 800 Mittelmeerarten

Die ganz überwiegende Mehrzahl der marinen → Annelida gehört zu den Polychaeta oder Borstenwürmern. Die Polychaeta sind ausgezeichnet durch seitlich aus dem Körper hervorragende Flossenstummel oder **Parapodien**, die dem Kriechen und/oder Schwimmen dienen. Außerdem finden sich an den Parapodien vielfach Anhangsorgane wie Taster, gefiederte Kiemen, schützende

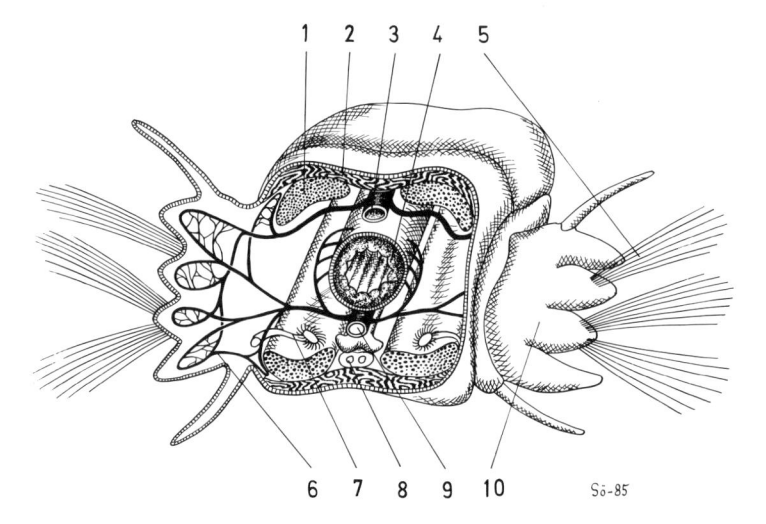

1. Längsmuskel
2. Ringmuskel
3. Rückenblutgefäß
4. Darm
5. Borsten
6. Seitenäste des Blutgefäßsystems
7. Nierenorgan
8. Nervensystem
9. Bauchblutgefäß
10. Parapodien

Schuppenplatten oder ähnliches. Bei den freilebenden Polychaeten (Polychaeta Errantia) trägt der Kopf vielfach ein oder mehrere Paare von Augen, eine wechselnde Zahl von Tastfäden (Tentakeln) und zwei Fühler (Palpen), die wahrscheinlich Riech - bzw. Geschmacksorgane darstellen. Bei vielen Arten ist die Mundhöhle zu einem muskulösen Schlundkopf umgebildet, der oft mit kräftigen Kiefern versehen ist. Dieser kann vorgestülpt und zum Ergreifen der Nahrung, manchmal auch zum Graben im Sand benutzt werden.

In selbst gefertigten Röhren festsitzende Polychaeten (Polychaeta Sedentaria) weisen am Kopf oft große büschel- oder fächerförmige Tentakelkronen auf, mit denen sie ihre Nahrung — Plankton oder feinste tote organische Partikel — aus dem Wasser fischen oder von der Meeresbodenoberfläche absammeln. Zum Röhrenbau dient vielfach Sand und Schlick, der mit Schleim verfestigt wird. Andere Arten bauen solide Kalkröhren, die z.T. mit Deckeln (= modifizierte Strahlen der Tentakelkrone) verschlossen werden können.

Die Einteilung in Errantia und Sedentaria entspricht sicher nicht den natürlichen Verwandschaftsbeziehungen.

Über die Lebensdauer der Polychaeten ist wenig bekannt, doch werden die meisten einjährig, größere Formen mehrjährig sein. Fast alle Arten sind getrenntgeschlechtlich. Arten mit verhältnismäßig wenigen, großen Eiern haben meist eine direkte Entwicklung, die gelegentlich mit Brutpflege verbunden sein kann. Indirekte Entwicklung über ein Larvenstadium ist häufig bei Arten mit kleinen Eiern. Die typische Schwimmlarve der Polychaeten wird als **Trochophora** bezeichnet und lebt meist mehrere Wochen im Plankton.

PORIFERA (Schwämme), 600 Mittelmeerarten

Die Schwämme sind die weitaus am einfachsten organisierten Vielzeller (Metazoa). Insbesondere unterscheiden sie sich von allen anderen Tierstämmen dadurch, daß bei ihnen keine Sinnes-, Nerven- und Muskelgewebe ausgebildet sind. Für die dürftigen und sehr langsam verlaufenden Bewegungen der festgewachsenen Tiere genügen offenbar Reizbarkeit und Erregungsübertragung in nicht besonders dafür spezialisierten Zellen. Der ganze Bauplan der Schwämme ist auf das Herbeistrudeln und Abfiltrieren kleinster Nahrungsteilchen zugeschnitten.

Die einfache Grundform ist ein Schlauch, der am unteren Ende festgewachsen ist und mit einer oberen Öffnung (**Osculum**) nach außen mündet. Seine Wand ist von Poren durchsetzt. Durch diese strömt Wasser in den inneren Hohlraum (**Gastralraum**) ein, das den Körper durch die obere Öffnung verläßt. Der Wasserstrom wird erzeugt durch sog. **Kragengeißelzellen** (Choanozyten). Entwicklungsgeschichtlich entspricht die Auskleidung des Gastralraumes durch die Kragengeißelzellen dem Entoderm der übrigen Metazoen.

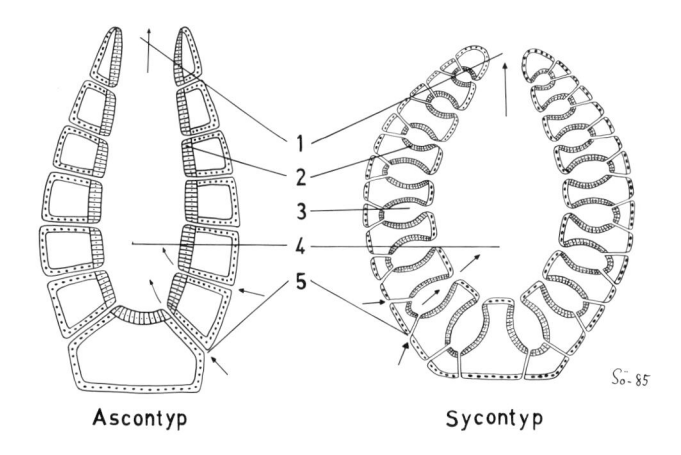

Ascontyp   Sycontyp

1. Osculum
2. Kragengeißelzelle
3. Geißelkammer
4. zentraler Hohlraum
5. Einstromöffnung

Die Hauptmasse des Körpers ist ein gallertartiges Bindegewebe, ein **Mesenchym.** Die Körperbedeckung ist das Ektoderm, meist ein Plattenepithel. Die Mesenchymzellen sind zum Teil Wanderzellen, die der Nahrungsverarbeitung und dem Stofftransport dienen, ferner bilden sie Stützstrukturen oder scheiden als **Skleroblasten** das innere Skelett der Schwämme aus. Dieses besteht aus Nadeln oder Fasern von Kalk, Kieselsäure oder Spongin (einem Eiweißstoff). Es gibt dem sonst weichen Körper Festigkeit, dient als Schutz gegen Tierfraß und z.T. gegen das Eindringen größerer Körper in die Gastralhöhle, da die Nadeln über die Oberfläche des Schwammes hinausragen können. Aus Mesenchymzellen bilden sich auch die Geschlechtszellen, die im Bindegewebe verstreut liegen.

Es lassen sich 3 Organisationsformen unterscheiden. Im einfachsten Fall, beim **Ascontypus**, ist es ein einheitlicher Raum, der ganz von Kragengeißelzellen ausgekleidet ist. Das Wasser strömt durch seitliche Poren und Kanälchen ein und fließt nach oben durch die zentrale Ausströmöffnung (Osculum) ab.

Beim **Sycontyp** sind die Geißelkammern als regelmäßig radiale Tuben an-

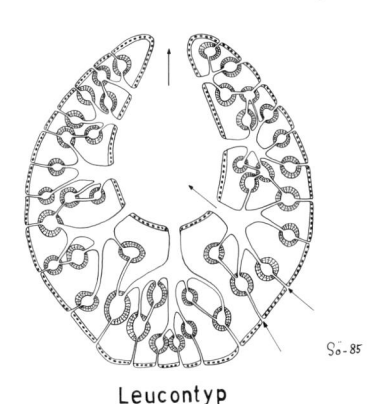

Leucontyp

gelegt, während der Zentralraum frei von Geißelzellen bleibt. Schwämme des **Leucontyps** haben ein kompliziertes System zu- und abführender Kanäle entwickelt, die die zahllosen kleinen Geißelkammern ver- und entsorgen. Dem Leucontyp sind durch die Möglichkeit der immensen Vergrößerung der funktionellen Oberfläche in Form der Geißelkammern keine engen Grenzen im Wachstum gesetzt, so daß alle großen, kompakten Schwämme diesem Typ angehören.

Schwämme sind z.T. zwittrig, z.T. getrenntgeschlechtlich. Das ins freie Wasser abgegebene Sperma dringt durch die Poren der Außenschicht zu den reifen Eizellen in das Innere des Tieres, wo die Befruchtung stattfindet. Verbreitungsstadium ist meist eine freischwimmende Larve. Ungeschlechtliche Vermehrung durch Sprossung oder Knospenbildung ist ebenfalls möglich und kommt oft vor.

TENTACULATA (Kranzfühler, Armfühler)

Die Tentaculata sind festsitzende Tiere, deren Mundöffnung am vorderen Körperende von einem oftmals kompliziert gebauten Tentakelkranz umgeben ist. Da der Darm im Innern der Tiere U-förmig verläuft, liegt auch die Afteröffnung am Vorderende, jedoch außerhalb des Tentakelkranzes. Der Körper zeigt im typischen Falle eine innere Gliederung in drei Abschnitte. Allerdings ist der vordere Körperabschnitt sehr klein und unscheinbar, und bei vielen Arten, insbesondere bei den marinen → Bryozoa (Moostierchen), ist dieser im Laufe der Entwicklungsgeschichte reduziert worden. Der mittlere Körperabschnitt trägt die Tentakeln, der hintere Körperteil ist am umfangreichsten und stellt den eigentlichen Rumpf dar. Die Dreiteilung der Leibeshöhle gilt als primitives Organisationsmerkmal, und somit stellen die Tentaculaten sicherlich einen recht ursprünglichen Tierstamm dar.

Die einzelnen Untergruppen der Kranzfühler haben äußerlich recht wenig Ähnlichkeit miteinander: Die → Bryozoa (Moostierchen) sind mikroskopisch kleine, fast ausschließlich koloniebildende Formen. Zwei weitere Gruppen, die Phoronida (Hufeisenwürmer) und die schalenbildenden Armfüßer (Brachiopoda) leben dagegen einzeln.

Tentaculata ernähren sich als Strudler, d.h. ihre mit Wimpern besetzten Tentakeln erzeugen einen Wasserstrom, der ihnen Nahrungspartikel aus dem freien Wasser heranträgt.

TUNICATA (Manteltiere)

Die Tunicaten umfassen drei Gruppen: Die freischwimmenden Salpen oder Thaliacea, die festsitzenden Seescheiden oder → Ascidiacea und die sehr kleinen, ebenfalls freischwimmenden Appendicularia oder Copelata.

Ihren Namen tragen die Tunicaten wegen einer allen Gruppen gemeinsamen charakteristischen Hautabscheidung, dem «Mantel» oder der **Tunica**, gebildet aus dem zelluloseähnlichen Stoff Tunicin. Dieser Mantel ist lebendes Gewebe und entspricht nicht Schutzbelägen, wie wir sie u.a. bei Krebsen (→ Crustacea) in Form der Chitincuticula kennen.

Wenn wir die gallertartigen oder durchsichtigen Manteltiere betrachten, so fällt es uns zunächst schwer, in ihnen die nächsten Verwandten der Wirbeltiere (→ Vertebrata) zu erkennen. Grund für die verwandtschaftliche Nähe ist der allen Tunicatenlarven gemeinsame Besitz einer **Chorda dorsalis** (Rückensaite), eines Stützelementes, das auch bei den Wirbeltieren die Grundlage des Achsenskelettes bildet. Bei den erwachsenen Tieren ist die Chorda nur bei den Appendicularien erhalten geblieben.

Das auffälligste Organ der Manteltiere ist der umfangreiche **Kiemendarm**, ein Reusenapparat, der Atmung und Ernährung gleichermaßen dient. An — und eingestrudelte Nahrungsteilchen werden in einer bauchseitigen Wimperrinne (**Endostyl**) eingeschleimt, und weitere Wimpern sorgen für einen kontinuierlichen Transport dieses Schleimteppichs zur rückwärtigen Seite des Kiemendarmes. Dort ist ebenfalls eine Wimperrinne (**Epibranchialrinne**) vorhanden, die den von beiden Seiten ankommenden und mit Nahrungspartikeln besetzten Schleimteppich zu einer Nahrungswurst zusammenrollt. Diese rotierende Schleimrolle wird dann weiter zum verdauenden Teil des Darmes geleitet.

Das Wasser dagegen gelangt aus dem Kiemendarm durch die Kiemenspalten in den **Peribranchialraum**. In diesen Raum münden auch Enddarm und Geschlechtsdrüsen. Ihre Produkte werden mit dem dauernden Wasserstrom aus dem Peribranchialraum hinausgespült.

Das Blutgefäßsystem besteht aus einem bauchseitig gelegenen Herz und aus zum Kiemendarm führenden Seitengefäßen, die sich dann in einem Rückengefäß sammeln. Sehr auffällig ist eine rythmische Umkehr des Herzschlages, der durch zwei Erregungszentren am Herzen gesteuert wird. Diese anatomischen Gegebenheiten kann auch der interessierte Laie am Beispiel der fast durchsichtigen Seescheide (→ Ascidiacea) *Clavelina* mit der Lupe erkennen (Abb. 100).

ZOANTHARIA (Krustenanemonen), 10 Mittelmeerarten

Zoantharia sind fast ausnahmslos koloniebildende → Anthozoa Hexacorallia, die ihre Polypen und Kolonien durch ein feines Fremdkörperskelett stützen. In die Körpergrundsubstanz werden während des Wachstums kleinste Fremdelemente wie Sandkörnchen, Diatomeenschalen, Schwammnadeln usw. eingebaut. Die Polypen der koloniebildenden Arten sprossen aus einer gemeinsamen polsterförmigen Körpermasse, die den Untergrund überzieht. Krustenanemonen finden sich auf Hartelementen (Fels, größere Muschelschalen), können aber auch als Aufwuchs auf anderen lebenden Tieren gedeihen. Wir finden sie z.B. auf → Porifera (z.B. *Axinella*, Abb. 136) und auf → Ascidiacea (z.B. *Microcosmus*, Abb. 101). Nahrungsquelle ist das freie Wasser, aus dem in erster Linie tierische Planktonorganismen mit den nesselkapselbewehrten, ungefiederten Tentakeln gefangen werden. Das Alter von *Parazoanthus* (Abb. 106) z.B. ist mit mindestens 10 Jahren verbürgt.

Tiergruppenverzeichnis zum Zoologischen Lexikon
(deutsche und wissenschaftliche Namen)

Actiniaria 157
Alcyonaria 157
Annelida 158
Anthozoa 159
Armfühler 193
Arthropoda 160
Ascidiacea 161
Asteroidea 162
Bivalvia 164
Blumentiere 159
Bryozoa 166
Cephalopoda 167
Ceriantharia 169
Chondrichthyes 170
Cnidaria 171
Crinoidea 173
Crustacea 174
Echinodermata 176
Echinoidea 177
Echiurida 179
Fächerkorallen 181
Gastropoda 179
Gliederfüßer 160
Gorgonaria 181
Haarsterne 173
Holothuroidea 181
Hornkorallen 181
Hydromedusen 183
Hydropolypen 183
Hydrozoa 183
Igelwürmer 179
Knochenfische 187
Knorpelfische 170
Kopffüßer 167
Kranzfühler 193
Krebse 174

Krustenanemonen 194
Lederkorallen 157
Madreporaria 184
Manteltiere 193
Mollusca 185
Moostierchen 166
Muscheln 164
Nesseltiere 171
Ophiuroidea 186
Osteichthyes 187
Pennatularia 189
Polychaeta 190
Porifera 191
Ringelwürmer 158
Schlangensterne 186
Schnecken 179
Schwämme 191
Seeanemonen 157
Seefedern 189
Seegurken 181
Seeigel 177
Seelilien 173
Seerosen 157
Seescheiden 161
Seesterne 162
Seewalzen 181
Stachelhäuter 176
Steinkorallen 184
Tentaculata 193
Tintenfische 167
Tintenschnecken 167
Tunicata 193
Vielborster 190
Weichtiere 185
Zoantharia 194
Zylinderrosen 169

Wissenschaftliche Artnamen

(Die kursiv gedruckten Seitenzahlen beziehen sich auf Farbabbildungen.)

Acanthocardia echinata *69*, 75
Acrosymphyton purpuriferum *46*
Actinia equina *82*, 129
Adamsia palliata *45*, 157
Aglaophenia spec. *106*, 130
Aiptasia mutabilis *91*
Alcyonium palmatum *46*
Amphiura chiajei 64
Amphiura filiformis 64
Anchinoe tenacior *89*
Anemonia sulcata *90*, 91, 157
Antedon mediterranea 65, *109*, *118*, 133
Anthias anthias *112*, *128*, 139
Aphrodita aculeata 73, 74
Apogon imberbis *126*, 137
Aporrhais pes - pelicani *67*, 75, 76
Arbacia lixula 130, 131
Arenicola marina *43*, 55
Astropecten auranciacus *44*, 55, 163
Axinella polypoides *117*, *128*, 194

Balanophyllia europaea 130, 131
Balanus perforatus *106*, 130
Bispira volutacornis *111*
Blennius basiliscus 136
Blennius gattorugine *96*
Blennius pavo 136
Bonellia viridis *45*, 100, 179
Boops salpa 28, 29
Bothus maximus 49
Brissus unicolor 53

Calappa granulata 58, 59
Calliactis spec. 157
Callista chione 52
Canthurus canthurus *18*, *33*
Caryophyllia inornata *89*
Cerastoderma edule 54
Cerianthus membranaceus fusca *42*, 50
Cerianthus membranaceus violacea *48*, 62, *72*, *91*
Charonia lampas *22*, 26
Chondrosia reniformis *85*, *96*
Chromis chromis *18*, *105*, 138, 139
Chthamalus stellatus *82*, 103, 106
Cladocora cespitosa 130, 131
Clathrina coriacea *120*, 133
Clavelina lepadiformis *109*, *110*, 194
Condylactis auranciaca *43*, 50, *92*,
Conger conger 168

Corallium rubrum *121*, 134, 181
Coris julis *18*, 135, 136
Crenilabrus melanocerus *112*, 135
Crenilabrus quinquemaculatus *38*, 135
Cymatium corrugatum 58
Cymodocea nodosa 25, 26
Cystoseira spec. *18*, *84*, *85*

Dictyota dichotoma *46*
Diplodus annularis *40*
Diplodus vulgaris *40*
Donax variegatus 52

Echinaster sepositus *21*
Echinocardium cordatum 53
Echinus melo *123*, 134
Eudendrium spec. 130
Eunicella cavolinii *93*, *108*, *109*, 113, *115*, *121*, *128*, 132, 133
Eunicella singularis *47*, *93*, *117*, *118*, 132, 133

Fierasfer acus 182

Gobius bucchichii 90
Goneplax rhomboides 73

Haliclona spec. *120*
Haliotis lamellosa 80
Halocordyle disticha *107*, 130
Halocynthia papillosa 20, *24*, *93*, 110
Hippodiplosia foliacea *118*
Holothuria forskåli *94*, 134, 182
Holothuria tubulosa *24*, 29, *41*, 94, 134, 182
Homarus gammarus *127*
Hypselodoris elegans *86*

Idotea hectica 28, 29
Ircinia spec. 86

Leptomysis spec. 90
Leptopsammia pruvoti *89*
Ligia italica 103
Lissa chiragra *46*
Littorina neritoides *82*, 103
Lophius piscatorius 71, *72*, 77
Lunatia guillemini 56
Lunatia poliana 56

196

Maja squinado 127
Marthasterias glacialis *112*, 134
Microcosmus sulcatus *89*, *110*, 133, 194
Mullus barbatus 34
Mullus surmuletus *37*
Muraena helena *125*, 137, 138
Murex brandaris 132
Myriapora truncata *88*, *96*, *112*, 132
Myxicola infundibulum 63, *72*

Nautilus spec. 167
Naticarius stercusmuscarum 56
Nephrops norvegicus *68*, 76

Octopus vulgaris *106*, *125*, 135, 169
Ophidiaster ophidianus *21*, *89*
Ophioderma longicauda 80
Ophiothrix fragilis 63, 64
Ophiothrix quinquemaculata 63, 64
Ophiura texturata 63, 64, *66*, *67*

Pachygrapsus marmoratus 103, 104
Padina pavonia *87*
Pagurus prideauxi *45*
Palinurus elephas *127*
Paracentrotus lividus 22, 27, 28, 29, *83*, 130, 131
Paramuricea clavata 12, *115*, *116*, *117*, *118*, *128*, 133
Parazoanthus axinellae *84*, *89*, *96*, *110*, *112*, *113*, *114*, 132, 194
Parerythropodium coralloides *115*, *128*
Patella aspersa 104, 130
Patella coerulea 104, 130
Patella ferruginea 104, 130
Patella rustica 104, 130
Pecten jacobaeus 74, 75
Peltodoris atromaculata *123*
Pennatula phosphorea 61, 62, *66*
Periclimenes spec. 43, 90
Phallusia mammilata *24*, *65*
Petrosia ficiformis *85*, 123
Pinna nobilis *23*, *24*, 27
Pleuronectes flesus *43*
Porella cervicornis *122*
Posidonia oceanica *17*, *18*, *19*, *20*, *21*, *22*, *23*, *24*, 25, 26, 28, 122
Protula spec. *94*, *96*
Pseudolithophyllum expansum *21*

Sabella pavonia *42*, 51
Schizaster caniliferus 53
Schizobrachiella spec. *20*
Scorpaena porcus *124*, 137
Scorpaena scrofa 137
Scrobicularia plana 54
Scyllarides latus 127
Scyllarus arctus *90*
Semicassis undulata 57
Sepia officinalis 51, *86*, *105*, 135, 169
Serpula vermicularis *89*
Serranellus scriba *18*, *21*
Serranus gigas *126*, 137, 138
Sertella beaniana *19*, *117*, 118, *122*, 134
Spatangus purpureus 53
Sphaerechinus granularis *22*, *28*, *46*, *108*, 132, 134
Spirastrella cunctatrix *20*, *85*, *89*, *93*
Spirographis spallanzanii *95*
Squatina squatina 32, *34*
Solea solea 49
Stichopus regalis *40*, *41*, 182

Thais haemastoma 132
Tonna galea 57
Trachinus draco 32, *37*
Trigla hirundo 50
Trunculariopsis trunculus 132
Trygon pastinaca *35*
Turritella communis *69*, 74

Ulva lactuca *46*
Upogebia pusilla *69*
Uranoscopus scaber 32, *36*, 77

Venus verrucosa 52
Veretillum cynomorium 62, 189
Vermetus triqueter *84*, 130
Verongia aerophoba *120*, *121*, 133
Virgularia mirabilis 62, *66*

Xyrichthys novacula *39*, 49

Zostera marina 25, 26, *39*
Zostera noltii 25, 26

Deutsche Artnamen

(Die kursiv gedruckten Seitenzahlen beziehen sich auf Farbabbildungen.)

Angler 71, 72, 77

Bärenkrebs 68, 90, 134
Brandhorn 132
Brauner Drachenkopf 124, 137
Brauner Zackenbarsch 126
Butt 32, 43, 49

Edelkoralle 121, 133, 134, 181
Einsiedlerkrebs 45,
Eisseestern 112, 134
Engelhai 32, 34
Erdbeerseerose 82, 129

Fahnenbarsch 112, 128, 139
Feigenschwamm 85, 123
Felsenkrabbe 103, 104
Fischassel 36, 112

Gelbe Hornkralle 93, 108, 109, 113, 115, 121 128
Gemeiner Krake 106, 125, 135
Gemeines Seegras 25, 39
Gemeiner Tintenfisch 51, 86, 105
Gestreifter Schleimfisch 96
Geweihschwamm 117, 128
Goldrose 43, 50, 92
Goldschwamm 120, 121, 133
Goldstrieme 29
Großer Bärenkrebs 127
Großer Drachenkopf 137
Große Seespinne 127
Grundel 90

Haarstern 65, 109, 118, 119, 133
Herzmuschel 54, 69
Himmelsgucker 32, 36, 77
Hummer 68, 127, 134, 175

Igelwurm 45, 100, 179

Jacobsmuschel 74, 75

Kaisergranat 68, 76
Kaiserhummer 68, 76
Kammstern 44, 55, 56
Kammuschel 74, 163

Kanari 112, 128, 139
Kardinalfisch 126
Katzenhai 117
Kleiner Drachenkopf 124, 137
Kleine Seespinne 90
Knurrhahn 50
Köderwurm 43, 55
Königsholothurie 40, 41
Krake 45, 106, 125
Krustenanemone 84, 89, 96, 110, 112, 113, 114, 194

Labyrinthschleimfisch 136
Languste 68, 127, 134, 175
Leistenschnecke 132
Leopardenschnecke 123

Maulwurfkrebs 69
Meeraal 168
Meerbarbenkönig 126, 137
Meerengel 34
Meerjunker 18, 135
Meerohr 80
Mönchsfisch 18, 105, 138
Muräne 125, 137

Nabelschnecke 56
Nadelfisch 182
Napfschnecke 129, 130
Nelkenkoralle 89
Neptungras 17, 18, 19, 20, 21, 22, 23, 24, 25
Neptunschleier 19, 117, 118, 122, 134
Nierenschwamm 85, 96

Partnergarnele 43, 90
Pelikanfuß 67, 75, 76
Petermännchen 32, 37
Pfauenfederwurm 42, 50, 51
Pferdeaktinie 82, 129
Pilgermuschel 74, 75
Purpurrose 82, 129
Purpurschnecke 131, 132
Purpurstern 21

Rasenkoralle 130, 131
Rennkrabbe 103, 104

Ringelbrasse *40*
Röhrenholothurie *24*, 29
Rötling *112*, *128*, 139
Roter Drachenkopf 137
Rote Seescheide 20, *24*, *93*, 110
Rotmund-Leistenschnecke 132

Sandpier *43*, 55
Sandwurm *43*, 55
Schamkrabbe 58, 59
Schermesserfisch *39*, 49
Schlicksabelle 63, *72*
Scholle 32, *43*
Schraubensabelle *95*, 111
Schriftbarsch *18*, *21*
Schwarzschwanzlippfisch *112*
Schwebegarnele 90, *128*
Seefeder 61, 62, *66*
Seemaus 73
Seepocke *81*, *82*, 103, *106*, 129, 130
Seerose *45*, 47, 48, *82*
Seeschwalbe *18*, *105*, 138
Seespinne 90
Seeteufel *71*, *72*, 77
Seezunge 32, 43, 49
Sepia 51, *86*, *105*, 135
Siebanemone *91*
Stachelige Herzmuschel *69*, 75
Stechrochen *35*
Steckmuschel *23*, *24*, 26
Steinbutt 49
Steinseeigel 22, 27, *83*
Sternschnecke *86*
Streifenbrasse *18*, *33*

Tanggras 25
Tellmuschel 54
Tonnenschnecke 57
Tritonshorn *22*, 23, 26
Trompetenschnecke *22*
Turmschnecke *69*, 74

Violette Gorgonie 12, *115*, *116*, *117*, *118*, *128*
Violette Hornkoralle 12, *115*, *116*, *117*, *118*, *128*

Violetter Seeigel *22*, 28, *46*, *108*, 132

Wachsrose 90
Weiße Hornkoralle *47*, *93*, *117*, *118*
Wurmschnecke *84*, 130

Zackenbarsch *126*, 137
Zerbrechlicher Schlangenstern 63
Zweibindenbrasse *40*
Zwergseegras 25
Zylinderrose *42*, *48*, 50, 62, *72*, *91*